社会学の視角

小幡正敏

武蔵野美術大学出版局

はじめに

社会学とは、どのような見方や考え方をする学問なのか。それを知ってもらうことが、この本の目的である。なので、できるだけ概念や理論をあれこれ並べるのではなく、具体的な事例や出来事を示しながら、社会学に固有の見方や考え方を知ってもらえるように努めた。書名の『社会学の視角』とは、そうした社会学固有の見方や考え方という意味である。

ただし、注意したいことがある。視角とは、一定の誰かが、一定の場所から見ているかぎりにおいてのものである。だから、誰が、どの場所から見たり考えたりしているかによって、見方や考え方は異なってくる。視角は英語で perspective とも表現できるが、perspective すなわち遠近法や透視図法が一定の視点から見える世界を二次元の平面上に表す方法であるのと同じように、社会学の視角もまた、それを論じる者の視点によってさまざまに異なることは避けられない。

では、この本の「視角」とはどういうものか。それは、何よりも社会そのものが無数の視角の集まりだという考え方である。立場や考え方、見方を異にする者たちが集まり、互いに対立したり葛藤したり、あるいは協力したり助け合ったりするのが、社会である。言いかえると、そうした対立や協力を通して社会はそのつど構築されているということである。この本はそのような考え方に基づいている。とはいえ、そうした考え方は相対主義に過ぎず、相対主義はつまるところ非合理主義的な考えに帰結するから危険だ、という見方もある。しかしこの本では、そのような非合理主義は批判的な考察の対象となる。この本が重視するのは、社会はほかならぬわたしたちが構築しているのだという視角である。

なおこの本は、武蔵野美術大学出版局より二〇〇四年四月に刊行された橋本梁司監修・小幡正敏著『社会学のまなざし』を改稿し、新たに三つの章（第1部第4章、第2部第4章、第3部第4章）を加筆したものである。旧版部分の改稿、加筆については必要最小限にとどめた。

目次

第3部　社会学と現代

第4章　社会運動とアソシエーション　248

本体表紙デザイン　白尾デザイン事務所

第1部　近代と社会学

社会学は一九世紀の後半から二〇世紀の初めにかけて確立された、いわば近代社会の申し子である。ここでは、マルクス、デュルケム、ウェーバーという三人が近代社会をどのようにとらえたか、その過程で、社会学がどのような考え方をする学問として形成されていったかを見る。さらには、マルクス、デュルケム、ウェーバーたちが見落としていたものは何か、二一世紀に入った現在の社会学が射程に入れねばならない問題は何かについて、考えてみよう。

第1章　近代と新しい社会認識——マルクス

社会学は一九世紀に西欧で生まれた。ちなみにオーギュスト・コント（Auguste Comte 一七九八―一八五七）というフランス人が「社会学 sociologie」という言葉をつくったのは一九世紀前半のことだ。いったいそれは、どんな学問なのだろうか。とりあえずこう定義しておこう。社会学、それは、「自分の生きる社会が刻一刻と変化していくことの不思議さに目を向ける営み」である。

社会はつねに変化している。それは、昔も今も同じだ。にもかかわらず、なぜ社会学は一九世紀に生まれたのだろう。それは、一八世紀から一九世紀にかけての西欧社会が、それまでとは比べものにならないほどのペースで変化したからである。あるいは、現代にまで続くハイペースでの変化がこの時代にはじまったからである。産業化、都市化、学校化、小家族化、情報化など、「○○化」という言葉で示される変化の多くが、この時代にはじまった。それらの変化は、とても不思議で衝撃的なことだった。コントはそんな変化を見て、現代社会が実証的かつ産業的な段階にあると唱えた。モダンで産業的な形をとりつつある現代社会を実証的に把握する学問、それこそがコントの考える社会学だった。

だが、社会学が学問として現代的な形をなしていったのは、コントが活躍した一九世紀前半ではなく一九世紀後半から二〇世紀初めにかけてのことだった。その立役者がカール・マルクス（Karl Marx 一八一八-八三）、エミール・デュルケム（Émile Durkheim 一八五八-一九一七）、マックス・ウェーバー（Max Weber 一八六四-一九二〇）の三人である。この三人はいずれも、激変していく西欧社会を目の当たりにし、資本や欲望や価値意識といったものの不思議さにとらわれていった。社会学の原点は、彼らが抱いたその不思議さの感覚にある。まずこの章ではマルクスについて見ていこう。デュルケムとウェーバーは次章で説明する。

1　一八四八年――工業化、植民地主義、革命

革命と植民地

ところで、マルクスについて考える前に見ておきたいことがある。一八四八年という年についてである。なぜ一八四八年なのか。じつはこの年、ヨーロッパの各地で革命と内乱の嵐が吹き荒れたのだ。まず二月に、パリの民衆デモに端を発するフランスの二月革命が起き、第二共和政が成立する。三月にはオーストリアのウィーンで三月革命が起き、さらにはドイツのベルリンでもそれらに触発されて三月革命が勃発する。パリ、ウィーン、ベルリンという当時のヨーロッパ屈指の大都市で、ほぼ同時に革命が起きたのである。

革命のうねりは、この三都市にとどまらなかった。イギリスでは、チャーティスト（一九世紀前半のイギリスにおける労働者階級の政治運動組織）による大規模な国民集会やデモがおこなわれ、アイルランドではイギリスからの分離・独立を求める暴動が発生する。ハンガリー、ポーランド、チェコ、ルーマニアなどでも市民蜂起や革命が

続き、スペインやイタリアの諸都市でも反乱や市街戦が頻発する。まさにヨーロッパのあちこちで、歴史を揺るがす大変動が同時進行したのである。

だが、一気に盛り上がった各地の革命や反乱はほどなくして鎮静化する。オーストリアやドイツの三月革命は結局失敗に終わり、フランスでは共和政のなかからルイ＝ナポレオン（Charles Louis-Napoléon Bonaparte 一八〇八－七三、ナポレオン三世）がどさくさ紛れのクー・デタを起こし、再び帝政に戻ってしまう。その他の国や地域でも、体制を覆すほどの変化にはいたらなかった。しかし、一七八九年の大革命で旧体制（アンシャン・レジーム）の転覆を経験したフランスに続き、ほかの多くの西欧諸国も「社会は変わる！」という変革の予感をこの一八四八年の時点で抱いたのである。

ところで、一八四八年といえば日本では嘉永元年。明治維新まではあと二〇年、ペリー来航までは五年である。だがすでにこの一八四八年当時、日本の近海をアメリカやイギリス、フランスなどの外国船が航行するようになっていた。一八四五（弘化二）年にはイギリスの測量艦が長崎に来航し、四六（弘化三）年にも同じくイギリスの軍艦が琉球に来航して国王に面会を要求している。一八四八年にはアメリカの捕鯨船が蝦夷地に漂着し、フランス船も琉球に来航する。これにあわてた孝明天皇（こうめいてんのう　一八三一－六七）が、幕府に海防強化の命令を出したくらいだった。

イギリスは一八世紀から一九世紀にかけ、植民地獲得競争のなかでインドから東南アジアまでの一帯を支配下におさめ、さらには一八四二年のアヘン戦争での清に対する勝利のあと、極東の島国日本に接近しようとしていた。フランスも一七世紀以降、奴隷貿易と植民地獲得によってアフリカ大陸に進出し、一八三〇年にはアルジェリアを占領していた。フランスはのちにタヒチやニューカレドニアなどの南太平洋の島々、ヴェトナムやカンボジアなどのインドシナ半島にまで触手を拡げていく。とにかく日本の幕末時代、イギリスとフランスは世界各地で植民地をどっさり手に入れようとしていた。

ドイツは三月革命の当時、まだ現在のような統一国家になっておらず、複数の領邦からなるゆるやかな連合でしかなかった。近代国家としていかに統一を果たすかがドイツの課題だった。それに加えて、産業革命の開始が遅れたこともあり、ドイツは植民地獲得競争でイギリスとフランスに大きく後れをとっていた。だが、あるいはだからこそ、産業化と軍事力強化の必要性を強く認識し、一九世紀の後半から二〇世紀の初めにかけて、覇権の拡大を虎視眈々《こしたんたん》とねらっていた。

ではアメリカ合衆国はどうだったか。アメリカは一八四八年にメキシコとの戦争に勝ち、メキシコの領土だったカリフォルニアを奪取した。まさにその一八四八年、カリフォルニアで金鉱が発見され、富を求めて人びとが西へ西へと向かうゴールドラッシュの時代がはじまる。一八四八年から四九年にかけての一年間に、およそ一〇万人の人びとが西部に殺到したといわれる。その過程で、多くの先住民が暴力的に駆逐されていった。一八三〇年のインディアン強制移住法によって、すでにミシシッピ川以西へ追いやられていた先住民のインディアン諸部族は、このゴールドラッシュによってさらに居場所を失った。海外に版図を拡大しようとしたイギリスやフランスとは対照的に、アメリカは広大な自国の内側に植民地をつくっていったのである。

工業化と都市化

一八世紀にはじまる産業革命により、欧米諸国の社会生活は一八四八年頃までに大きく変化していた。先進国イギリスでは一八三〇年にリバプール―マンチェスター間に最初の普通営業用鉄道が敷かれ、それ以来、国内各地に鉄道網が次々と延びていった。一八三八年には蒸気船による大西洋の定期運航がはじまり、イギリスとアメリカが結ばれる。人、物、情報の移動はこれら交通機関の発達によって一気に活発化していった。

イギリスの工業は毛織物や製鉄を中心に大躍進を遂げ、一八四八年当時には世界の工業生産のおよそ四〇％を占めるまでになった。これにアメリカ、ドイツ、フランスが追随した。ちなみにその当時、アメリカとドイツの工業生産はそれぞれ世界全体の一五％ずつ、フランスが一〇％だから、英米独仏の四カ国で世界の工業生産の八割を占めていたことになる。

こうした交通網の発達と工業化は大都市の誕生をうながした。一八四八年革命の舞台となったパリ、ウィーン、ベルリンなどの大都市は一九世紀に入ってから急激な人口増加を経験する。一九世紀初頭、パリの人口は五五万人、ウィーンは二三万人、ベルリンは一七万人だった。それが一八四六年になると、パリ一〇五万人、ウィーン四一万人、ベルリン四〇万人に増加する。パリの二月革命、ウィーンとベルリンの三月革命の背景には、そうした急激な人口流入に起因するさまざまな混乱と矛盾があったのである。

都市化と工業化のインパクトをどこよりも強く受けたのは、イギリスの首都ロンドンだった。一九世紀の初めにすでに一〇〇万人を抱えていたロンドンの人口は、一八四八年になると二五〇万人に達した。都市化と工業化の過程で解体しはじめた農村部から、とりわけ若者を中心に多くの者が続々とロンドンに押しよせた。大都市という、互いに顔も知らず文化のルーツも異なる大量の人間が、手探りでコミュニケーションをおこなうしかないような、それまで誰も知らなかった新しい生活空間が生まれていくのである。

そうした新しい生活空間が、混乱と矛盾の坩堝《るつぼ》だったことはいうまでもない。大量に流入してきた労働者が身を寄せ合う「貧民街」が大都市のあちこちにできていった。一八四五年頃、イギリスに滞在していたドイツ人のフリートリヒ・エンゲルス（Friedrich Engels 一八二〇－九五）は、ロンドンやマンチェスターといった大都市を見て回り、次のようなルポルタージュを書いている。

家々のあいだの、おおわれた通路を通ってなかに入ると、そこのきたなさと荒廃ぶりは想像を絶する。完全な窓ガラスはほとんど一枚も見られず、壁はくずれ、戸口の側柱や窓枠はこわれてがたがたしており、ドアは古板をくぎで留めあわせたものであるか、あるいはまったくついていない。この泥棒街では盗む物がないのだから、ドアなどは無用なのである。ゴミや灰の山がいたるところに散在し、ドアの前にぶちまけられた汚水が集まって、悪臭を発する水たまりとなっている。ここでは貧民中の貧民、つまり最低の賃金を支払われている労働者が、泥棒や詐欺師、売春の犠牲者とまざりあって住んでいる。たいていの者はアイルランド人かその子孫で、周囲の道徳的堕落の渦の中に自分ではまだ巻き込まれてはいないが、日ごとに深く沈み、窮乏や汚辱、そして劣悪な環境の退廃的な影響にたいする抵抗力を日ごとに失っている。

（フリードリヒ・エンゲルス『イギリスにおける労働者階級の状態』）

貧困、犯罪、麻薬、買売春、失業、劣悪な衛生や住居といった「社会問題」が都市のあちこちで噴出した。貧民街やその周辺に暮らす無産者と資本家との間の階級間格差が拡がるとともに、都市と農村の格差も深刻化した。労働者や農民には不満と怒りが鬱積した。内側にはこうした矛盾と混乱を抱え、外側に向かっては植民地主義的な膨張を続けていく。マルクスの思想と理論はこのような時代状況のなかで形づくられていったのである。

2　マルクスと近代——資本の不思議

マルクスを「社会学者」と呼ぶことはあまりない。あくまでマルクスは思想家であり、ジャーナリスト、そして革命家であった。だがその思想は社会学にとってきわめて大きな影響力を持っていた。なぜなら、近代社会を総体的にとらえる視点を示した人物は、マルクス以前には誰ひとりいなかったからである。そのとらえ方に一面性や偏向があったかどうかはさておき、「社会」というしくみをまるごととらえようとする思想のインパクトは大きかった。その意味で、近代社会学はマルクス思想との格闘から形成されてきたといっても過言ではない。マルクスの思想をどう評価するか。そこからいかに距離を置くか。その欠陥をいかに乗り越えるか。とくに、一九世紀から二〇世紀への転換期に近代社会学の基礎を築いていった社会学者たちは、みな一様にこうした課題との格闘から自分たちの社会学を育んでいったのである。そんなマルクスとはいったいどんな人物だったのか。

マルクスの生涯

マルクスは一八一八年にドイツ南西部のライン州トリーアで生まれた。ユダヤ系ドイツ人である。ユダヤ系だが、弁護士をしていた父親がキリスト教に改宗していたので、キリスト教徒として育った。詩作に熱中したギムナジウム時代を過ごしたあと、ボン大学とベルリン大学で法学と哲学を学んだ。学生時代は酒びたりの文学青年だったらしい。詩と学問のどちらを仕事として選ぼうか迷ったあげく、「生計」は学問、「天職」は詩という形で自分に折り合いをつけ、大学の哲学教授を目指した。だが当時ドイツではマルクスのような進歩的な学風を排斥する風潮が強まり、断念。方向を転換し、一八四二年頃から、自由主義と進歩主義を掲げる『ライン新聞』の執筆者、さらには編集長として文筆業に専念するようになる。

しかし強まる政府の言論弾圧によって『ライン新聞』は発禁になり、マルクスは一八四三年の秋にパリへの移住を余儀なくされる。翌年、移住先のパリでマルクスはドイツ・フランスの「学問的同盟」を謳《うた》った機関誌『独仏年誌』を創刊。そこで生涯の盟友エンゲルスに出会うことになる。しかしやがてここでも追放命令を受け、一八四五年にベルギーのブリュッセルに亡命。その後、一八四八年の三月革命に際してドイツに帰国し、『新ライン新聞』を発刊するなどして革命を引っ張る。しかし結局革命は失敗に終わり、一八四九年にロンドンへ亡命する。

ロンドンに亡命後、マルクスは資本主義社会の最先端にあったこの大都市で猛然と経済の勉強をはじめる。一八六四年に国際労働者協会（第一インターナショナル）の結成に関わるなどしたあと、六七年に『資本論』の第一巻を出版する。しかし『資本論』は結局マルクスの生前には完結することなく、マルクスは一八八三年に肝臓がんで死ぬ。『資本論』の第二巻と三巻はエンゲルスがマルクスの残した草稿を編集して出版した。

若きマルクス

マルクスの出発点は宗教批判だった。マルクスは一八四三年にパリに移り住んで間もなく、『独仏年誌』に「ユダヤ人問題によせて」（一八四四）という評論を書き、そこでこんなことを述べた。ドイツのユダヤ人（ユダヤ教徒）は解放を望んでいる。キリスト教徒と同じように「公民」として国家に受け容れられたいと願っている。だが、かりに公民として認められても、解放というにはほど遠いのではないか。公民となってもユダヤ人の現実生活はまったく変わらないからだ。
ユダヤ人はこれまで、まるであの世の「神」という幻想に取り憑かれるかのように、この世の「貨幣」という幻想に取り憑かれ、必死に利得ばかりを追い求めてきた。もちろん、歴史のなかで迫害され続けたユダヤ人にとって、生きる道はそれしかなかったからだ。だとすれば、ユダヤ人がそのような「あくどい商人」を演じ続けるしかなかった資本主義社会のしくみにこそ問題があるのではないか。その社会のしくみを変えないで、「選ばれた民」としてあの世で救済されると信じ続けても無意味ではないか。宗教は現実生活を見えなくさせる。「宗教は民衆のアヘンである」(『ヘーゲル法哲学批判序説』での言葉)。

同じ頃パリで書いた『経済学・哲学草稿』(一八四四)という手稿のなかで、マルクスは資本主義社会ではユダヤ教徒だけでなくすべての人間が「疎外」されると論じた。どういうことか。人間は労働によって自然の世界に働きかける。織物を織ったり、壺をつくったり。出来上がった織物や壺は、その人の力能が具体的な形をとったものだ。だが織物や壺はその人の力能だけで出来上がったわけではない。それらを生産するために必要な知識や技術、道具、素材はすべて、膨大な数の同時代人や先行世代の人びとから継承されたり、供給されたりしたものだ。つまり、ひとりでつくっているように見えて、じつは人類が協働してつくっているのである。言いかえると、織物も壺も人間の「類的本質」が形をなしたものにほかならない(じつはマルクスにいわせれば、先に見た「神」も人間の「類的本質」が形をなしたものだった)。人間とは本来「類的存在」なのである。

ところが私有財産制と商品経済を基盤とする資本主義社会では、労働者の力能も類的本質も商品のなかに失われてしまう。織物も壺もそれをつくった労働者の力能と人類の類的本質が形をなしたものであるはずなのに、商品としてのそれらはすべて労働者を雇用する資本家の所有物になってしまうからである。これを「疎外《そがい》」という。そのしくみを変えなければならない。私有財産制度を転倒させ、失われた類的本質を取り戻すこと。疎外状況を打ち破って、人びとに解放をもたらすこと。それが若きマルクスの考える共産主義だった。

疎外から物象化へ

ところが一八四五年になってマルクスは考えを変えた。パリを逐われ亡命したブリュッセルで、マルクスは盟友エンゲルスと一緒に、ドイツの哲学や思想を批判する書物『ドイツ・イデオロギー』（一八四五）を書く（文章の大半はエンゲルスが書いたが、マルクスも重要な書き直しを加えている）。そこで「類的本質」や「疎外」というある意味でロマン主義的な考え方が捨てられ、より現実的な考え方がとられていく。

そのなかで重要な意味を持ったのが「交通」と「社会的関係」という概念だった。現実の人間は具体的なヒト、モノ、情報の「交通」の網目のなかにある。マルクスのいう交通（Verkehr）は、たんなる伝達や輸送ではない。それは、ヒト、モノ、情報の生々しいぶつかり合いである。だから交通は、時として予期しない結果をもたらす。たとえば、梅毒がコロンブスたちによって新大陸から全世界にまたたく間に拡がったように（第3部第2章参照）。あるいは、イギリスによるジャマイカの植民地化と西アフリカからの奴隷の連行がレゲエ音楽を生んだように。交通は、そうやって人間の理性や意識のコントロールをそのつど逃れていく不透明な出来事の連鎖であり、それが結果的に無数の「社会的関係」を生み出していく。

そう考えてみると、人間というのは何らかの「本質」であるというよりも「社会的諸関係の総体」なのである。実際、マルクスがこうしたことを考えていた一八四五年当時、西欧社会は産業化と都市化、植民地主義などによって国の内外ともに空前の交通空間を出現させていた。人間のなかに何か永遠不変の本質を見出そうとしてもするりと逃げてしまうような、流動的な社会が到来していたのである。人間は刻々と変容する交通の網目としての社会的関係のなかにいる。「本質」の前に「関係」があるのだ。

では社会的関係とは具体的にどんな形をとるのか。それは「生産関係」である。「生産関係」とは何か。それは生産手段の所有関係である。たとえば封建社会。そこでは、領主が名目上の土地所有権を持ち、領主の保護下にある農民が地代を支払う義務を負う。あるいは近代産業社会。そこでは、資本家が生産手段を独占し、資本家と雇用契約を結んだ労働者がみずからの労働の対価として賃金を受け取る。これらが生産関係である。人間はみなこうした具体的な生産関係のなかで生きている。領主であれ農民であれ、あるいは資本家であれ労働者であれ、誰もがこの具体的な生産関係のなかで、考え、感じ、語り、聞く。あるいは、食べ、排泄し、眠る。その端的な事実に目を向けろ、とマルクスはいうのである。

ところで、この生産関係という考え方には重要なポイントが二つある。①生産関係が自立して、それじたい独立した物や力のように見えてしまうこと。②生産関係がやがてその時代の生産力に適合しなくなること。この二点である。どういうことか。

まず①について。生産関係は人と人の関係である。にもかかわらず資本主義社会では、人と人の関係が物と物の関係として見えてしまうことがある。たとえば商品は、それをつくらせる人、つくる人、売らせる人、売る人、買う人といったさまざまな人間の関係からなっている。商品というのはこれらの人間関係が織りなす網目の産物にほかならない。しかしわれわれは商品にあらかじめ何らかの「価値」があると思いこんでいる。あらかじめ価値があるから貨幣を用いて商品Aを買うことができる、あるいは商品Aと商品Bを交換することができると考えてしまう。本当は商品であれ貨幣であれ人と人の関係なのに、それらが物と物の関係として立ち現れる。このような錯視現象を「物象化《ぶっしょうか》」と呼ぶ。人と人の関係が物象化されたものとしての商品や貨幣。それをわれわれはいわば物神崇拝しているのである。

②について。それぞれの社会における生産関係は時代ごとにそれぞれ一定の生産力を生みだす。封建社会の生産力。近代産業社会の生産力。それらは各時代の生産関係の産物だ。そしてその時代の生産関係が、新しく生まれてきた生産力の邪魔になることがある。たとえば西欧の封建社会は農村の生産力が上昇し、商品経済が農村に浸透するにしたがって解体していった。農村経済が商品市場に組み込まれたため、それまでの封建領主と農民という古い生産関係が足かせになったからである。新しい生産力は、古い生産関係と矛盾するようになる。生産力が上昇しているのに古い生産関係をそのままにしておけば、さまざまな矛盾や混乱が社会に充満することになる（エンゲルスがロンドンやマンチェスターで見た現実はまさにこれだった）。だから、時代の新しい生産力に合わせて古い生産関係を壊していかねばならない。そのためには、物と物の関係に見える物象化された社会関係を冷徹に分析し、さらには生産力に合わせてその関係を変革してゆかねばならない。それが共産主義革命である。

そんな意気込みを胸に、マルクスとエンゲルスは一八四八年の一月に『共産党宣言』を発表する。ヨーロッパで一八四八年革命が勃発したのはその直後だった。マルクスはこの革命が共産主義革命に転じていくことを願った。だが先に見たように、革命は結果的に失敗に終わった。その後ロンドンに亡命したマルクスは、敗北の経験から、現実社会の物質的基盤を総体的に把握することの大切さを痛感していくのである。

『資本論』と近代社会

パリ時代にすでにアダム・スミス（Adam Smith 一七二三－九〇）やデヴィッド・リカード（David Ricardo 一七七二－

一八二三）をはじめとするイギリスの古典経済学の勉強を開始していたマルクスだが、ロンドンに居を定めてからは、大英博物館の図書室に日参し、勉強の勢いにますます拍車がかかることになる。毎日座っていた椅子には彼のお尻の型がついたともいわれる。そうした猛烈な研究の日々は、のちに『資本論』（一八六七）という畢生《ひっせい》の大作として結実することになる。それはいったいどんな本なのか。

『資本論』のなかでマルクスは、資本という「自己増殖する価値」のしくみを徹底的に分析しようと試みた。とくに力を注いだのは、労働力が商品化されることで剰余価値が生まれるしくみの解明だった。資本家は労働者を雇用する。それは自由で対等な人格同士による契約だ。いわば賃金と労働の等価交換である。だが、その結果どういうことになるか。たとえば日給一万円で雇った労働者に一日で一万五〇〇〇円分の商品を生産させることにより、資本家は差額の五〇〇〇円をそのまま剰余価値として手に入れる。つまり不等価交換である。等価交換として開始された関係なのに不等価交換として終わる。これをマルクスは「賃金奴隷制」と呼んだ。

ただ、ここで注意したい。資本家が労働者に一日当たり一万五〇〇〇円分の商品を生産させたとしても、もしそれらが売れなかったら儲けはいっさい出ない。資本家はどうやって儲けるのか。からくりは単純だ。ほかならぬその労働者がみずからその商品を買うことによって、である。もちろん誤解してはいけない。ひとりの労働者Aさんが、みずから生産した商品Xを雇用主である資本家から直接買うということではない。

労働者は自分や家族の生活に必要な商品を買わないと生きていけない。言いかえると、労働者は消費者でもある。するとどうなるか。労働者Aさんが商品Xを買わなくても、Aさんを含む全労働者のうちの誰かが、消費者としてどこかで商品Xを買うだろう。同じようにAさんもまた、どこかの労働者Bさんが生産した商品Yを買うことになるだろう。その結果、労働者階級は全体として、みずからの生産した商品を買い戻していることになる。差額としての儲けはこうやって生まれる。繰り返すが、労働者は消費者でもあることが、このしくみの鍵だ。

資本家はこうして生産過程で次々と利潤を手に入れていく。獲得された利潤はさらに新たな生産過程に投入される。そうやって資本は自己増殖する。一方、資本家同士は厳しい競争にさらされる。だから資本家たちは利潤率を少しでも上げるために、賃金の引き下げをおこなったり、機械を導入して労働者をリストラしたりする。それによって労働者は生活水準が下がり、あるいは失業する。勝ち残った資本家の手元に資本が蓄積される一方で、労働者の大多数は窮乏化していく。「一極における富の蓄積は、同時に対極における、すなわちそれ自身の生産物を資本として生産する階級の側における貧困、労働苦、奴隷状態、無知、粗暴、道徳的堕落の蓄積である」(『資本論』第23章)。こうして社会は一握りの資本家とそれ以外の労働者という二つの階級に分裂し、階級間の緊張と対立が高まっていく。

ところで、こんな疑問が生じる。資本家は、最初に資本をどうやって調達したのだろうか。言いかえると、資本家は労働者を雇うための資金や工場をつくるための資金、原材料を仕入れるための資金をどうやって手に入れたのだろうか。それは、労働者(あるいはその前身)から手に入れたのである。イギリスでは、一五世紀の終わりから一九世紀の初めにかけて「囲い込み(エンクロージャー)」がおこなわれた。村の共有地や開放耕地が領主などによって私有地として囲い込まれ、農民の多くが土地を失っていった。そうやって囲い込まれた土地や生産物が最初の資金になったのである。これを「資本の本源的蓄積」と呼ぶ。最初の資本は農民からの土地の収奪によるものだった。そして、土地を奪われた農民たちは賃金労働者として都市に移り住むことになる。

西欧社会の工業化と都市化はそうやって進行した。産業革命を経ることで工業は単純な協業からマニュファクチュア的分業へ、さらには機械制大工業へと発展した。都市には工場労働者とその予備軍があふれた。こうして都市はさまざまな社会問題の温床となるとともに、資本が着々と蓄積される富の集積場になっていった。植民地主義が資本の蓄積に拍車をかけた。マルクスはいう。「アメリカにおける金銀産地の発見、原住民の掃滅、奴隷化、鉱山内への埋没、東インドの征服と略奪の開始、アフリカの商業的黒人狩猟場への転化、これらのものによって、資本主義的生産時代の曙光が現れる。（中略）成長するマニュファクチュアに植民地は販売市場を保証し、市場独占によって強められた蓄積を保証した」（『資本論』第24章）。こうしてマルクスは工業化、都市化、植民地主義といった近代社会の特性を「資本」というメカニズムの分析を軸に、総体的に解き明かしていったのである。

3　マルクスと現代社会

史的唯物論の公式

ところがマルクスの死後、その思想は間違ってマニュアル化されてしまった。それは「史的唯物論の公式」として平板な形で理解されていったのである。「史的唯物論」というのは、生産力と生産関係のダイナミクスによって歴史が動いていくという、単純で一面的な歴史のとらえ方である。エンゲルスがその種をまいたともいわれるが、責任はマルクスにもある。彼は『資本論』の出版に先立つ一八五九年の著書『経済学批判』の序言で、次のような公式じみた言い方をしている。

①社会は、物質的・経済的な条件という「土台」の上に、政治や宗教、哲学、芸術などの意識形態という「上部構造」がのった構成体をなしている。「上部構造」はつねに「土台」に制約される。「人間の意識が存在を規定す

るのではなくて、逆に、人間の社会的存在が意識を規定する」とマルクスはいう。②社会の「土台」は生産力とそれに対応する生産関係からなっている。生産力が上昇すると古い生産関係が邪魔になり、社会革命が起きて、既存の生産関係と上部構造がくつがえされる。③そうやって社会は、過去から現在に向け、アジア的、古代的、封建的、近代ブルジョワ的段階という順番で発展していく。

残念なことに、ここからさまざまな単純化や短絡化がなされていくことになる。マルクスは一八六四年に国際的な社会主義者の組織、いわゆる「第一インターナショナル」の結成に関与した。マルクス没後、一八八九年にドイツ社会民主党が中心になって「第二インターナショナル」が結成される。これは一九一四年にはじまる第一次世界大戦で崩壊するが、その大戦のさなかの一七年にロシア革命が起きる。革命後、レーニンが率いたソヴィエト連邦（ソ連）は、マルクス主義に基づく世界で最初の社会主義国家だった。さらに第二次世界大戦後、東欧諸国、さらには中華人民共和国などが次々とマルクス主義を掲げる共産主義国家に変わっていった。たしかに、マルクスの思想は世界を変えたのである。

だが「史的唯物論の公式」の普及によって妙なことになってしまった。ソ連の場合が典型的である。ソ連ではこの硬直した公式が国家建設に用いられた。①革命によって「土台」が共産主義的生産様式になったのだから、「土台」に制約される「上部構造」もそれを直接反映したものにならないといけない。そういうことでまず宗教が弾圧され、政治思想、哲学、芸術などもすべて共産党公認のものでなければいけないことになった。たとえば、革命直後にあれほど沸騰していたロシア・アヴァンギャルド芸術はブルジョワ的だとして排斥され、単調な社会主義リアリズムに取って代わられた。『資本論』も、近代社会を解き明かす知の泉ではなく、共産党の権威を示すための「聖典」になってしまった。また、②生産力の確保と制御が至上の目標となり、生産手段の国有化と計画経済、さらにはそれを遂行するための官僚制が社会の基盤になった。加えて、こうした①、②のやり方を守っていくことで、③ソ連は共産党の指導の下、公式どおりに発展していくものとされた。言いかえると、党が直接的に国家を支配し、独裁する形だった。その硬直性が一九八〇年代に入って致命的な足かせとなり、共産主義諸国の経済と国民生活は見るも無惨に悪化しはじめた。その結果が一九八九年の東欧革命であり、九一年のソ連解体であった。

新しい動き

二一世紀の現在、マニュアル化された「史的唯物論の公式」を信奉している一党独裁的な国は、一部の例外を除き、ほとんどなくなった。また、一九九〇年代以降、経済学、政治学、社会学、歴史学、哲学などの学問分野でも、マルクス主義の影響は年々弱まっている。いずれも東欧革命とソ連の解体がもたらしたことである。

だがその一方、東側の共産主義諸国が限界に突き当たるようになった一九八〇年代以降、西側の自由主義・資本主義の国々もまた、さまざまな限界に突き当たりはじめたことに注意しなければならない。なかでも深刻なのは、グローバリゼーションがもたらした国家間の経済格差と、国内の富裕層・貧困層の経済格差の拡大である。

先に見た一九九〇年前後における東欧革命とソ連解体のあと、これから世界は自由主義と民主主義の一色に染まっていき、それまでの東西間のイデオロギー対立のようなものはなくなっていくだろう、ひと言でいうと、世界は平和に発展していくだろう、というような論調が強まった。けれども、その後の数十年の歴史を振り返ってみるかぎり、そのような楽観的な展望は当たらなかったというのが事実だ。裕福な先進国と貧しい途上国との格差が狭まることはなく、先進国の内部でも富裕層と貧困層の経済格差は依然としてあり続けている。第3部の第2章でも触れるが、たとえば世界の最富裕人口五分の一と最貧困人口五分の一の所得格差は、マルクスが『資本論』を書いた頃は七対一だったが、二〇一四年には一〇八対一にまで拡がっている（国連開発計画『人間開発報告書』二〇一五年版）。

またもうひとつの深刻な問題が、生態系の破壊や気候変動などの地球環境問題だ。かりにイデオロギーの対立がなくなり、自由主義と民主主義が世界全体を覆い尽くすようになったとしても、そんなことにはお構いなしに、地球環境問題は深刻さの度合いを高めつつある。たとえば、マルクスの生きていた一九世紀の半ばから現在にかけ、世界の平均気温は一・〇九度上がったとされるが、一気に上がりはじめたのは二〇世紀半ばからである。この勢いはさらに強まり、二一〇〇年にはさらに三・二度上昇することが予測されている（気候変動に関する政府間パネル〔IPCC〕第六次評価報告書）。

このような問題に直面している現在、かつて間違ってマニュアル化され、独裁制や官僚制に都合よく利用されてきたカール・マルクスの思想を、誤用と悪用から救い出そうとする動きが出てきている。マルクスの真の可能性について掘り下げながら、現代社会の直面するこれらの問題を乗り越えるヒントを得ようというのである。詳述する余裕はないので、柄谷行人（からたに・こうじん　一九四一－）と斎藤幸平（さいとう・こうへい　一九八七－）という二人の日本人の名前を、その例として最後に挙げておこう。

文献

フリードリヒ・エンゲルス『イギリスにおける労働者階級の状態』一條和生／杉山忠平訳、岩波文庫、一九九〇

柄谷行人『トランスクリティーク――カントとマルクス』岩波現代文庫、二〇一〇

柄谷行人『世界史の構造』岩波現代文庫、二〇一五

河野健二『現代史の幕あけ――ヨーロッパ１８４８年』岩波新書、一九八二

斎藤幸平『人新世の「資本論」』講談社現代新書、二〇二〇
廣松渉『マルクスと歴史の現実』平凡社、一九九〇
マルクス／エンゲルス『ドイツ・イデオロギー　新編輯版』廣松渉編訳、小林昌人補訳、岩波文庫、二〇〇二
マルクス／エンゲルス『共産党宣言』大内兵衛／向坂逸郎訳、岩波文庫、一九七一

●カール・マルクス
『ルイ・ボナパルトのブリュメール18日』伊藤新一／北条元一訳、岩波文庫、一九五四
『経済学批判』武田隆夫／遠藤湘吉／大内力／加藤俊彦訳、岩波文庫、一九五六
『経済学・哲学草稿』城塚登／田中吉六訳、岩波文庫、一九六四
『資本論（一）〜（九）』向坂逸郎訳、岩波文庫、一九六九‐七〇
『ユダヤ人問題によせて・ヘーゲル法哲学批判序説』城塚登訳、岩波文庫、一九七四

第2章　近代との格闘――デュルケムとウェーバー

1　近代社会学の登場

マルクスの思想は一九世紀の終わりから二〇世紀初頭にかけての社会学の発展に多大な影響を与えた。資本主義の浸透とともに激変していく社会を正面からとらえようとする唯一の試み。しかも実際に資本主義社会を変革していこうとする強力で現実的な力。そうしたマルクスの思想に敏感に反応したのは、フランスとドイツの二人の社会学者だった。

ひとりはフランスのエミール・デュルケム（Émile Durkheim 一八五八－一九一七）、もうひとりはドイツのマックス・ウェーバー（Max Weber 一八六四－一九二〇）である。二人ともどちらかというと「保守主義者」として知られている。だからマルクスの思想とは反対の方向を向いているように見える。マルクスがドイツからフランス、ベルギー、イギリスとつねに移動したのに対し、この二人はそれぞれ母国にとどまり続けた（ただしデュルケムは、ちょっとだけドイツ留学でフランスを出ている）。

だがこの二人は、一九世紀末から二〇世紀にかけて世界中に浸透していったマルクス主義の社会認識を批判的に受けとめ、マルクスとは違った角度から近代社会を把握しようと格闘した。その格闘こそ、近代社会学のはじまりだったともいえる。フランスとドイツにあってこの二人が何を考えていたのか、以下で跡づけてみよう。

2　デュルケムとフランス社会

デュルケムの時代

デュルケムは一八五八年にフランス・ロレーヌ地方のエピナルで生まれた。マルクスと同じようにユダヤ人だった。高等師範学校という超難関校に学び、ボルドー大学とパリ大学で教えた。研究仲間と『社会学年報』という機関誌を創刊し、たくさんの論文を書いた。そこでの仲間や弟子たちはのちにデュルケム学派とも呼ばれるようになった。社会学という学問ジャンルや社会学部という大学制度が確立される上で、デュルケムやデュルケム学派の果たした役割はとても大きい。だが、その晩年は不幸だったかもしれない。第一次世界大戦で最愛の息子を失い悲嘆にくれるなか、間もなくデュルケム本人も終戦を待たず心臓発作による死を迎えた。五九歳だった。

デュルケムの生きていた時代、フランスはどんな社会だったのか。先に見たようにデュルケムは、一八五八年に生まれて一九一七年に死んだ。この時代、フランス社会は大きく変貌した。まず目を惹くのは、産業化の波がイギリスに続いてフランスにも押しよせたことだ。

もともとフランスはヨーロッパの大国ではあった。一九世紀初めの時点で人口は三〇〇〇万人に達していたし、一七八九年のフランス革命やそれに続くナポレオン（Napoléon Bonaparte 一七六九－一八二一、ナポレオン一世）のヨーロッパ制覇の試み（これは失敗に終わったが）などによって、政治と軍事については、フランスはすでに世界有数の大国だったともいえる。だが産業面ではイギリスに後れをとっていた。農業や家内工業中心の伝統的なカトリック国といったおもむきだったのである。ところがデュルケムの時代に、そのようなフランスの伝統的な姿が一気に変わっていった。製鉄業や機械製造業、電気産業といった新しい産業への転換が急速におこなわれ、フランスはイギリスに次ぐ産業大国になった。

各地に拠点となる工業都市が生まれ、活況を呈していった。それらの都市は鉄道によって結ばれた。フランスはもともと全土にわたるかなり充実した道路と水路の交通網を有していた。そこに新しく鉄道という高速交通機関が加わり、さらに本格的な郵便制度、鉄道の駅を結ぶ電信システムが導入され、国内の移動と流通とコミュニケーションは充実の度合いを一気に高めていった。

マルクスが「交通」と呼んだ、目まぐるしい移動・流通・コミュニケーションの空間。デュルケムの時代にフランスはまぎれもなくそうした交通空間へと変貌した。大都市には大小さまざまな金融機関が設立され、信用と貨幣というメディアによってヒト・モノ・情報の移動と流通がさらに加速された。また、イギリスのあとを追うように植民地帝国への道を歩むフランスには、国外から大量の物資や人間が入るようになった。それらは商品として、労働者として、消費者として、都市的景観を飾る要素となっていく。大都市には百貨店が生まれ、ショーウインドウに陳列されたきらびやかな商品の群れが消費の欲望をあおった。

一方、政治・軍事大国だったはずのフランスは、デュルケムの時代に大きな混乱を見せた。というより、フランスの政治は王政を打ち倒した一七八九年のフランス革命以降、ずっと混乱続きだったともいえる。フランス革命→第一共和政→一七九九年のナポレオンによるクー・デタ→第一帝政→一八一五年のナポレオン失脚→王政復古→四八年の二月革命→第二共和政→一八五一年のルイ＝ナポレオン（ナポレオンの甥、ナポレオン三世）によるクー・デタ→第二帝政→七一年のパリ・コミューン→第三共和政というように、共和政と帝政が何度か交替し、そこに時折、王政復古をねらう勢力が介入する。そんな具合で、政治体制はなかなか安定してこなかった。

デュルケムが社会学者として生きた第三共和政期は、そうした混乱がますます強まった時期だった。そのしばらく前、デュルケムが少年だった頃、一八七〇年から七一年にかけての普仏戦争でフランスはプロイセンに敗れ、アルザス・ロレーヌ地方を失う。この敗戦を受けて蜂起したパリの民衆が「パリ・コミューン」という一種の自治政権を樹立する。パリ・コミューンはフランス政府軍によって壊滅させられるが、これら一連の革命的な動きによって第二帝政は終わる。そうやってはじまった第三共和政だったが、それはきわめて不安定な体制だった。なにしろ、一八七五年の第三共和政憲法の成立もわずか一票という僅差によるものだったのである。

フランス革命以前からの王党派（これもブルボン家とオルレアン家で二派に分かれる）、ナポレオンに連なるボナパルト派、議会制民主主義を掲げる共和派、さらには一八九〇年代に台頭してきたいくつかの社会主義急進派。世紀末から新世紀にかけてのフランス社会はこれらの諸勢力が入り乱れ、「共和国」という名の坩堝《るつぼ》を構成していた。一方、それまで信仰や道徳、習慣といった生活レベルでフランス社会を包むように統合してきたカトリシズムは、啓蒙思想と科学と産業の時代になってその影響力を次第に弱めつつあった。すでに一八八〇年代から公教育では世俗化政策が進められ、学校から宗教色が払拭されてきていたし、一九〇五年には「政教分離法」が成立し、国家による宗教の公認が禁じられることになる。宗教は社会を統合する力を失っていた。

デュルケムの仕事

デュルケムはそんな時代に考え、書いた。その考え方をあらかじめキャッチフレーズ的にまとめてみよう。たぶんそれは「連帯」と「統合」だ。あらゆる境界線を壊しながら突き進む産業化の波。身分制のゆらぎと産業構造の変化を背景に進行する社会の新しい分断化。人びとの生活と思考がますます個人化していく一方で、それを束ねていくための制度や規範は弱体化していく。人と人をばらばらにさせていく近代社会の流れをどうやったら食い止めることができるのか。どうやったら人と人はゆたかな結びつきをつくりだすことができるのか。こうしたデュルケムの考え方や問いの立て方は、当時の第三共和政におけるフランス社会が必然的にもたらしたようにも見える。

デュルケムの仕事を簡単に紹介しておこう。たくさんの本や論文を書いているし、没後に出版された講義録なども重要だが、主著とされるのは、発表順に『社会分業論』（一八九三）、『社会学的方法の規準』（一八九五）、『自殺論』（一八九七）、『宗教生活の原初形態』（一九一二）といったところである。

『社会分業論』では、社会の進化にともなって、社会を成り立たしめている連帯のあり方が変化することが論じられている。未開社会や伝統的社会の多くでは、それぞれの個人が同じようなことを考え、同じような生活感覚や生活様式で生きている。また、誰もがある程度同じような自給自足生活を営むこともできる。AさんもBさんもCさんも……という具合に。逆にいうと、Aさんが欠けてもBさんやCさんで代用し得る。そうした同質的な構成要素のまとまりを「機械的連帯」という。他方、産業化の進展した近代社会では、Aさんは事務職、Bさんは製造業、Cさんは農業……という具合に分業が進み、互いに代用できない異質の個人が社会を構成している。これを「有機的連帯」という。

有機的連帯を特徴とする近代社会は異質な個人の集まりである。それぞれの個人は別々のことを考え、別々の生活感覚で生きている。みんな自分のことを個性的でかけがえのない存在だと思いこんでいる。ところが、そのようなかけがえのない個性的な存在であるはずの個人が、他人の存在抜きでは生きていけないのも近代社会だ。事務職のAさんは製造業のBさんや農業のCさんがいないと暮らしていけない。つまり近代社会は、個人化が進めば進むほど他者への依存が高まる社会である。言いかえると、有機的連帯というのは、個々人が自律的な個人でありつつ、社会全体としてバランスよく相互依存関係を成し、剝き出しの利害のぶつかり合いがうまく回避できている状態である。それがうまくいかない社会は病理的状態にあるといえる。デュルケムが『社会分業論』で力を入れて論じたのは、恐慌や労使紛争のような分業の「異常形態」という近代社会の病理だった。

『社会学的方法の規準』は、当時まだ目新しかった、社会学という、海のものとも山のものともつかないジャンルに、学問としての市民権をもたらそうとして書かれた書物だ。社会学は当時、かなり思弁的な学問と思われていた。抽象的な理念や概念を上から語るだけの学問であって、科学ではないとされていたのである。それに対してデュルケムはこの本のなかで、社会学は「社会的事実」を対象とするれっきとした科学であると強調した。

社会的事実とは、たとえば、法、道徳、言語、宗教的信念、習慣などをいう。これらの現象はみな個人の外側にあり、個人に対して外部的な強制力として存在している。これらはいずれも個人を超えて社会集団に浸透しており、個人がそれに背こうとすると何らかの制裁が加えられる。たとえば叱られたり、罰を与えられたり、嘲笑されたり、異端視されたり、等々。だからこれらはある意味で個人に対して「物」のようなあり方をしているともいえる。そうしたことからデュルケムは、社会学が社会的事実を「物として」扱うべきであると説いた。その意味で社会学は物理学や化学と同じような「科学」のひとつにほかならない、と。

だが誤解してはいけない。法や道徳、言語は、水素や鉄と同じ意味での「物」であるわけではない。水素や鉄は、一〇〇万年前も現在も同じ水素や鉄だ。それに対して法や道徳、言語は、いつの間にか変わっていく。変えていくのは、法や道徳、言語に拘束されながら毎日を生きているわれわれ自身だ。そして何より大きな違いは、水素や鉄が「物質」であるのに対して法や道徳、言語が「シンボル」である点である。人間はシンボルをとおして世界を認識し、何ごとかを思考し、世界に働きかける。シンボルなしで人間の生はあり得ない。法や道徳、言語は集団に共有されたシンボルであり、それを誤用したりそれに反抗したりした場合、集団のなかでうまく生きていけなくなる。そのように個人を超えた現象としてあり、個人に外側から圧力を加える、という意味で、社会的事実は「物」として扱われるべきなのである。ただ、繰り返すが、それらの社会的事実を変えていくのもまた、われわれ個人であることを忘れてはいけない。

社会的事実のそうしたシンボル性について、デュルケムは『宗教生活の原初形態』のなかで、「未開社会」のトーテムや霊魂観念、儀礼などのあり方を例に詳しく論じた。ちなみにトーテムというのは「未開社会」の人びとが自分たちの祖先や神として崇めている動植物などのことであり、それらの動植物を殺したり食べたりすることはタブーとされる。いわば聖なるシンボルである。デュルケムは、そうしたトーテムや霊魂観念がもたらす畏怖の観念や神聖さの起源が、社会そのものにあることを論じた。未開社会の人びとは、トーテムや霊魂観念をとおして自分たちの社会そのものを崇めている。なぜなら、社会は個人を超えた実体だからである。社会は自分が生まれる前からあり、自分が死んだあともある。社会は法や道徳、言語によって自分に認識や思考、行動の手段を与えてくれる。人びとがトーテムや霊魂観念によって崇めているのは、じつは社会のそうした超越性なのである。

『自殺論』について

このようにデュルケムは社会学という学問を科学として確立させることをとおし、「個人と社会」「人間とシンボル」といったきわめて普遍性の高いテーマを論じようとした。だが注意したい。そうした壮大なテーマを語りながらデュルケムが終始一貫して見据えていたのは、「近代社会とは何か」という問い以外の何ものでもなかった。

デュルケムが三九歳で書いた『自殺論』は、そうした問いが鮮明に打ち出された本だ。デュルケムのなかで最もよく読まれている著作のひとつであり、社会学的な思考方法がよく出ている作品でもあるので、少し詳しく紹介しておこう。

『自殺論』でデュルケムが言いたかったこと、それは、自殺ほど社会的な現象はないということだ。ふつう自殺は、個人的な現象だと思われている。自分で自分を死にいたらしめる。しかも、自分の心の内側の苦悩や行き詰まりを他人に向けて開いたり、ゆだねたりできないがゆえに、みずから死を選ぶ。これほど個人的な現象はないように見える。だが、とデュルケムはいう。自殺はきわめて社会的な現象であり、社会的な行為なのだ、と。

なぜそんなことがいえるのか。その根拠は、自殺統計に見る規則性である。自殺は個人に生じる出来事なのに、各国の自殺統計を見ると、どの年もほぼ一定の数字を示す。事故死や病死を集計した死亡統計の数字は、戦争や災害、疫病などによって上下するが、自殺統計は安定した傾向を示す。さらに各国の自殺率を比較してみると、高い国は一貫して高く、低い国は一貫して低い。つまり国や社会ごとに、自殺行動や自殺者の数はある程度決まってくるのである。ということは、自殺率と社会のあり方は密接に関連しているのではないか。

そのような仮説の下にデュルケムは、ヨーロッパ各国から何と二万六〇〇〇件もの自殺者記録を収集し、分析した。その膨大なデータから、デュルケムはいろいろな分析結果を導き出していったのだが、とくによく知られているのは、次の事実の発見である。

①カトリック信者よりプロテスタント信者の方が自殺率が高い。
②既婚者より未婚者の方が自殺率が高い。
③戦争時より平和時の方が自殺率が高い。

いったいどういうことなのか。デュルケムはこう説明する。カトリック信者・既婚者・戦争時の共通点、プロテスタント信者・未婚者・平和時の共通点はそれぞれ何か。それは社会の連帯と統合の度合いに関わる。前者は連帯と統合の度合いが高く、後者は低いのである。たとえばプロテスタントは、カトリックと違って教義の自由検討を許している。教会や教団の拘束から自由になった個人が自分の心の内側で神と向き合うことこそ、プロテスタント信仰の本質であるとされる。プロテスタンティズムはその意味で、自由で個人化された信仰のあり方だ。だがそのような個人が、失業とか難病の宣告といった危機的状況に陥った場合どうなるか。自分を支えてくれるものは自分という個人以外何もない。一方、カトリックは良きにつけ悪しきにつけ教会や教区の連帯、統合の度合いが強い。だから個人は、強い拘束を受ける。しかし危機的状況になった時、そこには自分を支えてくれる集団が存在する。こうしてデュルケムは、集団の連帯・統合の度合いと自殺率とが反比例の関係にあることを示したのである。

デュルケムが『自殺論』を書いた頃、ヨーロッパ諸国の自殺率は急上昇していた。デュルケムはそこに、ヨーロッパ社会の連帯と統合の弱まりを見た。フランスの場合、急速な産業化と都市化による未曾有の社会変動、なかなか安定しない政治体制、さらには、カトリック勢力の衰退とそれにともなう社会の世俗化などにより、教区や地域のコミュニティは、連帯と統合の度合いを急速に弱めていた。自殺率の急上昇はその現れだとデュルケムは考えた。自殺はまさに、社会的現象だったのである。

問題はそれだけではない。もっと深刻なのは、こうした個人化の進行と連帯・統合の弱まりによって、社会がある種の無規制状態になってしまうことである。デュルケムは、人間が本来果てしない欲望を抱えた存在であることを強調する。他の動物と違い、人間の欲望には本能によるストップがかからない。なぜなら、人間の欲望は言語というシンボルに媒介されているからである。言語に無数の組み合わせが可能であるように、人間の欲望は無限に膨張する。社会の連帯、統合の基礎となる規範や道徳は、そうした人間の欲望に人為的なストップをかける装置であった。その規範や道徳が弱まることで、欲望は野放し状態になる。その状態をデュルケムは「アノミー anomie」と呼んだ。ちなみにアノミーとは、古代ギリシア語の「アノモス(無規制状態)」に由来するフランス語である。

デュルケムは、「アノミー的自殺」とでも呼べるような自殺の類型があると主張する。その例としてデュルケムは、好景気が必ずしも自殺率を低下させず、むしろ上昇させる傾向を指摘している。好景気は人の欲望を助長する。だが好景気によって解き放たれた欲望は、決して思いどおりに充足されない。充足されたと思っても、すぐにそれを上回る欲望が生じる。そのような状態で突然、失業や病気といった危機的状況に陥った場合、その人の失望や絶望は限りなく大きなものとなる。本来なら自殺の動機とはならない程度の出来事が、決定的な引き金となる。

デュルケムが危惧したのは、近代社会がこうしたアノミーそのものを特徴とする社会ではないのかということだった。つねに欲望をあおり、消費意欲を喚起していかないと倒れてしまう資本主義というシステム。近代社会の土台はそうしたアノミー的なしくみから出来上がっている。万人が互いに欲望をかき立て合い、競争し合う社会。そんなアノミー的社会が生んだ二つの思想として、デュルケムは功利主義と社会主義を挙げる。個人がおのおの、自分だけの利益を求めて熾烈な競争を繰り広げるべきだとする功利主義の思想。他方、連帯や統合が弱まり、資本家と労働者の二大階級に社会が分裂していることを理由に、一部の煽動者による暴力革命を正当化する社会主義の思想。そのいずれも、デュルケムにとってはアノミーの産物以外の何ものでもなかった。

3　ウェーバーとドイツ社会

ウェーバーの時代

マックス・ウェーバー（正しくはヴェーバーと発音するようだが、日本や英語圏ではウェーバーと呼ばれることが多い）は、一八六四年にドイツ中央部のエルフルトで生まれた。ハイデルベルク大学とベルリン大学で法律学と経済学を学び、フライブルク大学とハイデルベルク大学で教壇に立ち、一九二〇年に肺炎のため五六歳で亡くなった。三四歳の時に重い神経疾患にかかり、教壇に立てず本も読めないという数年間を経験しているが、研究、研究、研究の人生だったといっていいだろう。

ウェーバーが生まれた当時、ドイツはまだ二二の領邦と三つのハンザ自由都市からなるゆるやかな連邦にすぎなかった。ところがウェーバーが七歳になった一八七一年、プロイセンの宰相ビスマルク（Otto Fürst von Bismarck 一八一五－九八）の豪腕によって、ドイツは一気に近代的な統一国家に生まれ変わる。普仏戦争の勝利後、一八七一年に誕生したこのドイツ帝国はたちまちイギリス、フランス、オーストリア＝ハンガリー帝国と並ぶ欧州の大国となった。人口は四〇〇〇万人にせまり、産業構造も大きく変化した。機械、化学、電機などを中心に高度な産業が次々と台頭し、農業国から工業国へと変貌したのである。工場や鉱山で働く労働者の数も増加し、「プロレタリアート」という新しい階級を形づくるようになった。マルクス主義の浸透と並行して労働運動も活発化し、労働者階級は資本家階級と対立するようになった。こうしてウェーバーの少年時代、ドイツは農業国から工業国へ変わっただけでなく、身分制社会から階級社会へ変わったのである。

階級社会は、革命による政治体制の転換を予感させる社会でもあった。頻発する労働運動に危機感を抱いたビスマルクは、一八七八年から九〇年にかけ「社会主義者鎮圧法」を導入する。また、その一方で世界最初の社会保険制度である「疾病保険法」を一八八三年に、「廃疾・老齢年金法」を八九年に導入する。いわば労働者階級を「アメとムチ」のやり方で剛柔両面からコントロールしようとしたのである。ビスマルクは、ユンカー階級と呼ばれる大土地所有貴族の出身だった。そのビスマルクからすると、支配層に反抗する労働者は社会のウイルスのような存在だった。「彼ら（社会民主党員）は国のネズミだ。そして駆逐されるべきだ」とビスマルクは後年語ったとされるが、それはまぎれもない本音だったのだろう。アメとムチによる「ポリツァイ（警察）」型の社会政策でドイツ帝国をコントロールしようとしたビスマルクだったが、一八九〇年に皇帝ヴィルヘルム二世（Wilhelm II 一八五九－一九四一）と揉めて宰相を解任される。同じ年、社会民主党が結成され、階級闘争の気運が高まりはじめる。

ウェーバーが教授資格を取得し、本格的な学究生活に入っていったのはそうした時代だった。ビスマルクが失脚してヴィルヘルム二世が直接統治する第二帝政の時代。それはある意味で、経済と政治が分裂した時代だったともいえる。経済の基盤は、国家が主導する形で重化学工業へと移行し、生活の豊かさは上昇していった。だが、政治は混乱をきわめていた。統一するにはしたが、まだ国民国家としての意識や一体感が希薄であり、ドイツ帝国という国家がいかにあるべきか国民的な合意はまだどこにもなかった。伝統的支配層であるユンカー階級や、東部地域に数多く残存する中世の時代そのままの農民たち。ベルリンのような大都市に暮らし、営利と消費の欲望に突き動かされる新興のブルジョワ階級。国家体制の転覆を虎視眈々とねらう社会主義者たち。それはまったく異なる価値観が対立する混沌とした社会だった。ある意味でデュルケムのフランスと似た状況だったのである。

ウェーバーの仕事

ウェーバーの残した仕事は膨大だ。まずその射程範囲の広さに驚かされる。政治、法、経済、歴史、哲学、科学論、都市論、音楽、宗教……。ルネサンス時代のレオナルド・ダ・ヴィンチのような人物だったらともかく、近代や現代にこれだけ多くのことを論じられた人はほかにいないのではないか。

だがウェーバーはただ自分の興味のおもむくままに手当たり次第で研究を続けたわけではない。それらの膨大な仕事を貫くキーワードはただ一言でまとめられるのだ。それは「合理化」である。法であれ、組織であれ、音楽であれ、宗教であれ、西欧社会では生活領域の多くで合理化が進んだ。たとえばオクターブを一二分割して組み合わせる和声音楽。あるいは規則的職務配分や文書主義、職位序列などを特徴とする官僚制。それらはいずれもきわめて「合理的」な音楽であり、組織である。なぜそうした「合理化」が、しかも西欧社会でのみ顕著に進んだのか。それがウェーバーの生涯の問題関心だった。

合理化への問いはとりもなおさず、近代社会とは何かという問いでもあった。ウェーバーは人間の行為を「目的合理的行為」「価値合理的行為」「感情的行為」「伝統的行為」という四つの類型にまとめている。「目的合理的行為」は何らかの目的にとって最適の手段を計算しておこなわれる行為であり、たとえば持ち家を買うためにはどれだけの資金が必要か、その資金を貯えるためには何を節約する必要があるか、その節約はどの程度、どんなペースでおこなわれるべきか、といった具合に、冷静な計算がそこにはともなう。「価値合理的行為」はその人が元来抱いている倫理的・宗教的・審美的価値観を実現するためにおこなわれる行為であり、たとえば何らかの信仰に基づいて繰り返される礼拝などがそれに当たる。「感情的行為」は文字どおりその場の喜怒哀楽によってなされる行為であり、「伝統的行為」はそれが伝統であるがゆえに習慣的に反復される行為である。

前近代社会は、基本的に伝統的行為から織りなされた社会だった。たとえば、農奴はなぜ領主に年貢を納めるのか。それはその行為が伝統として習慣的におこなわれてきたからだ。ほかに理由はない。理由がないからこそ反復されるのである。理由があればその理由を論破することにより、反復を妨げることができる。理由がないから論破すらできない。そんな前近代社会に対し、近代社会は目的合理的行為が生活の大部分を覆うようになった社会といえる。

そうなった背景として、かつての身分制がゆらいだことが挙げられるが、それと並んで社会の「合理化」が進んだ点も大きい。生活領域の大半が合理化された近代社会では、誰もが目的＝手段の連鎖を計算しながら人生を送る。いかにも近代的でスマートなようだが、逆にいうと誰もが目的・手段の計算にがんじがらめにされて生きるということだ。そんな近代社会のあり方をウェーバーは「鉄の檻」と呼んだ。なぜそんな社会が到来したのか。それも、西欧にのみ到来したのか。とにかくウェーバーはそのことを問い続けたのである。

『プロテスタンティズムの倫理と資本主義の精神』について

ところで先にふれたように、ウェーバーは三〇代半ば頃、重い神経疾患にかかった。一八九八年にはじまったその苦しみは相当なものだったらしい。それがようやく癒えてきたのは一九〇三年だった。翌一九〇四年にウェーバーは、妻をともなってアメリカ合衆国に旅行する。新大陸を旅するなかでウェーバーはいくつもの新鮮な発見をするのだが、そこでの体験を基に、さらには西欧社会の合理化という積年の問題関心を踏まえ、同じ年に『プロテスタンティズムの倫理と資本主義の精神』という著作を発表する。

デュルケムにとっての『自殺論』のように、この本はウェーバーのなかでも最もよく知られた著作になっている。

どんな本なのか、これも少し詳しく紹介しておこう。

この本の主題、それはタイトルそのままであるといってよい。要するに、現代の資本主義というシステムの原点にはプロテスタンティズムという宗教があった、という話だ。ウェーバーがこの本を書いた二〇世紀初頭の段階で「資本主義社会」と呼べるのは西欧社会（北米を含む）だけだった。ではなぜ西欧社会だけに資本主義というシステムが根づいたのか。大規模な商業という意味では古代のインドや中国、イスラム社会にも資本主義の萌芽のようなものはあった。だがそれらの社会は少なくともウェーバーの時代にはまだ停滞から抜け出せていなかったのである。なぜ西欧だけに……。

このような壮大な問いをめぐり、ウェーバーは身近な知見のなかにヒントを見出そうとした。当時のドイツで最も「資本主義的」な生き方をしている人びと、すなわち「近代的企業における資本家や企業経営者」並びに「上層の熟練労働者」を見てみるとどうか。みな「プロテスタント的色彩」を帯びているではないか。信仰統計と職業統計を照らし合わせてみると、そうした人びとの多くがプロテスタント信者だ。彼らはいずれも合理的で禁欲的な生活態度をまもり、子どもにも実利的な実業教育を受けさせるなど、営利ということに敏感だ。まさに「目的合理的」に彼らは生きている。もしかすると資本主義とプロテスタンティズムとの間には何か関係があるのかもしれない。

そんな予感を抱いたウェーバーだったが、彼にはもうひとつ思い当たるふしがあった。ドイツ農民の伝統主義がそれである。ウェーバーは若い頃ドイツの東エルベ地域の農業問題について調査研究をしたことがあった。その時ウェーバーは、農民たちの「伝統主義」に強く印象づけられた。すでに市場経済に巻き込まれていた東エルベの農業地帯では、経営者（先に見たユンカー階級）が農民たちを少しでも効率的に働かせようと躍起になっていた。ところがいかに出来高賃金を上げても農民たちはこれまで以上には決して働こうとせず、従来の報酬に甘んじるという「非資本主義的」な態度をかたくなにとり続けた。彼らはまさに「伝統的行為」を反復するだけだったのである。なぜ農民たちは、伝統主義を脱却して近代資本主義的な心的態度をとることができないのだろうか。調べてみると、それらの農民の多くはカトリック信者で、プロテスタント信者は少ない。もしかするとここにも宗教が関係しているのでは……。

ここからのウェーバーの論理展開はきわめて大胆だ。彼はまずプロテスタンティズムの創始者マルティン・ルター（Martin Luther 一四八三－一五四六）の教義に注目する。一六世紀当時、ローマ・カトリック教会は免罪符（金銭でこれを買えば死後の救済が約束されるという代物）の販売で財政を立て直そうとしていた。これでは魂の救済がお金の問題になってしまうではないかと憤ったルターは、聖書主義を掲げ、救いは聖書を読むことで生まれる信仰のなかにしかないと反論した。いわゆる信仰義認説である。この説を唱えたことでカトリック教会から破門されたルターは、文字を読み書きできるドイツ人なら誰でも読めるようにと、聖書をドイツ語に翻訳し、福音を民衆に広めようとした。キリスト教世界の宗教改革がここからはじまるのは周知の事実だ。

ウェーバーが注目したのは、ルターが用いた「ベルーフ Beruf」というドイツ語である。ベルーフとは「職業」という意味だが、もともとは「神による召命」という意味だった。ちなみに召命とは、神から特別な使命を与えられること。それをルターは聖書のなかで初めて現代の「職業」と同じ意味で用いたのである（英語の「コーリング calling」にも召命と職業という二つの意味があるので辞書で調べてほしい）。ルターにとって世俗の世界で職業労働にはげむことは神から与えられた使命にほかならなかった。勤勉な労働の結果お金がたまっても、それは決して蔑《さげす》むべきことではない。むしろそれは、信仰の証明でさえある。こうしてプロテスタント信者の世界では次第に勤勉な労働という職業倫理が定着していった。ウェーバーによれば、資本主義的な「営利精神」の原点はプロテスタンティズムの「職業倫理」にあったわけである。

ウェーバーはルターと並ぶもうひとりの宗教改革の立役者ジャン・カルヴァン（Jean Calvin 一五〇九－六四）にも注目する。カルヴァンはある意味でルター以上に改革運動に大きな影響を与えた人物だが、そのカルヴァンの思想のなかでとくにウェーバーが着目したのは「予定説」だった。予定説とは何か。簡単にいうとこういうことだ。人には神によって救済される者とされない者の二種類がいる。では神は誰を救済するのか。神はみずからが義と認めた人間、特別の使命を与えた人間だけを救済する。つまり救済されるか否かの運命はすべて神があらかじめ決めてしまっている。これが予定説である。

予定説にはもうひとつ、重要なポイントがある。それは、自分が神によって義認され、召命されているかどうかを知るのは人間には不可能であるという点だ。これほど人を不安に陥れる思想もないだろう。救済組と非救済組は、すでに神によって決定されている。しかも自分がそのどちらに入っているかは誰もわからない。なんとおそろしいことか。だからこそ人はあたかも強迫神経症にかかったように、自分が義認され召命された人間である確信を得ようとして、勤勉に、禁欲的に、労働に励むようになるのだ。そうウェーバーは考えたのである。守旧的な伝統主義の心が破壊され、それに代わって資本主義の精神が芽生えた。それを可能にしたのは、カルヴィニズムの思想が人の心に注入した極度の不安と緊張だったのだ。信仰に従って黙々と働くという行為。それが、先に見た「価値合理的行為」であるのはいうまでもない。ウェーバーが東エルベの農民に見たような伝統主義＝「伝統的行為」は、プロテスタンティズムの倫理に基づく「価値合理的行為」によって破壊され、資本主義の精神に基づく「目的合理的行為」の世界への道が開かれたのである。

こうしたルターやカルヴァンによる新教思想は、彼らの本拠地であったドイツ、フランスからオランダ、イギリスなどの西ヨーロッパ地域にまたたく間に広まっていった。不安と緊張による一種のマインドコントロールがそこにはあったのだろう。それらの国々ではいずれも、近代初頭に資本主義のシステム——近代的会社組織、金融機関、市場など——が確立されていった。そうした一連の展開の先端にあるのがアメリカであるのはいうまでもないだろう。イギリスやオランダの新教信者、とりわけカルヴィニズム信者のことを「ピューリタン」と呼ぶが、『プロテスタンティズムの倫理と資本主義の精神』を書く直前にウェーバーがアメリカ旅行で見たのは、そのピューリタンたちの子孫が新大陸のあちこちで勤勉かつ禁欲的に働く姿だったのである。

4　宗教・国家・資本

近代社会という、合理化が社会の隅々にまでおよんだ「鉄の檻」。それはウェーバーが以上のように論じた歴史的過程のなかで出来上がっていった。その「鉄の檻」のなかで、人びとはアノミー的な欲望をかかえたばらばらの個人として生きている。かつて人びとを連帯させ、統合してきた「道徳」や「規範」「宗教」の力は近代社会のなかで一気に弱まった。それらを弱体化させた張本人こそ、ウェーバーのいう「資本主義の精神」だった。

ウェーバーは、古プロテスタンティズムの禁欲的な職業倫理が、やがて近代資本主義の営利欲を生み出したという。この営利欲は、かつての勤勉、禁欲精神との内面的なつながりをいつの間にか失っていった。そこに残ったのは、マルクスが論じたような、利潤のためならどんな境界でも超えようとする「資本」というシステムだった。そのような「資本」にとって、道徳、規範、宗教は邪魔物以外のなにものでもない。つまり、宗教が資本を生み、続いて資本がその生みの親である宗教を抹殺しようとするのである。

道徳と宗教の死のあと、ばらばらになった個人をどう統合させるか。マルクスが思い描いたのは、人びとが協働的・ネットワーク的につながる社会主義的な「アソシアシオン（協働体ないし協同体）」の可能性だった。また、デュルケムがそのわずかな可能性に賭けようとしたのは「同業組合」だった。デュルケムにとって「同業組合」は社会主義への代替案であり、また新しい道徳や規範の受け皿であった。ウェーバーは「国家」に期待を寄せた。ウェーバーの目指した「国家」は、物質的な利害や欲望に流されない、自己責任感覚を持つ成熟した政治指導者と国民からなる理想主義的な共同体であった。

マルクスの「アソシアシオン」、デュルケムの「同業組合」、ウェーバーの「国家」が果たして二〇世紀に実現したか。それを知るためには二〇世紀の歴史をきちんと勉強しなければならない。ただ強調すべきなのは、「宗教」と「国家」と「資本」に対して可能な限り鋭く、かつ繊細なまなざしを向けること、それが社会学の出発点だったということである。もちろん、この三つの対象へのまなざしが社会学の生命線であるのは、二一世紀になった現在もまったく変わっていない。

文献

●エミール・デュルケム
『社会分業論』田原音和訳、ちくま学芸文庫、二〇一七
『社会学的方法の規準』宮島喬訳、岩波文庫、一九七八
『自殺論』宮島喬訳、中公文庫、一九八五

『宗教生活の原初形態』古野清人訳、岩波文庫、一九七五

●マックス・ウェーバー

『プロテスタンティズムの倫理と資本主義の精神』大塚久雄訳、岩波文庫、一九八九

『社会科学の方法』祇園寺信彦／祇園寺則夫訳、講談社学術文庫、一九九四

『宗教社会学論選』大塚久雄／生松敬三訳、みすず書房、一九七二

『職業としての学問』尾高邦雄訳、岩波文庫、一九八〇

『職業としての政治』脇圭平訳、岩波文庫、一九八〇

第3章　近代の暗黒——戦争とトラウマ

先に見たように、社会学は〈近代社会〉を研究する学問として〈近代社会〉の形成とともに生まれた。だから社会学には〈近代社会〉が形成された当時の時代のあり方が強く刻印されている。逆にいうと、社会学には近代社会形成期における社会認識の限界がつきまとう。それを「一九世紀社会思想」の限界と呼んでおこう。

どんな限界か。それは、近代社会のよいところだけに目がいき、悪いところには目をつぶる傾向である。もっと詳しくいうと、近代社会の「人間」と「国家」を信用しすぎたという点である。社会が発展して近代化していけば、「人間」は自由で責任感のある立派な主体になるだろう。「国家」もかつてのような専制君主が独裁する野蛮なものから、平和で賢いものになっていくだろう。そうでない人間は「異常者」か「逸脱者」なのだし、そうでない国家は「悪の帝国」か「ならず者国家」なのだ。こうした考え方が社会学にはどこかある。

たしかにそれは、一九世紀に社会学が登場してきた頃、その創始者たちが新しい人間と国家に対して抱いた期待の現れであっただろう。だが、二〇世紀に人間と国家が何をしてきたかを振り返ってみる時、そうした人間と国家に対する安易な信頼は、わたしたちの社会認識の目を曇らせるようにも思われる。二度の世界大戦やここ数十年の地球規模に及ぶ環境破壊、国家間の貧富格差の拡大などを考えるにつけ、人間と国家をそれほど簡単に信用していいものだろうかという思いが頭をよぎる。そうしたことを踏まえ、この章では〈近代社会の暗黒面〉に目を向けてみよう。

1　一九世紀と二〇世紀

戦争から平和へ

繰り返しになるが、「社会学」という言葉をつくったのはオーギュスト・コントというフランス人だ。コントは社会学の創始者のひとりとされる人物で、「三段階の法則」を主張した。これは、社会が〈神学的＝軍事的段階〉から〈形而上学的＝法学的段階〉を経て〈実証的＝産業的段階〉へと発展していくという「法則」である。

昔の人は野蛮だった。迷信や超自然的なものへの信仰にとらわれ、社会生活も暴力に満ちていた。それがやがて、「社会契約」や「法」などの抽象的理念によって社会関係を調整するやり方に変わっていった。社会の発展とともに知恵がついてきたというわけである。そして、市民革命と産業革命を経たあと、「実証的な精神」に基づく科学的研究と分析の時代がやってきた。平和で産業の発達したすばらしい近代社会。理性と科学の勝利。近代万歳、というわけだ。

コントよりもあとの世代に属し、コントと並んで社会学の創始者のひとりとされるハーバート・スペンサー（Herbert Spencer　一八二〇－一九〇三）というイギリス人も、同じようなことをいっている。スペンサーはチャールズ・ダーウィン（Charles R. Darwin　一八〇九－八二）の進化論に強く影響され、自然淘汰や適者生存、生存競争などの図式が人間社会についても当てはまると考えた。いわゆる「社会進化論」である。それによると、社会は野蛮な〈軍事型社会〉から平和で科学的な〈産業型社会〉へと進化していく。暴力から平和へ。迷信から科学へ。社会の進化にともなって暴力や迷信は「淘汰」され、個人はますます理性的になっていく。〈近代社会〉はバラ色の未来に向かって開かれているはずだった。

近代の暗黒

ところが、誰もが知っているように、近代社会はこのような「一九世紀社会思想」の思い描いた方向には進まなかった。二〇世紀は一九世紀の社会学者が社会進化の先に見すえたのとは違った姿をしていたのである。どういうことか。マルクス、デュルケム、ウェーバーも含めて「一九世紀社会思想」には、〈人間理性への信頼〉〈軍事力の軽視〉〈産業主義の楽観視〉が色濃く反映されていた。だが、二〇世紀の歴史は皮肉にもそうした「一九世紀社会思想」の思い込みとは正反対の方向に進んだ。というより、「一九世紀社会思想」の思い込みが二〇世紀の歴史を迷走させた。一九世紀には見られなかった二〇世紀固有の問題として、経済成長神話の破綻、全体主義権力の台頭、核戦争や大規模戦争の脅威、生態系の破壊などを挙げることができる。これらはみな、人間理性への安易な信頼、軍事力の軽視、産業主義の楽観視がもたらしたものだったのである（ギデンズ 一九九三）。

たしかに二〇世紀には、乳幼児死亡率の低下や高等教育の大衆化など、積極的に評価できることもいろいろあった。だがその裏側で、一九世紀の人間が想像もできなかった暗黒面が拡がっていったのが二〇世紀である。二〇世紀になってから戦争で死んだ人間が軍人・民間人あわせて全世界で一億人（！）を超えているという事実を考えてみるだけでよい。そんな未来をコントもスペンサーも、あるいはマルクス、デュルケム、ウェーバーも予想していなかっただろう。一九世紀の思想が二〇世紀の歴史をつくったという意味で、一九世紀と二〇世紀は連続し、一九世紀の思想が予見できなかった悲劇が二〇世紀に演じられたという意味で、一九世紀と二〇世紀は断絶している。

その意味で、現代の社会学にとり、近代社会の裏面に目を向けることはたいへん重要な作業だ。この作業により、社会学は「一九世紀社会思想」の弱点を克服する方向を探ることができる。それと同時に、この作業によって一九世紀と二〇世紀の連続と断絶が見えてくるはずである。近代社会、あるいは近代というものを総体的にとらえる上で、近代の暗黒を問うことは不可欠の営みなのだ。そこで、ここでは二つのことを考えてみたい。ひとつは「トラウマ」、もうひとつは「戦争」である。なぜこの二つなのか。それは、この二つが「人間理性」「軍事力」「産業主義」を、批判的にとらえ直すヒントを与えてくれるからである。

2 トラウマ

PTSDとトラウマ

まず「トラウマ」の問題から考えてみたい。トラウマ（trauma）とは何か。その前にPTSDという言葉を見ておく必要があるだろう。PTSD（post traumatic stress disorders）とは精神医学領域の専門用語で、「心的外傷後ストレス障害」と訳される。日本では、一九九五（平成七）年に起きた二つの出来事がきっかけになって、一般にも知られるようになった用語だ。二つの出来事とは、いうまでもなく阪神・淡路大震災（一月）と地下鉄サリン事件（三月）である。これらの出来事を経験した、あるいはテレビなどで目にしたという人が、あとから眠れないとか、イライラするとか、場合によっては社会生活がまったくできないといった症状に悩まされていることが知られるようになった。こうした症状をPTSDと呼ぶのである。

もともとPTSDは、一九八〇年にアメリカ精神医学会の「精神科診断統計マニュアル第三版」(いわゆるDSM－Ⅲ)に取り入れられてから広く使われるようになった概念である。あとで見るように、ヴェトナム戦争帰りの心を病んだ兵士に医療費を給付することを目的につくられた。同マニュアルでの定義によれば、PTSDとは「虐待、レイプ、戦争、自然災害など〈通常の人間的経験の範囲を超えたもの〉に起因する精神・神経の障害」ということになる。

このPTSDのT、これが「トラウマ」である。外傷とか心的外傷と訳されるが、最近ではそのままトラウマと呼んでしまうことも多い。今ではかなり一般的に使われるようになった言葉だ。西欧ではもともと火傷や切り傷のような文字どおりの「傷」を指して用いられていたが、一九世紀の中頃から「心の傷」も指して用いられるようになったという。このトラウマという現象に正面から取り組んだのがジークムント・フロイト(Sigmund Freud 一八五六－一九三九)であった。

フロイトと『ヒステリー研究』

フロイトは「精神分析」という思想と実践を生み出した人として知られている。その出発点は女性ヒステリー患者の治療と研究だった。その実質的デビュー作『ヒステリー研究』(一八九五)のなかでフロイトは、女性のヒステリー患者たちが一様にトラウマ的な出来事を経験していることに気づいたと書いている。たとえば、ある女性患者は少女時代に父親がベッドに潜り込んできたと語る。別の女性患者は、叔父に背中をマッサージしてくれと頼まれ、抱きつかれ、押し倒されそうになって、逃げ出してしまったと語る。多くの患者が幼児期や少女期に近親者の男性からの性的な誘惑や暴力を経験しており、それらの経験がのちにヒステリー症状をもたらしたとフロイトは考えた。いわゆる「ヒステリー心的外傷説」である。それらのトラウマ的体験は忘却され、患者の記憶からは表面上消去されてしまう。だが、そのトラウマ的体験の記憶は患者を見えないところで翻弄し、苦しめる。その記憶を、治療者との対話をとおして回復させ、患者にその記憶を乗り越えさせることが治療につながる、というのが当時のフロイトの考えだった。

理性的であるはずの近代人が、なぜ理不尽にも過去の体験や記憶に翻弄されるのか。そもそも理性的人間の代表的人物像たる（あるいは当時はそう思われていた）近代の成人男性が、近親者の少女を誘惑することなどあり得るのか。フロイトは、ヒステリーの研究と治療をとおし、近代人が必ずしも理性によって自己をコントロールできる存在ではないこと、過去の記憶や無意識の欲望によってもてあそばれる、きわめて不安定で脆《もろ》い存在であることを、はからずも暴露していった。そして、近代家族を統率する家父長やその予備軍たちが、年端もいかない自分の娘や妹や姪たちを性的に誘惑し、もてあそぼうとする欲望を抱えた反道徳的な存在でもあることを、明らかにしていったのである。

フロイトが『ヒステリー研究』を発表した時代は「ヴィクトリア時代」とも呼ばれ、たいへん厳格な性道徳が浸透した時代として知られている。そんな時代に人間の理性を真っ向から、しかも性という領域で否定するような議論は、きわめて反社会的、反道徳的だったに違いない。実際、この本はほとんど売れず、学界でも黙殺された。フロイトの議論は一九世紀の理性的人間観を露骨に逆なでしたのである。しかし二〇世紀に入り、フロイトの思想は次第に重要性を増していくことになる。アウシュヴィッツ、南京、広島、長崎など、人間理性に対する信頼を根底から揺るがす出来事が二〇世紀の歴史を暗く彩っていくなかで、フロイトが見出した根源的暴力とトラウマという問題は無視できないものとなっていったのである。

現代社会と性的暴力

ところで、フロイトの診療所にやってくる患者は裕福な家庭の者が大半だった。それも当たり前の話で、一九世紀末の当時、わざわざお金を出して心の病を治療できるのはブルジョワ層に限られていたのである。フロイトが治療と研究の対象にした患者の多くは、彼が診療所をかまえていたウィーンのブルジョワ家庭の娘たちだった。彼女らは少子化や核家族化、子どもの教育への熱心な投資などを特徴とする〈近代家族〉の初期世代ともいえる。そしてそのような近代家族は二〇世紀になると西欧だけでなく世界の多くの産業諸国で大勢を占めるようになる。

現代社会の家族がトラウマと深く関わることは、現在ますます深刻になりつつある家庭内暴力や虐待、レイプなどの問題、あるいは引きこもりやアダルト・チルドレンといった問題を見てもわかる。現代アメリカの精神科医で児童虐待や性的暴力問題の専門家であるジュディス・ハーマン（Judith Lewis Herman 一九四二－）は、アメリカで横行する女性や子どもへの性的暴力が、西欧社会の文化に深く浸透した「風土病」でさえあると指摘する。たとえば一九八〇年代初頭、全米の女性九〇〇人に対して無作為抽出でおこなわれた調査では、回答者の三人にひとりが子ども時代に何らかの性的虐待を受けた経験があるという驚くべき実態が明らかになっている。また別の調査では、知人や恋人、配偶者などの近親者によるレイプ被害が想像以上に深刻であることが判明している。

そうした暴力がもたらす「レイプ・トラウマ症候群」としてハーマンは睡眠障害、吐き気、驚愕反応、悪夢、解離症候群、無感覚症候群などの症状を挙げているが、これらは一世紀前にフロイトのヒステリー患者が示していた症状そのものにほかならない。ハーマンはこれらの症状に苦しむ被害者の心理状態が、かつてジョージ・オーウェル（George Orwell 一九〇三－五〇）が近未来小説『一九八四年』（一九四九）で描いた管理社会・監視社会における住民の「ダブル・シンク Double Think 二重思考」を思わせると述べる。ダブル・シンクとは、互いに矛盾する複数の信念を同時に抱くことである。ハーマンはその例として幼児期に父親から度重なる虐待を受けた被害者の言葉を引用している。

まず奥行感覚が消え去ります。何もかもが平べったく見え、何もかもが冷たく感じられます。自分は小っちゃな赤児みたいな感じでした。それから私の身体は空中に浮び上がるのでした、気球のように。

（ジュディス・ハーマン『心的外傷と回復〈増補版〉』）

こうした言葉から感じられるのは、せつないまでの自己のとらえどころのなさである。あえてトランス状態に入ることで、自分を守ろうとする意識がここにはある。父親に虐待されている自分とは別の自分。それが、気球のように浮いている。ここに欠けているのは、統合された理性的主体である。近代社会が理想としてきた理性的な主体とはかけ離れた、危うい、矛盾を孕んだ自己を抱え続ける被害者。他方で、自分の娘に執拗な性的虐待を加え続ける父親がいる。この父親もまた、暴力という依存症から逃れられない非理性的存在である。

子どもを大切にするということに関し、近代家族は歴史上、稀に見る多大な気遣いを示す集団である。子どもの躾《しつけ》、衛生、栄養、教育、とにかく何にでも最大限の労力と費用をかけることが理想とされる。それもこれも立派な個人、言いかえると理性的で統合された人格を育てるために。ところがその結果どうなったか。親子や兄弟間の親密性が一気に高まった。時として、その親密性は私秘性や密室性へと転化する。子どもにとって家族とは、自分を保護してくれるかけがえのないシェルターであると同時に、場合によっては逃れようのない牢獄ともなる。外側からはうかがいようのない密室のなかで、非理性的存在である父親や兄たちが振るう性的暴力。暴力はトラウマとして残り、場合によっては子どもへと連鎖する。被害者が今度は加害者になる。そうやって近代家族は、非理性的な人間が非理性的な人間を再生産する可能性を抱え込んでしまった。

3　戦争

戦争とトラウマ

トラウマは戦争とも不可分の関係にある。それを理解させてくれるのが第一次世界大戦（一九一四－一八）だ。第一次世界大戦は人類が初めて経験した「世界的規模」の戦争だった。ヨーロッパを中心になんと四年間で一〇〇〇万人近い人間が死んだのだ。それまで誰も想像しなかったほどの大量の人間による「無意味な死」だった。

この戦争のあまりの悲惨さを目の当たりにしたフロイトは、『快感原則の彼岸』（一九二〇）のなかで、人間には生きること、創造することに向かう「生の本能（エロス）」に加え、死ぬこと、破壊することに向かう「死の本能（タナトス）」があると述べた。フロイトはそのなかで「戦争神経症」についても触れている。戦闘体験が一部の兵士に女性のヒステリー患者と同じような症状をもたらすことは以前から知られていたが、第一次世界大戦は、塹壕《ざんごう》のなかで戦闘中の兵士だけでなく、戦場から戻った帰還兵にもそうした症状が見られることを明らかにした。金切り声、すすり泣き、金縛り、イライラ、悪夢、無言、無反応。注意したいのは、これらの症状が、勇気を持って自己を統御しながら雄々しく立派に闘うという、近代の理想的男性像を裏切るものだったことである。言いかえるとそれは、近代の主体モデルを根底から崩すものだった。

立派な理性的主体であるべき成人男性がなぜそんなことになってしまうのか。当時はその原因を身体への外傷性ショックに求めるのが一般的だった。戦争神経症は砲弾の炸裂による脳しんとうが原因であるとする、いわゆる「シェルショック説」である。それに対してフロイトは、戦争神経症の原因がたんなる「粗大な機械的暴力」ではなく、兵士が戦場で経験せざるを得なかった過度の恐怖とショックにあると主張した。なぜなら、これらの症状は身体的外傷なしの兵士にも続出したのだから。だが、戦争神経症の原因をトラウマに求めるフロイトの説はなかなか受け容れられなかった。

その後、第二次世界大戦（一九三九‐四五）の最中に、フロイトの影響を受けた精神科医のエイブラム・カーディナー（Abram Kardiner 一八九一‐一九八一）が『戦争ストレスと神経症』（一九四一）という本をアメリカで出版する。この本のなかでカーディナーは、戦争神経症の程度と患者数は「戦闘に暴露される程度の苛烈さと正比例する」という説を主張した。カーディナーは、戦争神経症がフロイトのいうヒステリー症状に酷似していることを指摘した。またカーディナーは、戦場帰りの兵士の心理治療に、かつてフロイトがヒステリー患者の女性に対しておこなった催眠療法が効果的であることも発見している。

だが、戦争神経症の存在が広く一般に知られるようになるのはヴェトナム戦争（一九六四‐七五）が終わる頃になってからだった。ヴェトナム戦争の帰還兵たち、いわゆる「ヴェトナム・ベテラン」たちの多くがこの戦争神経症の症状を抱えて帰還した。ある帰還兵の男性は次のような体験を告白している。

復讐を求める気持ちが私をさいなみつづけた。夜中には時に大酒を飲んだ。よく思い出されたのは、撃たれて、看護兵を呼ぶ大声を出して、それから待って待って待って、一度は気を失って、また意識を取り戻してしばらく悲鳴を上げたが、悲鳴を上げると新しく痛みが生まれ、私の体がいやな匂いを立て、汗と恐怖とがどっと湧くような気がした。

（アレン・ネルソン『「ネルソンさん、あなたは人を殺しましたか？」――ベトナム帰還兵が語る「ほんとうの戦争」』）

帰国後、ある者はドラッグやアルコールに依存し、ある者は犯罪に走り、ある者は引きこもるようになった。そうやってヴェトナム帰りの男たちの「心の闇」は社会問題にさえなったのである。そうしたなかで、戦争神経症は紛れもない心の傷害であり、補償の対象となるべきだとする声が高まっていく。一九八〇年にPTSDがDSM－Ⅲに盛り込まれたのには、そうした背景があったのである。

総力戦の時代

では、これほどの「心の闇」を人間の内部につくり出す現代の戦争とはいったいどんなものなのか。ここで、近代以降の戦争の歴史を簡単に振り返っておこう。

その昔、オランダにグロティウス（Hugo Grotius 一五八三－一六四五）という法学者がいた。ドイツの新教徒と旧教徒が血で血をあらうたたかいを繰り広げた「三十年戦争」（一六一八－四八）の最中にグロティウスは『戦争と平和の法』（一六二五）という本を書き、戦争は「国際法」の手続きに従ってなされるべきであることを説いた。たとえば、交戦国は主権国家として互いに対等であるとか、講和条約は懲罰ではなく対等関係の回復が目的であるとか、正規軍のみが正当な戦闘員であるとか、である。この国際法の思想は実際に三十年戦争の終結時に締結された「ウェストファーレン条約」に活かされ、そこでヨーロッパ各国の主権が相互承認されるとともに、戦争と国際法の関わりが各国に認識されることになった。要するに、戦争は主権国家同士が時と場所を限定し、戦闘員を正規軍に限定し、一定の規則の下におこなわれるべきものという思想。それがヨーロッパの戦争観の根底をなしていくのである。少なくとも第一次世界大戦が勃発するまでは。

第一次世界大戦は、近代社会と戦争の関係を考える上で決定的に重要な歴史的出来事である。その特徴は次の三つであるように思える。

①限定戦争から総力戦へ。最初、第一次世界大戦は、一九世紀の戦争と同じようにはじまった。つまり正規軍同士が一騎打ちをして短期決戦で終わるものと思われていた。初期の頃には、近くの農民たちがピクニック気分で戦場見物にでかけたというエピソードも残されている。ところが、最終的にはイギリス・フランスとドイツの二大陣営に加えて、前者側にロシア、イタリア、ベルギー、日本、アメリカなど、後者側にオーストリア＝ハンガリー帝国、オスマン＝トルコ帝国、ブルガリアなどが加わる大戦争となってしまった。

なぜか。最初は、市民と区別された正規軍が、日常の生活空間から区別された戦場で、短い期間に勝敗を決するという従来の「限定戦争」になるはずだった。ところが、塹壕をめぐらせた陣地を互いにかまえて長期にわたり対峙するというスタイルの戦争になり、多数の兵士が死んでいくことになった。鉄道網の発達による軍事輸送の迅速化と兵站線《へいたんせん》の伸長により、次から次へと、砲弾や兵力が戦線に輸送されていったのが原因である。つまり、なかなか決着がつかなくなったのである。

死んでは補充する、死んでは補充する、の繰り返し。たとえば一九一六年の「ソンムの戦い」では、ソンム川をはさんで対峙するイギリス・フランス軍とドイツ軍が膠着状態を数カ月続け、しかも決着がつかなかったにもかかわらず、最終的に両軍で百万人を超える死者を出すことになった。まさに「無意味な死」としか言いようがない。ともあれ、こうして民間人と軍人の区別が消滅し、さらに市街戦の開始により、日常の生活空間と戦場の区別が消滅する。まさに総力戦（total war）、総動員（total mobilization）の時代がはじまったのだ。

②理性的外交の失効。第一次世界大戦は、『戦争論』（一八三二）で有名なクラウゼヴィッツ（Karl von Clausewitz 一七八〇―一八三一）のいう「政治の継続」として、つまり外交や同盟関係の延長としてはじまった。言いかえると、一九世紀を通じてヨーロッパ諸国が外交努力や国際会議によって維持してきた「平和」を政治の延長としての戦争によって速やかに回復するための手段としてはじまった。ところがいざはじまってみると、植民地獲得をめぐるドイツ・イタリア・オーストリアの三国同盟とイギリス・フランス・ロシアの三国協商の対立、バルカン半島の汎スラヴ主義と汎ゲルマン主義の対立、トルコの参戦による中近東への飛び火、東アジアにおける日本の対ドイツ宣戦、ロシア革命の勃発など、錯綜する国際関係を誰もコントロールできず、戦火はいたずらに拡大するばかりとなった。グロティウスがいうような主権国家間の理性的対話など一向に機能しなかったのである。

結局、一九一八年一一月のドイツ降伏で終戦となり、一九年のヴェルサイユ条約によって講和が成立するが、外交・同盟の失効はその後の顚末にも現れている。ヴェルサイユ条約の第一章で謳われた国際連盟の発足は四二カ国の加盟によって実現するが、提唱国であったアメリカは参加せず、のちに日本・ドイツ・イタリアの三国が脱退して一九三〇年代のファシズムの台頭を許すとともに、フィンランドに侵攻したソヴィエト連邦（現ロシア）は除名となり、国際関係は一気に不安定の度合いを強めることになる。理性的な外交努力によって対話を続けることがいかに困難になってしまったか。あるいは、国家同士の利害の錯綜や歴史の偶然がいかに途方もない暴力の衝突をもたらすか。これは、その後の一九三〇年代以降の歴史を見れば一目瞭然だろう。

③戦争の産業化。第一次世界大戦は、いわゆる「通常兵器」のほとんどが一斉に登場してきた戦争だった。「通常兵器」というのは核兵器以外の兵器のことである。戦車、高射砲、戦闘機、潜水艦、火炎放射器、毒ガスといった殺傷兵器。無線、電話、自動車、オートバイ、鉄道といった各種の通信技術や輸送技術。軍人・民間人あわせて一〇〇〇万人の命を奪ったこれらのテクノロジーは、一九世紀から二〇世紀初頭にかけて進展した産業化、とくに重化学工業の発達の産物だった。

それらのなかで、とくに第一次世界大戦を象徴するのは「機関銃」である。引き金を引けば自動で一分間に数百発の銃弾が連射される機関銃の出現は、戦争のあり方を大きく変えた。向かい合う塹壕と塹壕の間を無数の銃弾が横切っていく。誰が誰を殺しているかわからない。ひたすら大量の兵士の命と銃弾が「浪費」されていく。機関銃は一九世紀の終わりにはすでに発明されていたが、第一次世界大戦で大量に投入されることにより、戦争はそれまでの機動戦から塹壕を軸にした陣地戦へと姿を変えたのである。

それだけの量の武器や銃弾を生産するために、軍需工場は大量生産型のしくみに変化した。その問題を考える上で重要なのは、あと（第2部第3章）で詳しく論じるフレデリック・W・テイラーというアメリカ人である。テイラーが開発したマニュアルによる労働者管理は、軍需工場でも最大限に利用された。また、テイラーのやり方を発展させたヘンリー・フォードによるベルトコンベア・システム（これについても第2部第3章で詳しく論じる）も、同一規格の兵器やその部品を大量生産するのに大いに貢献した。このベルトコンベアによる組み立てラインをフォードが実験的に導入したのが、大戦開始の前年一九一三年である。それはのちに「フォード・システム」と呼ばれることになる。

第一次世界大戦の戦中から戦後にかけて、各国の軍需工場がこのフォード・システムを一斉に導入した。同盟国側、協商国側のいずれにおいても、そして労働者が政権を握ったはずのソ連でさえも、である。さらに注意したいのは、兵士が命令に従って正確に戦闘行為を遂行する、つまりマニュアルどおりに動くという近代戦のやり方は、まさにテイラーやフォードが工場において目指したのと同じやり方だったことである。兵士たちは命令どおりに陣形をつくり、マニュアルどおりに武器を操作し、機械の部品のように動く。大量生産とマニュアル労働。現代アメリカの社会学者ジョージ・リッツァ（George Ritzer 一九四〇－）にならってそれを「マクドナルド化」と呼ぶこともできるだろう。マクドナルド化された戦争。それは兵士の大量動員と兵器の大量生産であり、同時にまた兵士の大量殺戮と兵器の大量消費でもあった。

4 近代というもの

一九世紀社会思想の失効

〈自由な意思決定主体〉が、〈理性的なコミュニケーション〉をとおして、〈平和な産業社会〉をつくり上げる。これが一九世紀的な社会思想の理念だった。啓蒙思想の浸透による自立した個人の確立と、科学技術の力による産業化の進展によって、〈近代〉はこうした理念どおりのものになるはずだった。ところが、二〇世紀の歴史を振り返ってみてわかるように、それらの理念はきわめて脆いものだった。

〈自由な意思決定主体〉についていえば、二〇世紀初頭にフロイトが見出したように、〈近代人〉の正体とは、自由に意思決定するどころか、過去のトラウマ体験に翻弄される、きわめて脆い存在であり、同時にまた、他者にそうしたトラウマ体験を無自覚に与えていく残酷な存在でもあった。事故や災害で心に深い傷を負う者、アルコール依存やドラッグ依存の地獄から抜けられない者、家族という密室のなかで虐待に苦しむ子どもたち、年々増え続ける「不登校児童」「引きこもり」「アダルト・チルドレン」……。また、それらの苦しみの原因をもたらした無数の他者たち……。

〈理性的なコミュニケーション〉については、たしかにアングロサクソン圏やEU（欧州連合）のようにキリスト教という共通の土台で結びついている地域では、理性的な外交や同盟がある程度うまくいっているように見える。だが、先に見た二度の世界大戦の経験は、そうした理性的なコミュニケーションの危うさを痛いほど教えてくれたし、また、一九九〇年代のユーゴスラヴィア紛争や、二〇〇一年アメリカ同時多発テロ事件以降続いた欧米各地のテロ攻撃など、イスラム勢力の関わる戦争や紛争は絶えることがない。ほかにもサハラ以南のアフリカ諸国、そしていうまでもなくパレスチナ地域など、世界の多くの地域で「対話困難」の状態が続いている。理性的なコミュニケーションを開始する前に銃弾が飛んでくる。終わることのない憎悪と復讐の連鎖……。

〈平和な産業社会〉については、戦争の産業化こそが二〇世紀を「戦争の世紀」にした張本人だったことからわかるように、産業化は平和な社会どころか大量殺戮の脅威を人類社会にもたらした。さらに近年では、環境破壊が地球上の多くの生命を脅かしかねないところまできている。産業化は生きとし生けるものの命を奪う方向で進んでいるかのようだ。

近代の制度的次元

一九世紀社会思想はどうやら二〇世紀に見えてきた近代の暗黒面を説明できないようである。では二一世紀も四半世紀を過ぎた今、近代という時代をどう理解するべきなのだろうか。現代イギリスの社会学者アンソニー・ギデンズ（Anthony Giddens 一九三八－）は、〈資本主義〉、〈産業主義〉、〈軍事力〉、〈監視〉という四つの次元の複合が〈近代社会〉をつくり上げていると論じている（図1参照）。〈資本主義〉というのは「労働力の商品化」を軸とし、資本家＝賃労働者関係を土台にして動く商品生産システム。〈産業主義〉は、石油やウランなどの無生物エネルギー源の使用や生産・輸送の機械化、工場生産などからなる生産システム。〈監視〉は、政治犯の監禁から各種の意識調査まで、さまざまな情報収集と活動管理をおこなうシステム。〈軍事力〉は、警察や軍隊のような、近代国家による暴力手段と軍事力の独占的掌握システムのことである。

注意したいのは、この四つがそれぞれ分かちがたく結びついていることだ。たとえば〈資本主義〉は資本家と賃労働者の雇用契約を基盤とするが、この契約は、国家による国民の行動の絶えざる〈監視〉と〈軍事力〉による暴力手段のコントロールがあって初めて可能だ。そうでないと、雇用者と被雇用者の対等で自由な契約など成り立たない。あるいは〈産業主義〉の典型であるフォード・システム。これらは、利潤の徹底した追求を本質とする〈資本主義〉が生み出したものであり、同時にまた、さまざまな手段による職場の〈監視〉や〈軍事力〉を背景とした暴力手段のコントロールによって可能となったものでもある。

そして何といっても、総力戦の時代における産業化された戦争。これは〈軍事力〉が残りの三つの次元に引きずられて暴走した結果だ。〈産業主義〉の一大成果が戦争の産業化であったことは先に述べた。一気に高性能化した軍事力は〈資本主義〉と連結し、新たな市場を求める軍事的侵略の展開をもたらしてきた。近代軍隊が兵士の徹

図1：近代社会の制度特性（出典：[ギデンズ1993]）

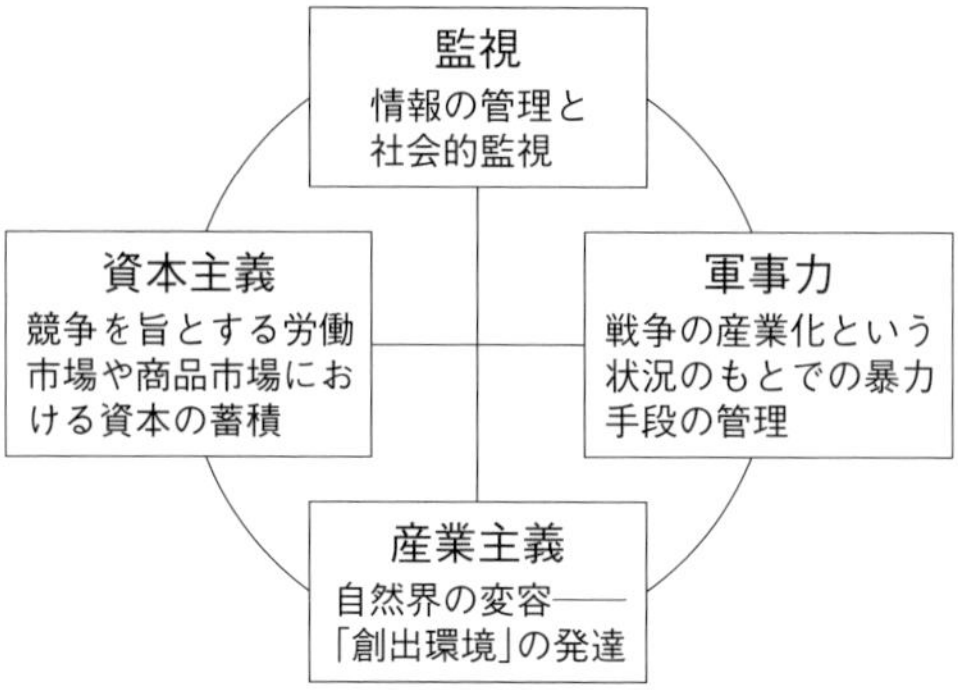

図2：近代社会のハイ・リスク（出典：[ギデンズ1993]）

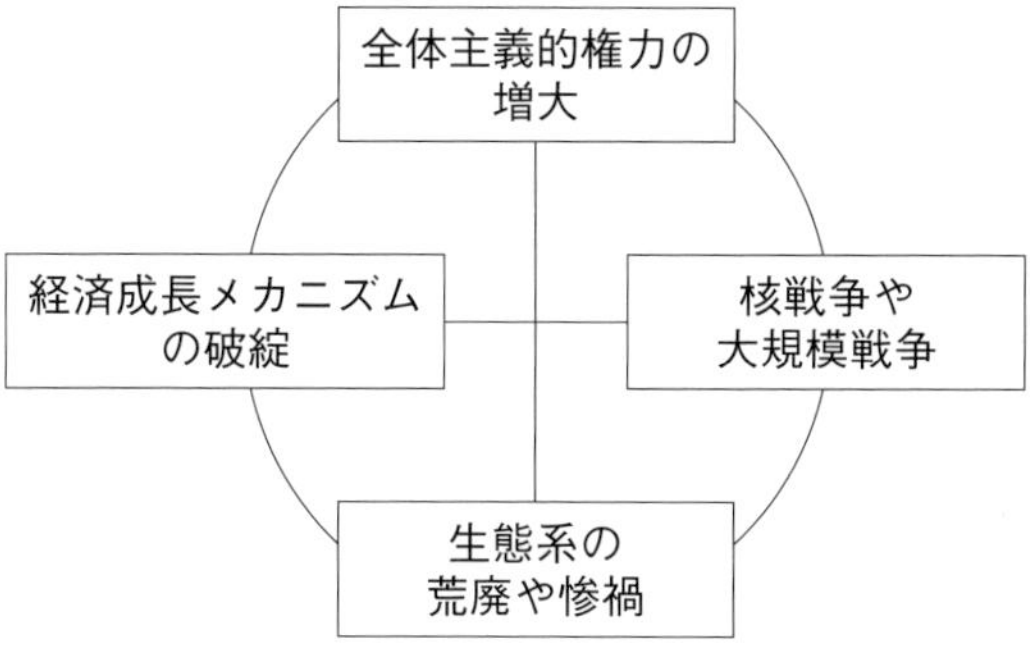

図3：社会運動の諸類型（出典：[ギデンズ1993]）

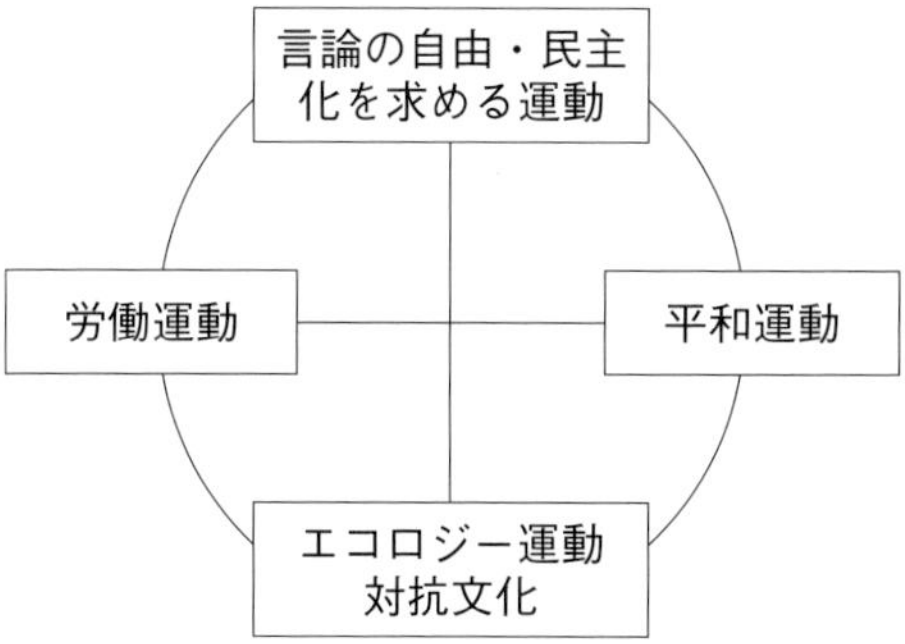

底した〈監視〉を土台にする組織であることはいうまでもないし、軍事衛星やさまざまな通信傍受装置などの高度な監視テクノロジーが現代戦争の核心をなすことはもはや常識だ。こうして四つの次元は緊密に結びつく。結びついているがゆえに、壊れないのである。

図2はやはりギデンズが近代のハイ・リスクを制度複合として示したものである。これを図1と重ねてみよう。〈資本主義〉は〈経済成長メカニズムの破綻〉に、〈産業主義〉は〈生態系の破壊〉に、〈軍事力〉は〈核戦争と大規模戦争の危機〉に、〈監視〉は〈全体主義の台頭〉に、それぞれつながる可能性を持つ。つまり、近代社会を構成してきた四次元は現在、人類社会を滅ぼしかねない極度のリスクを、われわれに突きつけるようになっているのである。

これらのハイ・リスクに取り囲まれ、心にはトラウマを抱えこむ。想像を絶する破局の予感におびえつつ、マクドナルド化された社会を淡々と生きる。現代社会には、ほとんど何の希望も展望もないようだ。ただ、最後に図3も見てほしい(この図もギデンズによる)。社会運動の四次元である。この社会運動の四次元が、図1と図2の四次元にそれぞれ重なることはわかるだろう。ここにわずかな希望が見て取れないだろうか。それとも、こうした各種の新しい社会運動は、ハイ・リスクの前にあえなく挫折していくのだろうか。ともあれ、現代の社会学はこれら三種類の四次元を射程に入れながら、思考を拡げていかねばならないのである。

文献

A・アインシュタイン/S・フロイト『ひとはなぜ戦争をするのか』浅見昇吾訳、講談社学術文庫、二〇一六
エイブラム・カーディナー『戦争ストレスと神経症』中井久夫/加藤寛訳、みすず書房、二〇〇四

アンソニー・ギデンズ『国民国家と暴力』松尾精文／小幡正敏訳、而立書房、一九九九
アンソニー・ギデンズ『近代とはいかなる時代か？——モダニティの帰結』松尾精文・小幡正敏訳、而立書房、一九九三
デーヴ・グロスマン『戦争における「人殺し」の心理学』安原和見訳、ちくま学芸文庫、二〇〇四
桜井哲夫『戦争の世紀——第一次世界大戦と精神の危機』平凡社新書、一九九九
多木浩二『戦争論』岩波新書、一九九九
アレン・ネルソン『「ネルソンさん、あなたは人を殺しましたか？」——ベトナム帰還兵が語る「ほんとうの戦争」』講談社文庫、二〇一〇
ジュディス・ハーマン『心的外傷と回復〈増補版〉』中井久夫訳、みすず書房、一九九九
ジークムント・フロイト「快感原則の彼岸」『自我論集』竹田青嗣編、中山元訳、ちくま学芸文庫、一九九六
ヨーゼフ・ブロイヤー／ジークムント・フロイト『ヒステリー研究（上・下）』金関猛訳、ちくま学芸文庫、二〇〇四
宮地尚子『トラウマ』岩波新書、二〇一三
森茂起『トラウマの発見』講談社選書メチエ、二〇〇五
アラン・ヤング『ＰＴＳＤの医療人類学【新装版】』中井久夫／大月康義／下地明友／辰野剛／内藤あかね訳、みすず書房、二〇一八
ジョージ・リッツァ『マクドナルド化した社会——果てしなき合理化のゆくえ〈21世紀新版〉』正岡寛司監訳、早稲田大学出版部、二〇〇八

第4章　前近代からの呼び声――贈与と交換

ここまで見てきたように、社会学の対象は近代の社会だった。近代社会の来歴としくみを考察し、さらにはその限界や難点に目を向けるのが社会学の仕事だった。しかし社会学はまた、近代以前の社会にも同じように目を向けねばならないだろう。近代社会の限界や難点を乗り越えるヒントや示唆が、それらの前近代社会に見られる場合があるからである。近代社会はその成立の過程でいろいろなものを壊したり捨て去ったりしてきた。そうしたもののひとつに「贈与」という現象がある。もちろん、現代人もさまざまな贈与をおこなう。しかし前近代の贈与には、それとは異なる重要な意味があった。ここでは贈与という現象を、前近代から近代への呼びかけとして考察してみよう。

1　日本社会と贈答習慣

贈答習慣という旧弊

一九六八（昭和四三）年頃というから、今からもう半世紀以上も昔の話。当時、日本の大学で教鞭をとっていたあるドイツ人の男性教師がこんな経験をしたという。ドイツ人教師は妻をともなっての京都旅行の際、二人の日本人学生と知り合った。ひとしきり四人で歓談したあと、教師夫妻は、ちょっと軽い食事でも、と学生二人を誘った。ちょうど正月でもあり、その辺りで開いていたのは高そうなすき焼きのお店だけだった。入ってみると「案の定、勘定書きはたいへん高」く、二人の学生もそれに気づいているようだった。もちろん、教師夫妻は四人分の会計を支払った。翌週になり、この二人の学生から教師の自宅に小包が届いた。開けてみると、「美しくて高価そうな七宝焼の壺」が入っていた。ためしに壺を鑑定家のところに持っていくと、「おどろいたことに、それは四人分のすきやきの値段にほぼ等しかった。そして、二人が相応の返礼をすることによって、義理をはたしたのだ、ということもわかった」（モーズバッハ 一九八四）。

日本人から見ると、それほど驚くようなエピソードではないように思われる。だが、この西欧人には忘れがたい体験だったようだ。社会心理学を専門とするこのドイツ人教師によると、西欧社会ではお返しの値段やタイミングをあまり気にせず、気軽に贈り物のやり取りをおこなうのが普通らしい。そうした西欧の通念に照らすと、このまだ若い日本人の大学生たちがお返しの値段とタイミングに細かく気を遣ったことは、たしかに驚きだったのだろう。このエピソードからわかるように、西欧人にとって日本社会における贈答習慣へのこだわりはかなり異様な印象を与えるらしい。

日本社会における贈答習慣の異様さについて、もうひとつ別の例から見てみよう。「新生活運動」というものがかつての日本にあったのを知っているだろうか。現在でも自治体によっては細々と続けられているようだが、戦後の昭和二〇年代から三〇年代、つまり復興期から高度成長期に入る頃にかけて、当時の農林省などが中心となって全国規模で進められた運動である。生活改善運動とか生活簡素化運動とも呼ばれていた。その名称からわかるように、戦前・戦中までの封建的で非合理的な生活を改め、民主的で合理的な生活を目指そう、という運動だった。

この運動のなかで宴会や飲酒、喫煙などと並びとくに槍玉に挙げられたのが、大袈裟な冠婚葬祭、祝儀不祝儀の返礼、さらには度を超した歳暮・中元のやり取りなどであった。派手な贈り物のやり取りは金銭の無駄な浪費により生活を圧迫するだけで、非合理極まりない。また、贈答という表現からわかるように、日本の贈答習慣では何かを贈ったら必ずお返しをしなければならない。そんな度を超した贈り物のやり取りは昔の御恩と奉公のような封建的な関係を温存させることになる、というわけだ。

一例として、埼玉県のある集落で戦前におこなわれていたという贈答習慣の記録を見てみよう（伊藤二〇一一）。みやげ物を贈る・草餅でお返しをする、おはぎを贈る・草餅でお返しをする、鯉のぼりを贈る・鏡餅でお返しをする、砂糖を贈る・饅頭でお返しをする、餅を贈る・香花でお返しをする……。これが、ご近所や親戚との間で一年中続くのである。まさに非合理的、封建的。こうした理由から、戦後の新生活運動では「虚礼廃止」という名の下に、昔ながらの贈答慣行の見直しが叫ばれたのである。だが、これを「虚礼」というひと言で、つまり「誠意のない、うわべだけの礼儀。無用の礼儀」（『広辞苑（第七版）』二〇一八）として一掃することで済ませられるのだろうか。

民俗学者の柳田國男（やなぎた・くにお 一八七五－一九六二）は一九三四年に書かれた「民間伝承論」のなかで、「これを一概に国民性といってしまうことは警戒を要する」とつけ加えつつ、次のようにいっている。「我々の生活には何によらず（中略）他処《よそ》行きすなわち晴《ハレ》と平常すなわち褻《ケ》との相違が常にある。食物の平凡な例を見ても、これに伴う種々のものがそこにあるのがわかる。食物の贈答交換がたびたび行われるのは多く晴の日においてである。彼岸の牡丹餅《ぼたもち》など先方にあるのがわかっていても贈る。（中略）日本のように食物を贈り合う例は文明国では珍しい。

他には見られぬところである」。「晴《ハレ》（霽れ）」というのは、年中行事や生誕、成人、婚姻などの特別な機会を指すが、そんな特別な日に相手側にぼた餅があるのを承知していながらぼた餅を贈る。たしかにこのような習慣は虚礼かもしれない。でも、程度の差はあれ、今のわたしたちも同じようなことをしているのではないだろうか。お中元やお歳暮から私的なプレゼントまで、それなりの価値のものを贈る。受け取った側もそれなりの価値と思われるものをお返しする。大事なのは、相手側との関係をできるだけ損ねないようにすることだ。

日本社会のこうした習慣は、ずいぶん昔からあったようである。たとえば、日本中世史の研究者である桜井英治（さくらい・えいじ　一九六一‐）は、そうした贈答交換の習慣が日本ではすでに中世の時代に根づいており、当時からきわめて精緻で込み入った贈与と返礼のシステムがあったと論じている。日常的な食物や酒の贈答からお布施や喜捨《きしゃ》、さらにはつけ届けや賄賂にいたるまで、中世の人びとは現代人と同じように、いやそれ以上に贈答について神経をとがらせていたという。桜井によると、「中世とは一年中さまざまな事由の贈答品がかなりのタイムラグをともないながら飛び交っていた時代である。そのような時代に交際を円滑に続けるためには、今日届いたこの贈り物の事由がいつどこで発生したのか、そしてその品目はどのようなもので、数量はどのくらいあったのか、さらにはそれを持参したのが本人であったか、使者であったか、使者のばあいにはどの程度の身分の者をよこしたかなど等々の情報を正確に記録しておくことが不可欠であった」（桜井 二〇一一）。先の二人の大学生とほとんど同じではないか。さらにつけ加えるなら、こうした中世の人びとと、誕生日やクリスマス、バレンタインデーなどの贈答習慣に踊らされる現代のわたしたちとの間に、さほどの違いはないのではないか。

このように、日本社会の贈与慣行は中世まで、あるいはさらに前の時代にまでさかのぼることができるのかもしれない。しかし、だとすれば、贈答というこの前近代的な習慣は現代の日本社会においてどのような積極的意味を持ち得るのだろうか？　それとも、非合理的な旧弊であるとして、即座に捨て去るべきなのだろうか？

2　贈る・受け取る・お返しをする

モースの贈与論

贈与交換がおこなわれてきたのは日本社会だけではない。じつは、はるか昔から世界中の社会で程度の差はあれ同じようなことがおこなわれてきたのである。そのことを論じたのが、フランスの民族学者・社会学者マルセル・モース（Marcel Mauss 一八七二―一九五〇）であった。

マルセル・モースは、本部第2章で紹介したフランスの社会学者エミール・デュルケムの甥に当たる人物である。叔父デュルケムが『自殺論』の執筆を準備していた時、協力者としてデータ分析に多大の貢献をしたことでも知られている。また、一九三〇年代にパリ滞在中であった芸術家の岡本太郎（おかもと・たろう 一九一一―一九九六）がモースの魅力の虜《とりこ》になり、彼に師事するとともに、その思想から大きな影響を受けたことも有名だ。モースは民族学者であり社会学者でもあったが、それだけでなく哲学やインド古典学、宗教学、博物学など、おどろくほど幅広い学識を有する人物だった。

モースの主著とされるのが、人類学や社会学における記念碑的著作として今でも輝きを放ち続ける『贈与論』だ。一九二四年に発表されたこの論文のなかで、モースは古今東西の贈与慣行について、多くの事例を挙げながら、「贈与」という振る舞いの本質について論じている。それらの事例のなかから最もよく知られた二つを紹介しよう。ひとつは、イギリスの社会人類学者ブロニスワフ・マリノフスキー（Bronislaw Malinowski 一八八四－一九四二）が一九一〇年代にメラネシアの島嶼《とうしょ》地域でおこなった現地調査の記録。もうひとつは、アメリカの人類学者・言語学者フランツ・ボアズ（Franz Boas 一八五八－一九四二）が北アメリカの北西海岸で一八八〇年代から一九四〇年代までおこなった現地調査の記録である。この二人の現地調査の記録はモースの研究に大きな刺激を与えた。

西太平洋のクラ

マリノフスキーの事例から見ていこう。マリノフスキーが二〇世紀初頭に調査したメラネシアの島嶼地域はニューギニア南東の海域にあり、そこでは、互いに離れて点在する島々の間で交易が昔からおこなわれてきた。マリノフスキーが実際に現地調査をおこなったのは、そのなかのトロブリアンド諸島と呼ばれる地域である。トロブリアンド諸島を含むその海域では、島々がちょうど円を描くように位置しており、交易はその円環をなぞるようにおこなわれていた。島と島の距離は最も遠いところで二〇〇km以上にもなり、手づくりのカヌーでおこなわれる航海には幾多の危険がともなった。

マリノフスキーはそれらがいわゆる普通の交易ではなく、贈与の儀式としてもおこなわれていることに注目した。もちろん交易なので日用品のやり取りもなされたが、それよりも大切なのは、必ず象徴的装飾品を相手の島に贈る儀式をおこなわねばならないことだった。この儀式は数年に一度おこなわれ、現地では「クラ」と呼ばれていた（今でも続いているらしい）。クラの儀式では必ず赤い貝の首飾りと、白い貝の腕輪を交易相手の島に対して贈らねばならないとされた。受け取った島の人びとは、しばらくそれらの装飾品を手元に置いておき、次のクラの機会に贈り手とは別の島にそれらを贈るのが決まりである。

首飾りと腕輪は、何年もの時を経ながら島から島へと円環を描いて順に贈与されていった（ちなみに前者は時計回り、後者は反時計回りとされる）。形式的に言いかえると、与え手A島は受け手B島に首飾りを贈り、次の番にはB島が与え手となって受け手C島にその首飾りを贈り、続いてC島がその首飾りをD島に贈る……、という具合である（腕輪は逆回りとなる）。首飾りは、こうしていつか元の島に戻ってくる。この儀式にはこうした装飾品の贈与だけでなくさらに細かい約束事がたくさんあり、この島嶼地域の人びとはそれを昔から厳格に守り続けてきた。では、この壮大な儀礼的贈与はいったい何のためにおこなわれたのか。

『贈与論』のなかでモースはこの事例を紹介しながら、クラがこの島々に生きる人びとの生活の要となっていることを強調している。たとえば、トロブリアンド諸島ではひとつの島のなかでも日用品や貴重品のやり取りが（モースによれば「内陸クラ」が）日常的におこなわれる。沿岸部の魚と内陸部の木工品のやり取りなども、贈り物とお返しという形を取る。このようにして贈り物のやり取りは島の内部に、さらには島と島の間に「共同関係」をつくり出す、とモースはいう。つまりこの海域の人びとは、島の内と外との関係において、つねに贈り物のやり取りをすることにより、互いに共存を模索しながら協同生活という織物を紡いでいるのである。

北アメリカのポトラッチ

もうひとつの事例を見てみよう。フランツ・ボアズが一九世紀末から二〇世紀にかけておこなった北アメリカ先住民（インディアンやエスキモーなどと呼ばれていた人びと）の研究は、「ポトラッチ」と呼ばれる壮大な贈与儀礼に光をあてたことでよく知られている。

ポトラッチとは、そこで昔からおこなわれてきた食物や貴重品などを盛大に贈与する習慣のことである。ポトラッチはたいてい宴会の場でおこなわれ、そこでは常軌を逸した贈り物のやり取りがなされた。贈られる物としては毛布、カヌー、食物などが中心となるが、最も価値のあるのは装飾をほどこした手造りの銅製品であり、その価値は最も高いもので毛布七五〇〇枚分ともなったという。

では彼らは、何のためにポトラッチをおこなうのか。それは、贈り物をする個人や部族の名誉のためである。あるいは、自分の部族のルーツである祖先の名誉のためである。より価値の高いものをより多く贈与することで名誉は高められる。そうでない場合、贈り主の名誉は汚され、あるいは貶《おとし》められる。なので、先住民たちは競って宴会を開き、競って贈り物をした。この贈り物の競い合いはエスカレートし、何かを贈るだけでなく皆がいる前で贈り物の毛布やカヌーを焼いたり、貴重な銅製品を海に投げ捨ててしまったり、時には自分の家屋を焼いてしまったりしたこともあったという。

ポトラッチには重要な決まりごとがあった。それは、贈り物をもらった個人や部族は必ずお返しをしなければならないという掟《おきて》である。また、お返しは即座におこなってはならず、必ず一定の期間を置かねばならない。一定期間を経てお返しをすることで、返し手の信用が確認される。贈られた物よりお返しが少なかったり価値が低かったりした場合、さらにはお返しをしなかった場合、返し手の名誉と信用は失われる。このように、ポトラッチは現代社会におけるクリスマスや誕生日などの私的なプレゼントと違い、贈られる相手のことを思いながら感謝の気持ちによってなされるようなものではまったくなかった。なかなか厄介なのだ。

ポトラッチには信用と名誉の獲得維持に加え、人間という存在を考える上で見逃すことのできない別の二つの要素がある。ひとつは戦争である。モースは次のようにいう。「ポトラッチは戦争なのだ。（中略）財の戦争では、財を殺すのだ。一方では、自分の財産を自分で殺し、他人がそれを獲得できないようにする。他方では、他人に財を贈与して、お返しをするように相手を仕向けるか、あるいは相手がお返ししきれないほどの財を贈与することで、この相手の財産を殺すのである」。「殺す」とは物騒な言い方だが、とにかく相手の上に立つために相手より多く贈り物をする。せっかくの贈り物を相手の目の前で焼いてしまったりする。だがこれは、実際に武力行使がおこなわれて取り返しのつかなくなる前に、儀礼的に戦争を演じることで敵対関係を処理するしくみともいえるだろう。敵対関係を平和裡に処理するためのパフォーマンスなのである。

もうひとつが、神や祖先への供犠《くぎ》である。供犠とは、自分たちをこの世界に在らしめてくれた超自然的存在に感謝するために、生け贄や犠牲を捧げることである。焼かれた毛布やカヌー、海に投げ捨てられた貴重な銅製品は、そのような神や祖先への贈り物なのだ。それをおこなう彼らにとって、供犠としてのポトラッチは非合理どころか世界と自分たちの関係を理解させてくれる、なくてはならない儀礼である。彼らにとって、毛布もカヌーも銅製品も「真の所有者」は神や祖先であり、それらの破壊は神や祖先への贈与であると同時に返済なのである。贈与についてのこうした考え方は北アメリカの先住民だけのものではない。モースによれば世界各地にそうした事例は見出し得る。たとえば、先に見た桜井英治もまた、中世日本の贈与は古代の租（土地税）や調（人頭税）が転化したものだが、租や調はもともと人から神への捧げ物であったことを指摘している。そのように考えるなら、現代人のおこなうさまざまな贈与行為も元をただせば何らかの宗教的性格を帯びていたことが想像される。

混合物《ハイブリッド》としての贈与

『贈与論』のなかでモースは、これらのいわゆる未開社会のほかにも、たとえば古代のローマ法やヒンドゥー法などについて数多くの事例を挙げた上で、人類社会には普遍的な三つの義務があることを主張している。つまり、贈る義務、受け取る義務、お返しをする義務である。どんな時代、社会でも、程度や細かい約束事の違いはあれ、この三つの義務は観察される、とモースはいう。人は何かを誰かに贈与しなければならない。何かを贈られたら必ずそれを受け取らなければならない。そして、何かを受け取ったら必ずお返しをしなければならない。当たり前のような話だが、こうした義務のなかでわれわれは生きている。もちろんこの義務を果たさない者もいたりするが、その場合は何らかの社会的制裁が下される。たとえばクラやポトラッチでは、そうした者は名誉を剥奪されたり関係を絶たれたりするのである。

　ただ、ここでちょっと疑問の念を持つ人もいるかもしれない。そもそも義務としておこなわれる贈り物を、贈り物と呼んでいいのか？　贈り物とは強制されたり、とにかく規則だから、というような理由でおこなわれるものではなく、自発的に、かつ相手のことを思いやりながら、あるいは損得勘定ではなく純粋な気持ちでおこなわれるものではないのか、と。たしかに現代人の多くはそう思うだろう。だが、モースはそのように考えなかった。たとえばモースはクラについて、それが「純粋に自発的で、純粋に見返りを求めない」ものではなく、また同時に「純粋な損得勘定に基づいた」ものでもない、両者の混合物《ハイブリッド》だと明言している。もともと人には一〇〇％利己的な損得勘定に基づく行為もないし、一〇〇％愛他的な隣人愛に基づく行為もない。贈与は利己的でもあり愛他的でもあるような、言いかえると両者を含む多義的な行為にほかならない。そのようにモースは考えた。

　贈与は「共同関係」をもたらし、「敵対関係」を処理する。贈与はまた、神や祖先のような崇高な存在への畏怖と感謝の念を表現する。人は贈与という一見何気ない当たり前の振る舞いをとおし、共同と敵対の織物ともいえるこの世界のなかで、賢明に、かつ必死に生きていく。さらには、この世界のなかに在ることへの驚きと感謝の念とともに生きていくのである。

3　市場経済の功罪

モースよりも少し年下の世代で、カール・ポランニー（Karl Polanyi 一八八六－一九六四）という人がいた。ハンガリーに生まれ、その後イギリスやアメリカで研究教育を続けた人物で、専門は経済史と経済人類学である。ポランニーは近代人が当たり前と思っている市場経済（需要と供給のバランスで価格が決まるシステム）が、じつはそれほど古くからあるのではなく、近代になって出来上がった新しいしくみであることを主張し続けた。その目的は、近代の資本主義社会のしくみを批判的にとらえ直すことにあった。

互酬・再分配・市場交換

ポランニーによれば、経済という現象は人類社会に大昔から存在した。狩猟や採集、農耕、牧畜で暮らす、あるいはそれらの活動の産物を交換し分け与える――これらはいずれも財の生産・分配・消費という意味で経済といえるだろう。それはまた資源の移転と言いかえることもできる。たとえば、狩猟生活も農耕生活も自然から人間への、あるいは人間から人間への資源の移転だからである。ポランニーは人類のそうした経済あるいは資源の移転のあり方を、「互酬・再分配・市場交換」という三つの様式からとらえ直そうとした。どういうことか。

まず「互酬《ごしゅう》」とは、モースの論じた、贈る・受け取る・お返しをする、という贈与の義務に相当する。何かを与えなければならない。与えられたら受け取らなければならない。受け取ったらお返しをしなければならない。このような贈与の義務によって資源が移転していくのが互酬である。いわゆる未開社会や部族社会の経済は、この互酬の原理に基づいており、その例としてポランニーはモースと同じようにトロブリアンド諸島のクラを挙げている。

次に「再分配」とは、権力者によっていったん人びとから徴収された財貨や資源が事後的に人びとに文字どおり再分配されることで、権力者がみずからの権威と権力を保ち続けるしくみである。このようなしくみを「国家」と呼ぶことができるだろう。ポランニーによれば、このしくみは古代文明（古代メソポタミアやエジプトなど）の成立とともに生まれた。そこでは中央の権力者（王や神官など）がみずからの権威によって強制的に人びとから食糧や税を徴収し、労役に就かせる。徴収された財貨や物資、労役によってつくられた施設（灌漑《かんがい》施設や宗教施設など）が、今度は人びとの生活に利用される。このしくみは近代になり市場交換が支配的になるまで長い間続いたので、便宜的に前近代社会の特性としておこう。ただし、近代の国民国家においても、国民から徴収した税金が公共施設の建設、教育、福祉などに用いられるという形で、このしくみは引き継がれている。

最後に「市場《しじょう》交換」は、単純に商品と貨幣の交換と考えることができる。われわれの生活は、市場経済抜きには成り立たない。コンビニで買い物をする、働いて賃金を得る、株の取引をする、貿易をおこなう。これらはいずれも、市場における商品と貨幣の交換だ。重要なのは、これらの交換が互酬や再分配には見られない特徴を持つことである。ポランニーによれば、それは「需要・供給と価格メカニズム」である。市場交換においては、需要と供給のバランスにより価格が自動的に調整・決定され、これによって資源の最適な移転や配分がなされるとされる。たとえば、バナナの価格はそれを売りたい側（供給）の希望と、買いたい側（需要）の希望のバランスがうまく取れたところで決まる。バナナの値段は、ここまでなら安くできるという供給側の事情と、多少高くてもここまでならお金を払えるという需要側の事情が一致する点が、価格となる。これによって、バナナという資源が最適に移転・

表1：社会システムと資源移転様式

	部族社会	前近代社会	近代社会
社会システム	親族	国家	資本
資源移転様式	贈与	再分配	市場交換

配分されるというメカニズムである。当たり前といえば当たり前の話だが、このような市場交換メカニズムが社会を支配するようになるのは、近代になってからである、とポランニーは何度も強調している。

簡単に整理しよう。部族社会→前近代社会→近代社会、という流れ。それは、親族→国家→資本という社会システムの基盤の変化としてとらえることができる。それはまた、贈与→再分配→市場交換という資源の移転様式の変化としてとらえることもできる。ただし、誤解のないようにいえば、近代社会にも贈与や再分配はもちろんあるし、未開社会でも原始的な市場交換はおこなわれていた。あくまでも、その時代の主要な資源移転様式ということである。（表1）

未開社会（部族社会）では親族組織が社会システムの基盤となり、そこでは贈与によって共同関係と敵対関係が調整されるとともに、自分たちがこの世界に在ることの意味が確認される。古代文明になると、中央の権力者が官僚制と軍隊を用いて人びとから資源や財貨、労働力を強制的に取り立て、お返しとして再分配をおこなうことで人びとを支配する。さらには近代社会に入ると、資本という、親族や国家を横断し、場合によってはそれらを壊してでも利潤の獲得を目指す作用が社会の支配的原理となり、そこでは人びとの生活全体が市場における商品と貨幣の交換によって囲い込まれることになる。

近代資本主義社会と「脱埋め込み」

さて、このような歴史の変化を振り返ることで、ポランニーはいったいどんなことを目論んだのか。それは、繰り返しになるが、近代の資本主義社会を批判的に見直し、その弊害を是正する、あるいはその限界を乗り越えようとすることだった。

近代資本主義社会では、人びとは市場を介して少しでも自分が得をするように、あるいは損をしないように「合理的」に振る舞うとされる。そのような人間のあり方を「ホモ・エコノミクス」と呼ぶ。ラテン語で「経済人間」という意味だ。近代資本主義社会では個人や家計から企業さらには国家にいたるまで、数多くのホモ・エコノミクスが市場に参加し、それぞれが合理的に行動することで需要と供給のバランスが生まれ、商品の価格が決まっていくとされる。そこでは、商品こそが主役である。マルクスが『資本論』の冒頭でいうように、資本主義社会とはこうした「商品の巨大な集積」にほかならない。そこでは土地と労働力でさえ商品となる。ポランニーは、その近代人にとっては――当たり前の事実が、これまでの人類社会に普遍的に当てはまるわけではないことを論証しようと試みた。さらにはその作業を通し、近代資本主義社会のしくみの特異性を、もっと強くいえば異常性を暴露しようとしたのである。

ではその特異性、異常性とは何か。経済史学者・経済人類学者としてさまざまな時代や地域の経済を比較研究してきたポランニーは、人類史の大部分において、経済は血縁や地縁などの社会関係のなかに「埋め込まれて」おり、それらの全体がひとつのまとまりを成していたことを力説する。先に見た例でいえば、メラネシアのクラや北アメリカ先住民のポトラッチに見られた贈与も、ただその行為だけを形式的に取り出してみるかぎり、現代人には非合理で荒唐無稽な印象しか与えない。だがその贈与行為を親族や宗教、文化などのなかに、言いかえるとその行為のコンテクストのなかに「埋め込んで」みると、そこにはとても重要な意味があることが理解される。

これに対し、近代資本主義社会の市場交換はそのような社会関係やコンテクストとはほとんど無関係におこなわれる。たとえば、取引相手の年齢や性別、親族、職業、宗教などは原則的にカッコに入れられる。そうしなければ公正かつ効率的な市場交換などできないからだ。この市場交換にともなう「カッコ入れ」により、人びとは社会関係やコンテクストから「脱埋め込み」される。「脱埋め込み」とは、何かを、それがもともと埋め込まれていた社会関係から引き離し、自由にするという意味である。つまり、いつでも、どこでも、どんな相手とでも、同じように取引をおこなうことが可能となったのである。

この「脱埋め込み」にはもちろんポジティヴな面もあった。たとえば、取引がスムーズにおこなわれるようになり、それによって現代のグローバリゼーションにまでつながる大規模な市場の拡大が可能となった。そのおかげで、人びとはさまざまな種類の商品をいつでも好きなだけ手に入れる可能性――あくまで可能性だけだが――を手にした。さらには、この「脱埋め込み」によって、それまで親族関係や身分関係などにがんじがらめになっていた人びとが解放されるようになったのである。近代になって市場交換が盛んになることで、それまでの贈与や再分配という、親族関係や身分関係に縛られたやり取りとは異なる、他者との新しいコミュニケーションが可能となった。たとえば、一八世紀末のフランス革命や一九世紀半ばのヨーロッパ各地における革命は、市場交換によって人びとがそれまでの封建的身分関係から「脱埋め込み」されていったことが可能にした出来事だったともいえる。近代人が手にした自由や平等の権利は、市場交換という新しい資源移転の様式が浸透することなしには不可能だっただろう。

だが、ポランニーはそのことを十分に認めつつ、この市場交換とそれがもたらした「脱埋め込み」のネガティヴな面に批判的な目を向ける。土地と労働力が商品になるということ、それは、「自然」と「人間」が商品になるということである。少し考えてみればわかるように、人間は自然の一部に過ぎず、しかもその自然そのものを人間が創造することはできない。自然は人間に与えられたもの、贈与されたものだ。それを、近代以降の人間はすべて商品にしてしまった。言いかえると、もともと自然と人間のなかに「埋め込まれて」いた経済が「脱埋め込み」され、市場経済という形で自然と人間を支配するようになったということである。

一八八六年生まれのポランニーは市場経済の猛威と、それによって引き起こされた歴史的出来事を生々しく目の当たりにした世代だった。一九世紀以降、ひとり歩きをはじめた市場経済は、さまざまな矛盾や弊害をもたらした。農村の窮乏、都市部の深刻な失業問題、貧富の差の拡大、資本家と労働者の階級対立、等々。ポランニーによれば、二〇世紀の前半を揺るがした未曾有の出来事——第一次世界大戦、ロシア革命、世界恐慌、ファシズム、第二次世界大戦など——の背景には、こうした矛盾や弊害があったのである。戦争と革命は、ある意味でそうした矛盾や弊害への対抗策という面も有していたが、しかし、これらの対抗策は文字どおり自然と人間を破壊してしまった。

こうした悲劇的出来事はなぜ起きたのか。その背景の重要なひとつが、市場経済による社会関係の希薄化である。太古の昔から、人類は親族組織、宗教、文化などにより生きることの意味を確認し、また世界に意味を見出してきた。その意味づけが、親族や宗教、文化からの経済の「脱埋め込み」によって希薄化されてしまったのだ。二度の世界大戦や全体主義、暴力的な革命は、そうした意味づけの空白において生まれた。それらは、生きるための意味づけが曖昧となった時代において、権力者に都合のよい身勝手で一方的な生の意味づけを（というより、死の意味づけを）グロテスクなやり方で国民に強制するものだったのではないか。ポランニーはそう考えたのである。

4　贈与とアソシエーション

モースの立場

じつはモースも同じようなことを考えていた。先に紹介したモースの主著『贈与論』もまた、ある意味で資本主義社会の特異性、異常性を告発するために書かれたのである。一見すると『贈与論』は未開社会や古代社会の贈与慣行だけを論じた、人類学や社会学、あるいは歴史学の著作だ。けれども、それが発表されたのは第一次世界大戦の終結とロシア革命の勃発から間もない一九二四年。その頃モースは、一九世紀から二〇世紀の初めにかけて猛威を振るいはじめた産業資本主義の異常さを憂えるとともに、ロシア革命によって成立したソヴィエト連邦の共産主義体制にも警戒心を隠さなかった。

近代資本主義とソヴィエト型共産主義。前者はポランニーのいう市場交換から成り立つシステムであり、後者は再分配によって成り立つシステムである。ソヴィエト型の共産主義体制では、中央の権力者が国民の労働の成果を再分配するという形が取られている。そして、プロレタリアート独裁という名の下に、中央の組織や独裁者が強大な権力を振るう。革命後のソヴィエト連邦に見られたそのような特性に、モースは早くから気づいていた。そのようなモースにとり、市場交換と再分配の両方を批判的にとらえるために、さらに強くいえば、資本と国家の両方を乗り越える道を模索するために、『贈与論』は書かれねばならなかったのである。

モースとポランニーは、近代社会を批判的にとらえるために近代以前の社会に注目した。けれども二人とも、だから近代社会はだめだ、近代以前の古き良き時代に戻るべきだ、などという反動的なことはけっしていわなかった。あくまで二人とも近代社会のなかにとどまりつつ、近代社会の矛盾と弊害を少しでも解消することができる方策を探ろうとした。

新しい贈与原理とアソシエーション

『贈与論』の結論部の辺りで、モースはこういっている。「今日《こんにち》では、古いさまざまな原理が抵抗を起こし、現代のわたしたちの法規範が持つ冷厳さや抽象性や非人間性に抗している」。どういうことか。モースがここでいう「古いさまざまな原理」とは贈与原理にほかならない。また、「冷厳さや抽象性や非人間性」とは、近代資本主義とソヴィエト型共産主義における市場交換と再分配の非情な姿を指しているだろう。ではモースが今日の社会に見出した贈与原理の新しい形とは何か？　それは、「組合」と「社会保険」である。

モースは組合と社会保険という、古くから存在はしたが、とくに近代になって大きく発展した制度に注目していた。モースが『贈与論』を書いた一九二〇年代当時、ヨーロッパ各国ではすでに失業や疾病、老齢、死亡などに対応する社会保険のしくみが少しずつ整備されはじめていた。また、同業組合や労働組合も、かつての労働運動の拠点だけでなく、社会保険を組織化する労働者の相互扶助団体としての役割を持ちはじめていた。そのような動向に敏感に反応したモースは、先の引用の少しあとに、「わたしたちはしたがって、集団倫理へと再び立ち戻っているのである」と書き添えている。つまりモースは、組合や社会保険のなかに、未開社会や古代社会に見られた「集団倫理」の復活を見出したのである。ではモースのいう「集団倫理」とは何か。それは、贈る・受け取る・お返しをするという贈与の規範に支えられた、個人や集団間のアソシエーション（協同関係）の維持という原理である。

「アソシエーション」は一般に、「組合」や「連合」「協会」という意味で用いられる。社会学では「アソシエーション」は「コミュニティ」と対比される概念とされており、後者が地縁や血縁のような生得的つながりによる集団を意味するのに対して、前者は何らかの共通の目的で参加した人びとによる結社を意味するとされる。つまり、アソシエーションには必ず個人の自由意志による選択がともなうのである。モースは、この両方の意味（自由意志による連合の意味）でこの言葉を使っている。モースによれば、トロブリアンド諸島におけるクラの儀礼的贈与交換もまた、島々の間にこの協同関係をもたらすものであった。そうした協同関係の現代版として、モースは組合と社会保険に注目したわけである。そして重要なのは、クラの儀礼的贈与交換とは異なり、現代の組合や社会保険では参加者の自由意志が前提とされるということなのである。

モースは若い頃、哲学や社会学、民族学などを学ぶかたわら、生活協同組合運動に真剣に取り組んでいた。みずからの思想を実践しようと、友人たちと一緒にパンやケーキ、クッキーなどを扱う協同組合をつくり、しばらく運営もしていたそうだ。モースのこうした協同組合への、とくに消費者協同組合への関心は生涯続いた。モースにとり、協同組合と社会保険は、産業資本主義における市場経済ともソヴィエト型共産主義の強権的計画経済とも異なる、新しい経済の形を意味していた。協同組合の組合員や社会保険の加入者はそれぞれ出資し合い、互いに助け合い、生活の向上を目指す。言いかえると、贈与原理に基づいた協同関係の実現を目指す。そこには「集団倫理」があり、道徳がある。ひと言でいうと「社会」がある、とモースは考えたのである。

アソシエーションとしての「講」

最後に少しだけ日本社会の話に戻ろう。日本社会のなかに、モースのいう「集団倫理」や「協同関係」を見出すことはできるだろうか。

かつて日本社会には「講《こう》」と呼ばれる結社があった。いろいろな種類の講があったが、伊勢講や富士講などのような信仰に関わるもの、「ゆい」や「もやい」などと呼ばれる地域の相互扶助や共同労働（大規模な屋根葺きなど）に関わるもの、さらには無尽《むじん》講や頼母子《たのもし》講のような経済的な動機によるものが、その主なタイプであった。室町時代くらいからあったらしいが、盛んになったのは江戸時代に入ってからといわれる。いずれも人びとがお金や物資、労力を提供し合うことで、互いに助け合うしくみである。たとえば伊勢講では、当時たいへんなお金と時間のかかったお伊勢参りに行くために、講のメンバーの誰かが（くじ引きなどにより）代参者として選ばれた。その費用はメンバーみんなで出し合ったお金でまかなわれた。代参者は毎年順番に決められ、最終的にメンバー全員がお伊勢参りを経験することができた。

前近代の日本社会に見られた講というしくみは、一種の贈与原理に基づくアソシエーションだった。もともと講は人びとが寺や神社に集まり、そこで仏典の講義を受ける場を意味した。仏の慈悲を教わる講の場において、人びとはみな平等な存在であるとされた。そのような場であった講は時代とともに宗教的意味合いを薄れさせていき、やがて人びとが集まることそのものを目的とする場へと変化していった。講は参加者の抱えるさまざまな生活上の問題を、参加者がみなで協力しながら取り組んでいく場になっていったのである。参加者はそれぞれが金銭や物資を贈与し、それらによってつくられたある種の「基金」を用いて生活上の問題を協同で解決していくようになった。このしくみは、モースが言及した現代の協同組合や社会保険を思わせる。

日本思想史を専門とする現代アメリカの歴史学者テツオ・ナジタ（Tetsuo Najita 一九三六―二〇二一）は、そうした相互扶助のしくみとしての無尽講に注目している。徳川時代に貨幣経済が浸透するとともに、米価は不安定に変動するようになり、これによって農村部では定期的に深刻な飢饉が起きるようになった。農民たちはその過酷な運命にみずから立ち向かうべく、相互扶助のための結社（アソシエーション）をつくるようになった。それが無尽講である。おおむね東日本では無尽講、西日本では頼母子講と呼ばれた。飢饉だけでなく自然災害や疫病のような不確定な将来に備え、講の参加者は金銭や物資を出し合った。

ナジタはその例として、一八世紀末に仙台近郊の村でつくられた「縄無尽」という講を紹介している。講に参加する世帯は毎月、一定の長さの縄をつくることが決められており、それらの縄は講全体でまとめて保管された。半年に一度、縄は仙台の市場で売られ、売り上げは村の「共有口座」に蓄えられた。そして、飢饉や自然災害などの際にその蓄えが活用されたのである。蓄えはそれだけでなく、生活に困窮した世帯への貸しつけにも用いられた。参加者の誰ひとり飢えや災害、貧困に苦しまないよう、贈与原理による協同関係を保とうとしたのである。この例に見られるように、日本の前近代社会における講には、国家による再分配とも市場による交換とも異なる、モースの言葉でいえば「集団倫理」が息づいていた。

だが、残念ながら講の原理が、時代とともに失われていった点にも注意しなければならない。先に見た柳田國男は、一九三一（昭和六）年に出版された『明治大正史世相篇』のなかの「講から無尽業へ」という部分で、もともと相互扶助であった無尽講が、ある時期から金儲け目当ての無尽業に変わってしまったと述べる。無尽講はもともと「仲間の難儀を救う一種の共済組合」だったが、「その無尽が永く存続し、中心が金銭の取引に移って行くと、効力はいちばん直接的であったであろうが、無尽はあらたなる利用の弊害を見るようになった。江戸も末期になると、金の欲しい人ばかりが集まって来て、これを借金の一つの方法にした。入札無尽というものも起ってきた。（中略）すなわち衆議の向う方は示さずに、単独の強い意思のみが発露することになり、仲間の各員はただ自分たちの利益のために、最も思い切った割引を承認する者に、第二回以後の集金を貸し付けることになり、わずかに余裕のある人々が、村にいて高利の興味を解するように傾いて来たのが変遷である」。こうして無尽講は、利殖の手段となってしまった。この変化により、「感ずることのできぬような同士への義理、一人が他の総員を欺き裏切ってはならぬという約束」が失われたと柳田はいう。「集団倫理」が失われたのである。

冒頭で見た、「彼岸の牡丹餅《ぼたもち》など先方にあるのがわかっていても贈る」ような伝統的贈答習慣は、ある意味でそうした「集団倫理」が解体されたあとに残された、形骸化した贈与の姿なのかもしれない。とはいえ、だからといって、近代社会では贈与の原理が不要だとして捨て去ることは危険である。そうすることで、国家（再分配）と資本（市場交換）がますます猛威を振るう可能性があるからである。大事なのは、モースのいうように、現代社会にふさわしい贈与の新しい形式を模索しながら、「集団倫理へと再び立ち戻る」ことではないだろうか。

文献

伊藤幹治『贈答の日本文化』筑摩選書、二〇一一
小幡正敏『見知らぬ者への贈与――贈与とセキュリティの社会学』武蔵野美術大学出版局、二〇二三
桜井英治『贈与の歴史学――儀礼と経済のあいだ』中公新書、二〇一一
テツオ・ナジタ『相互扶助の経済――無尽講・報徳の民衆思想史』五十嵐暁郎監訳、福井昌子訳、みすず書房、二〇一五
カール・ポランニー『人間の経済Ⅰ――市場社会の虚構性』玉野井芳郎／栗本慎一郎訳、岩波現代選書、一九八〇
ブロニスワフ・マリノフスキー『西太平洋の遠洋航海者』増田義郎訳、講談社学術文庫、二〇一〇
マルセル・モース『贈与論』森山工訳、岩波文庫、二〇一四

マルセル・モース『国民論・他二編』森山工訳、岩波文庫、二〇一八
モース研究会『マルセル・モースの世界』平凡社新書、二〇一一
ヘルムート・モーズバッハ「西欧人からみた日本人の贈答風俗」『日本人の贈答』伊藤幹治/栗田靖之編著、ミネルヴァ書房、一九八四
柳田國男「明治大正史世相篇」『柳田國男全集 26』ちくま文庫、一九九〇
柳田國男「民間伝承論」『柳田國男全集 28』ちくま文庫、一九九〇

第2部　社会の舞台

いうまでもなく社会はわたしたちの生活の場である。そこにはさまざまな舞台があるが、ここでは家族、社会保障、職場、都市について考えてみる。この四つはわたしたちの生活を支える不可欠のしくみになっているからである。この四つの舞台は、しかし、歴史的に大きな変容を遂げてきた。その変容は今も続いている。そのことの意味についても考えてみたい。

第1章　近代家族の変容――インセスト・タブー、密室、磯野家

1　家族とは

家族と聞いてどんなイメージが浮かぶだろうか。『サザエさん』のような家族？　ロイヤル・ファミリー？　それとも自分の家族？　わかったようでわからないのが、この「家族」という代物だ。少しでもわかるようになるために、あるいはもっとわからなくなるために、掘り下げてみよう。

家族の定義は難しい

まずは「家族」の定義。簡単そうに見えて、これがなかなか難しい。いきなりこんなことをいうのも何だが、現代の社会学や人類学では、「家族」の定義は無理にしない方が無難だということになっているのだ。

たとえば、ある標準的な社会学事典は「家族」を次のように定義している。家族とは「配偶関係や血縁関係に

よって結ばれた親族関係を基礎にして成立する小集団」である（『社会学事典（縮刷版）』一九九四）。ここでいわれているのは、要するに「家族は親族集団だ」ということだ。何か「病気とは身体の具合が悪いことだ」という言い方に似て、歯切れがよくない。別のある文化人類学事典を見ると、家族は「定説といった形で記述することはできない」と書いてある（『文化人類学事典（縮刷版）』一九九四）。さらに、また別の大きな社会学事典を見ると、「一九八〇年代以降、時代や社会を超えて共有される家族の普遍的な定義はない、という議論が顕著になってきている」とある（『現代社会学事典』二〇一二）。つまり、どんな時代や社会にも当てはまるような家族の普遍的な定義は不可能ということだ。それだけ家族というのは単純なようでいて、じつのところ、きわめてとらえどころのない集団なのである（というか、集団なのかどうかもはっきりしない）。

もちろん、これまでに家族の普遍的定義をしようとした人がいなかったわけではない。人類の家族には普遍的な共通特性がある、という考え方は昔からあった。その代表が「核家族説」と「インセスト・タブー説」だ。

核家族説

今から半世紀以上も前、アメリカ合衆国の文化人類学者G・P・マードック（G. P. Murdock 一八九七－一九八五）が一九四九年の著作『社会構造』のなかで、世界中のどんな家族も「核家族」を土台に形成されていると論じた。一般に知られているように、核家族（nuclear family）というのは「夫婦と未婚の子からなる家族」のことである。文化人類学者の目で見ると、世界には単純なものから複雑なものまで、あるいは小規模なものから大規模なものまで、きわめてさまざまな家族形態がある。しかしそれらはいずれも、分解すると「夫婦関係と親子関係の組み合わせ」という共通の「最小単位」、つまり「核」に還元される。さらにこの「核」には、〈性〉〈生殖〉〈経済〉〈教育〉

という、人間にとって最も普遍的な機能がすべて含まれているとマードックはいう。〈性〉と〈生殖〉がなければ成員の補充が不可能になる。〈経済〉がないと衣食住が成り立たないし、〈教育〉がないと文化の継承ができなくなるだろう。これ以上普遍的な単位はない。だから世界中のどんな家族も、この核家族ないしその複合を単位にして営まれている。こうマードックは考えたのである。

この「核家族説」は、第二次世界大戦後の急速な産業化で核家族的な形態の世帯が一気に増えたこともあり、一九六〇年代の高度成長時代に、アメリカを中心とした先進産業諸国で大々的に受け容れられた。日本にこの概念が入ってきたのもその頃である。だが、七〇年代に入った頃からこの説は批判されはじめた。理由は二つある。ひとつは、人類学や社会学、歴史学の研究蓄積が豊かになるにつれ、「核家族」が人類の家族にとって必ずしも普遍的ではないことがわかってきたことである。たとえば、よく引かれる例だが、南インドにナーヤルと呼ばれる人びとがいる。ナーヤルの「家族」は母親を同じくする兄弟姉妹で構成される母系集団であり、娘たちは結婚してもその集団から出ない。娘たちは若い頃に、他の集団の男性と儀礼的婚姻関係を結ぶが同居はせず、別の複数の男性たちとも自由な恋愛関係を結び、父親の不確かな子どもを産む。産まれた子どもたちはそのまま母親の集団に所属し、集団の成員によって共同で育てられる。このように、人間の形成する「家族」は想像以上に多様であり、産業諸国の家族における夫婦や親子とはまったく異なる関係からなる「家族」が、世界には数多くあることが次々と知られるようになってきた。先の文化人類学事典が、家族を定義不能としたのもそのためだ。

もうひとつは、性・生殖・経済・教育という四機能が高度成長にともなって家族から逃げ出しはじめたことである。とくに、産業構造の変化と高学歴化にともない、経済と教育の機能は企業や学校など家族の外部機関に一気に吸収されていった。残されたのは性と生殖という機能であり、そのため、家族は情緒的絆や感情処理を主要な特徴とする集団へと変容していった。高度成長期までの核家族には昔ながらの躾《しつけ》や家内労働に見られるように、教育と経済の働きが含まれていた。しかし高度成長期以後、それらの働きは急速に失われ、夫婦間や親子間、きょうだい間の親密な感情だけを強い絆とする私秘的空間へと変わっていくのである。

インセスト・タブー説

マードックの「核家族説」は、それが出版された一九四九年という時代の刻印を強く受けている。あの時代には、核家族が普遍的な家族形態に見えたのだ。「普遍的に見えた」といってもそれはあくまで、当時のアメリカにおける白人男性がそのように見た、ということにすぎない。マードックのいう家族の普遍特性は、戦後のアメリカ社会における――比較的裕福な都市型の――白人家庭のあり方をそのまま反映したものだった。

マードックとはまったく異なり、はるかに遠大な時間の広がりから家族の普遍特性を考えた人もいた。奇しくもマードックの『社会構造』が出たのと同じ年、フランスの文化人類学者クロード・レヴィ＝ストロース（Claude Lévi-Strauss 一九〇八－二〇〇九）が『親族の基本構造』（一九四九）という本のなかで、家族の核心に「インセスト・タブー incest taboo」という普遍的規則を見出していた。インセスト・タブーというのは「近親姦の禁止」という意味である。人類社会にインセスト・タブーがあることは、もちろん大昔から知られていた。レヴィ＝ストロースの考え方が面白いのは、このタブーをたんなる禁止事項としてではなく、家族と社会の発生メカニズムとしてとらえていることである。

誰でも知っているように、われわれ人間は性的パートナーを家族の外側に求める。家族のメンバー同士で無秩序に性関係を持ってしまうと、家族の内部の人間と外部の人間との区別がつかなくなる（夫婦はもともと同じ家族のメンバー同士でなかったので性関係を持つことができる）。インセスト・タブーがなくなると家族はたちまちその輪郭を失う。言いかえると、「夫婦を例外として互いに性関係を持ってはならない者の集団」、これが家族のぎりぎりの定義といってよい。

ここで注意したいのは、インセスト・タブーの規則によって家族と家族が結びつくことである。性的パートナーを家族の外側に求めるということは、ある家族から別の家族に性的パートナーが移動するということである。これによって家族と家族の間に相互関係が生じる。レヴィ＝ストロースはそれを性的パートナーの交換関係と考えた。交換といっても家族A↔家族Bという関係だけでなく、家族A→家族B→家族C→家族D→……という関係も含まれる（ちなみに前者を限定交換、後者を一般交換と呼ぶ）。会話から貿易にいたるまで、人間の営む「社会」は無数の交換からなるシステムだ。インセスト・タブーを介した家族間の交換関係こそ、交換システムとしての人類社会の原点といってよい。太古の昔――おそらく言語と意識の発生にともなって――インセスト・タブーが導入された瞬間に、人類は「自然」から「文明」へと決定的にジャンプした。レヴィ＝ストロースはそう考えたのだ。

このレヴィ＝ストロースの考え方は、人類社会における家族の誕生にまでさかのぼっている点で、その普遍性においてかなり説得力がある。しかし、どんな時代やどんな社会にも当てはまる定義というのは、逆にいうと、何も説明していないのと同じではないだろうか？　インセスト・タブーのような普遍的な規則をレヴィ＝ストロースは「構造」と呼ぶ。あるいは「論理」といってもいいかもしれない。「構造」や「論理」は、あらゆる時代や社会の垣根を越えて普遍的に妥当する概念だ。しかし、家族という具体的な現象を考えるためには、そうした「構造」の普遍性を主張するだけでなく、その構造の発現形態や歴史的形成を問う必要があるのではないか。つまり家族の普遍的な「構造」は時代によってさまざまな現れ方をするのであり、その現れ方の多様性を見ていくことが大事ではないだろうか。実際にレヴィ＝ストロースも、そうした「基本構造」が人類社会においては複雑なヴァリエーションを示すことを認めている。

ここで二つのことをあらためて確認しておこう。①家族を成り立たせる構造や論理は時代や社会を超えて普遍的／不変的であると同時に、その現れ方は時代や社会によって大きく異なる。②現代の家族はかつて初期の核家族に備わっていた経済や教育といった社会的・公共的機能を弱める一方、性と生殖を軸とした感情的機能に強く傾きつつある。家族の定義が難しいことの理由はこの二点にもあるのだろう。

2　現代家族の構造と感情

ここからは現代家族について考えていこう。現代の家族は、どんな歴史的な変遷を経て今あるような形になったのか。その前にあらかじめ注意しておきたいことがある。それは、わたしたちが家族の歴史的変化について誤った思いこみを抱きがちだということである。

工業化以前の家族

その思い込み（ドグマ）について、イギリスの歴史学者ピーター・ラスレット（Peter Laslett 一九一五－二〇〇一）は次の五つのようにまとめている。

①大規模世帯ドグマ―工業化以前はどこも大家族だった。

②一方向ドグマ―家族はどこでも複雑で大規模なものから単純で小規模なものに変化した。
③工業化ドグマ―工業化と近代化にともなって①と②の変化は生じた。
④自然的世帯経済ドグマ―工業化以前の家族や親族は基本的に自給自足だった。
⑤労働集団としての世帯ドグマ―工業化以前の家族はすべて生産や労働の単位だった。

結論だけいうと、この五つの思い込みはすべて間違っている。工業化以前の家族は、わたしたちの思い込みを超えてはるかに多様だった。小家族もあれば大家族もあった。たとえば工業化する以前の西ヨーロッパでは小家族がすでに数多くみられたし、かりに大家族のように見える世帯があったとしても、多くの場合、そこには徒弟や奉公人が世帯のメンバーとして含まれていた。日本でも、最初の国勢調査がおこなわれた一九二〇（大正九）年の時点で「核家族世帯」が全体の半数を超えていたことはよく知られている（ちなみに五四％）。いずれにせよ、自給自足の大規模で複雑な生産単位としての親族集団が、工業化と近代化にともなってだんだんと小規模な核家族へと一方向的に変化していったという単純な考え方は捨てるべきなのだ。くり返すが、家族はかつて多様だったのである。

今のわたしたちが先の五つの思い込みからなかなか自由になれないのは、わたしたちの生きる近代社会の家族が、工業生産（③）と商品経済（④）に完全に組み込まれた、小規模で（①）、単純な（②）、消費の単位（⑤）になりきっているからである。そうであるからこそ、先の五つのドグマのような思い込みが定着してしまったのである。とかく「過去」は、「現在」の反転像としてイメージされがちなのだ。

では、わたしたちの生きる近代の家族はどのような構造によって成り立っているのだろうか。その特徴を、〈公領域と私領域の分離〉〈家族の自律性強化〉〈情緒的絆の強調〉、の三つにまとめることができるだろう。この三つが互いに深く結びついているのはいうまでもない。

公領域と私領域の分離

レヴィ＝ストロースが考えたように、家族の本質はそれが交換システムを成すことにあった。家族と家族の間で、さまざまな物資や労働や情報の交換が、これまで延々とおこなわれてきた。そうした家族間の相互交換は、かつて家族が親族や村落共同体のなかに埋め込まれていた時代まではきわめて強力なものだった。その時代までは、家族の事柄と共同体の事柄とはほぼ重なり合っていたのである。日本社会でも、イエの事柄とムラの事柄はほとんど不可分のものだったといってよい。

ところが近代になり、事情は一変した。何よりも決定的だったのは、一九世紀以降の「国民国家」の成立と「資本制」の浸透である（日本については明治維新以降の近代化を思い出そう）。国民国家は、国境線の内側に住む「国民」すべてに単一の法を適用するしくみだ。これによって、国民の誰もが同じように学校に通い、働いて税金を納め、場合によっては軍隊に入れられることになった。いわゆる「公《おおやけ》」の領域がここに成立する。それに加えて資本制の浸透は、かつて共同体や親族の交換ネットワークに埋め込まれていたコミュニケーションの多くを、市場経済のなかに巻き込んでいった。贈与慣行を柱とした伝統的なイエやムラのつき合いが弱体化する一方、日常的なコミュニケーションは利潤を目的とした商品交換に置きかえられていった。

その結果、家族はそうした公領域や商品経済の「残余領域」となったのである。それを「私領域」と呼ぼう。「私領域」というのは、学校や会社、軍隊などの公領域から切り離されるとともに、利潤目当ての商品経済からも隔離された、私的なコミュニケーションの空間という意味である。家事や育児、介護などは、きわめて大切な労働であるにもかかわらず、それらは私領域のものとされ、公領域や商品経済から排除された。その過程で男性が公領域、女性が私領域という、暗黙の性別分業が固定された。女性が私領域を脱却して、公領域へと進出するのは難しくなった。進出できたとしても、賃金や昇進をめぐるハンディキャップの壁がつくられた。同時に、そして皮肉なことに、女性が「私領域」から何とか抜け出てみると（つまり家族の檻から逃げ出してみると）、そこには女性が「商品化された性」として市場経済のなかに放り込まれるしくみが待ち受けていた。さまざまなセックス・ワーカー、グラビア・モデル、アイドル、アシスタント、等々。この構造は「男女雇用機会均等法」（一九八五）や「男女共同参画社会基本法」（一九九九）の施行後も基本的に変わっていない。

家族の自律性強化

家族が「私領域」に隔離されたということ、それは家族が親族や共同体の介入を極力排した自閉的な単位になったということである。これによって家族はいわば小さな「砦」になった。

そうした変化を促したのは何よりも「賃金労働」の一般化だった。伝統的形態の農林漁業や中小自営業などの「家内労働」が衰退し、大多数の人びとがサラリーマンになっていったのが近代である。近代においては、商品経済の浸透により、先のマードックの核家族説で示した「基本機能」のうちとくに教育と経済が商品化していく。子どもを学校にやる。衣食住の必需品を買い求める。サラリーマンは賃金労働で得たお金でそれらのサービスや財を購買するようになったのである。もう親族や共同体の助けは借りない、ということだ。

家内労働の衰退は、「非親族世帯」の減少とも重なっている。昔は、大きな家業を営む家にはたいてい奉公人や使用人、小作人、あるいは場合によってはお妾さんなどの「非親族」が同居していた。今から見るとあり得ないようだが、それらの人びとは、血のつながった家族と同じようにその家族の一員とみなされていた。もちろん正式のメンバーに比べれば扱いは低かったし、血縁関係にないという事実は誰もがわきまえていたが、同じ家に暮らして働いているという意味で「準メンバー」だったのである。だが家族の自律性が強化されていくうちにそれらの準メンバーは次々と排除され、いわば家族の「純血化」が進行した。この「純血化」は家族の凝集力を強めるとともに、他の親族や共同体のメンバーとの社交の機会をしだいに失わせる一因ともなった。

情緒的絆の強調

「純血」の関係を強く自覚した者たちが、非親族を排除し、しかも他の親族や共同体の助けを借りずに自分たちの力だけでがんばっていく。そんな「小さな砦」としての集団は、一部のカルト集団にも似て、情緒レベルでの結束を時として異様なまでに高める。たしかに、経済や教育の機能を外部の制度にゆずり渡したあと、残されたのは情緒だけなのだから、それも仕方がないことなのかもしれない。

「制度」から「情緒」へという流れ。この流れについては、すでに二〇世紀の中頃にアメリカの社会学者アーネスト・バージェス（Ernest Burgess 一八八六－一九六六）が「制度型家族」から「友愛型家族」への変化という図式で論じていた。それはある意味で、近代化を推し進めた二〇世紀の核家族がたどる必然的コースだったようにも見える。産業化、都市化、高学歴化といった近代化の勢いは、「民主主義」を生活の諸領域に定着させていった。それはしだいに、家族関係のなかにも浸透していくことになる。かつて人びとは、生きていくための必要性や伝統的慣習の強いプレッシャーの下で自分の役割や持ち分をあらかじめ割り振られ、それをこなすことで精一杯だった。それに対し、二〇世紀に入ると、家族はたんに生きる上で必要な手段ではなく、それじたいを目的としたコミュニケーションの場へと変わっていったのである。

だが注意したい。「友愛型家族」の浸透は先のマードックやバージェスが自説を発表した頃（一九五〇年代から六〇年代の高度成長期にかけて）までの話である。現代の家族は私領域へと閉じ込められ、自閉性をより一層強めつつある。そうしたなかで、家族をつなぎとめる絆は、バージェスの述べたような「友愛 companionship」、つまり自立した個人による平等な水平的関係ではもはやなくなっている。たしかに今でも、ある種の理想として「友愛」は家族の基盤をなす。「友だち家族」や「友だち親子」はあいかわらず人気のある家族イメージだ。しかし、現代の家族の絆はもはや「友愛」とは異なる、性と生殖というエロス的身体感覚を基盤とした一種独特な情緒的絆を核とするようになっている。それを言葉にすれば「私秘性 privacy」と「親密性 intimacy」ということになるだろう。

「夫婦愛」「母性愛」「家族愛」という、近代家族にとって大切とされる三つの感情的絆を考えてみよう。近年の歴史学によると、これらの感情は一八世紀から一九世紀にかけてとくに都市のブルジョワ階級を中心に形成された。その後二〇世紀にかけてこれらは民衆の間にも広まり、「友愛型家族」の基盤となっていく。しかし、しだいに家族が私領域に閉じ込められ、家族内コミュニケーションが自己目的化していくにつれて、これらの感情は第三者や社会の介入を排したきわめて私秘的で情緒的な性質を帯びていく。家族のことはその家族にしかわからなくなる。挙げ句の果ては、「お父さんは自分の気持ちをぜんぜんわかってくれない」というように、家族のメンバー同士でも互いの感情を把握しがたくなる。言いかえると、感情から社会性や公共性が失われていくのである。

近代家族のゆらぎ？

以上のような近代家族の構造は近年になってまた変わりつつある。まず、これまで私領域に閉じ込められてきた家事や育児、介護が、公的な問題として一気に浮上してきた。ほかにも健康保険や年金などが重要な政治問題になってきている。それは、家族が自閉性の強まりと裏腹に自律性を弱めつつあることの現れでもある。

それと並行し、現代の家族は情緒の絆を過剰に強めることで、新しい病理現象を次々と見せはじめている。近代家族は恋愛結婚によって成立するのが一般的であり、その要は夫婦愛であるとされてきた。だがたとえば、近年の離婚率の急上昇を見る時、原因は夫婦愛の弱まりにあるというより、夫婦愛に対する過剰な期待にあるように見える。アメリカの離婚率が劇的に高まったのは一九七〇年代だったが、その当時、アメリカの社会学者ピーター・バーガー（Peter Berger 一九二九－二〇一七）はこう述べた。「結婚生活が重要でなくなったからという理由で離婚する人などどこにもいない。結婚があまりにも重要になったので、特定の相手との結婚生活が完璧でないことに耐えられずに離婚してしまうのだ」（Berger 1977）。

同じことが、日本についても当てはまるようになってきた。夫婦愛と離婚の逆説的関係以外にも、恋愛感情とストーカー行為、母性愛と虐待、家族愛とひきこもりなど、情緒的絆の強さが予期せぬ不幸をもたらすケースが増えている。私秘性と親密性が密室性と残酷性に転化するのである。

3　磯野家のゆくえ

以上のことを確認した上で、最後に日本の家族の今を歴史のなかに位置づけておこう。

近親婚の禁止

日本の家族も基本的な構造特性はインセスト・タブーにある。ただし意外かもしれないが、日本には「近親姦」を禁ずる法律がない。そのかわりに「近親婚」を禁じた法律がある。民法第七三四条「近親婚の禁止」の第一項「直系血族または三親等以内の傍系血族間の婚姻の禁止」と第七三五条の「直系姻族間の婚姻禁止（姻族関係終了後も）」がそれだ。

「血族／姻族」「直系／傍系」「親等」の概念について確認しておこう。「血族」というのはいわゆる〈血のつながった〉親族関係のことで、親子、兄弟姉妹、祖父母／孫、いとこなどの関係を指す。「姻族」というのは婚姻や養子縁組などで親族になった〈血のつながっていない〉者同士の関係を指す。「直系」は親子や祖父母／孫のように〈縦につながる〉関係であり、「傍系」は兄弟姉妹、おじ・おば／おい・めい、いとこ同士のように〈横につながる〉関係である。また「親等」というのは親族関係の距離を表す数字で、お互いの間に必ず共通の親を入れて数える。たとえば親子間は一親等、兄弟姉妹間は二親等、おじ・おば／おい・めい間は三親等になる。いとこ同士は四親等だ。あと、わかりづらいのは「直系姻族」で、これは「自分の直系血族の配偶者」、または「自分の配偶者の直系血族」を指す。

かえって混乱したかもしれないので、誰もが知っている「日本で最も有名な家族」、すなわち本章の冒頭で挙げた長谷川町子（はせがわ・まちこ　一九二〇－九二）の『サザエさん』の家族を例にとろう（図1参照）。たとえばカツオを本人としよう。カツオから見て、波平・フネは一親等の直系血族、サザエ・ワカメは二親等の傍系血族、マスオは二親等の傍系姻族、タラちゃんは三親等の傍系血族となる。あるいは波平を本人とすると、サザエ・カツオ・ワカメは一親等の直系血族、マスオは一親等の直系姻族、タラちゃんは二親等の直系血族となる（ちなみにノリスケ〔波平のおい〕は三親等の傍系血族、タイ子さんは三親等の傍系姻族、イクラちゃんは四親等の傍系血族となる）。

民法の七三四条と七三五条にあるとおり、カツオも波平も磯野家・フグ田家の誰とも結婚できない。ここにはインセスト・タブーの規則がちゃんと働いている。ちなみに民法では直系血族間の禁止は「優生学的配慮」、三親等内の傍系血族間の禁止は「道徳的配慮」が理由だとされている。

マスオのポジション

次にこんなことを考えてみよう。この磯野家とフグ田家のなかにインセスト・タブーが適用されない男女はいるだろうか。もちろんいる。波平＝フネ、マスオ＝サザエの夫婦だ。この二組の夫婦はもともと赤の他人同士で血縁関係にないからインセスト・タブーの対象にならない。それは当たり前だ。だが、互いに血縁関係にない男女の組があと二組あることに注意したい。誰と誰の組み合わせかわかるだろうか。そう、マスオ＝フネ、マスオ＝ワカメだ。マスオがフネと結婚する、あるいはワカメと結婚するという「背徳的」な想像をしてみるとどうなるか。

ここで質問「マスオがサザエと離婚したら、マスオはワカメと結婚できるのか。さらにはフネと波平が離婚したら、マスオはフネ

図1：磯野家家系図

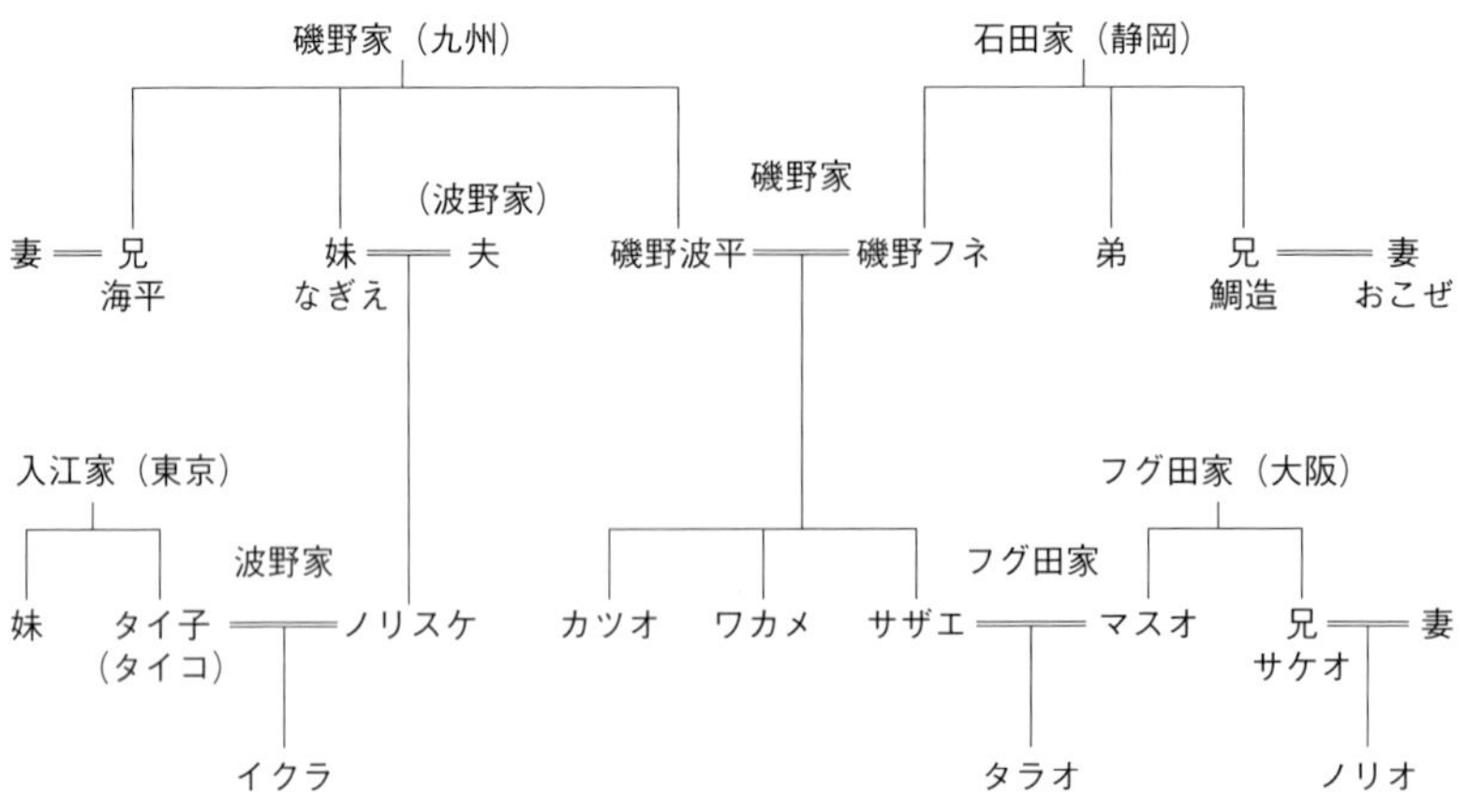

婚できない」。

と結婚できるのか」。答え「マスオとワカメは結婚できるが、マスオとフネは結婚できない（しかも、フネとマスオがそれぞれの離婚によって互いに赤の他人同士になった後も）」。さらに質問「なぜなのか」。答え「マスオとワカメは傍系姻族だから結婚できるのに対し、マスオとフネは直系姻族なので、先に見た民法第七三五条によって結婚できない」。

しかしそれにしても、なぜ傍系姻族とは結婚できて、直系姻族とはできないのか。民法にはどこにもその理由が書いてない。だから想像力を働かせよう。おそらくこういうことだ。直系姻族とは結婚できないこと、傍系姻族とは結婚できること、この二つは「直系家族制の維持」という同じひとつの考え方からきている。「直系家族制」というのは親の跡を子の世代のひとりが継ぎ、同居して祖先祭祀の権利や家産を直線的に次世代へと継承していくやり方だ。直系姻族間の結婚はそのやり方を壊してしまう。

直系姻族同士であるマスオとフネが結婚できるとした場合どうなるか。波平＝フネから子へ、さらには孫へと続いていくべき直系のラインが混乱する可能性が生じるのである。たとえば（あまり想像したくない状況だが）フネとマスオの間に子どもが産まれると、その子どもとカツオ、あるいはタラちゃんとの間に直系の継承権をめぐって衝突が生じかねない。逆にたとえば（これまた想像したくない状況だが）サザエとマスオの間に子どもがおらず、サザエが亡くなり、さらにはカツオも夭逝してしまった場合、マスオとワカメが結婚すれば磯野家の直系ラインは維持される。インセスト・タブーの規則を都合よく読みかえながら直系家族のラインを何とかつないでいくこと、それが近代日本の家族の構造的特質である。

直系家族制の現在

しかし、こうした直系家族制が大昔からの日本家族の伝統的な姿だったと思ってはいけない。じつは、ある意味でこれは一八九六（明治二九）年施行の旧民法によって国家が上から国民に押しつけた、新しい近代的家族モデルだったのである。それは「イエ制度」という、西欧流の貴族社会的家父長制と日本流の武家社会的家父長制をミックスした混合モデルだった。西欧の列強諸国を追いかけるための「近代化路線」は、この家族モデルを土台にして初めて可能だった。ひとつひとつの「イエ」には戸主と呼ばれるリーダーがいて家族員を統率する。国家はそうした無数のイエの集合としてとらえられ、その頂点に天皇が君臨する。こうした「家族国家観」は、国が一致団結して近代化路線を突っ走っていくのにとても好都合だった。

その「イエ制度」は第二次世界大戦における敗戦とともに法律上廃止される。民法が一九四七（昭和二二）年に改正され、直系家族制の維持は至上の掟でなくなる。それに加え、戦後、統計的な事実としても直系家族は減少していく。五年ごとに全国規模でおこなわれる国勢調査の結果によると、二〇二〇（令和二）年度調査時点で、直系家族を中心とする「その他の世帯」は全体の一割を下回り、「核家族世帯」は五割強を維持したままだが、「単独世帯」が四割に迫っている。法律と統計的事実の両面で「イエ制度」はなくなったといってよい。

だが注意したい。戦後、根本から改正された民法のなかで、「近親婚の禁止」に関する項目については、戦前の旧民法の規定がそっくりそのまま残されたのである。つまり直系姻族間の婚姻禁止という形で、「直系家族制の維持」はひそかに現代家族に引き継がれた。これは、たんなる法律の文言だけの問題ではない。形態だけを見れば、たしかに「直系家族」は減っている。しかし、意識面では（というより無意識面では）、いまだにどこかで直系家族制やイエ意識を引きずっているようにも思えるのである。それは、現代の都市部に暮らす家族の多くが、一見すると小規模な核家族であるにもかかわらず、ある意味では戦前の家族以上に仏壇と墓地の購買にこだわるという事実からもわかる。大都市郊外の造成地に延々と拡がる巨大霊園の光景は、現代家族の形態と意識のずれを不気味に意識させるのだ。

磯野家のゆくえ

磯野家が、福岡出身の磯野家次男・波平と静岡出身の石田家長女・フネの結婚によって東京で形成された創設分家の初代であることに注目しよう（波平、フネともに第二子であり、両者とも長兄が地元で生家を継いでいる）。地方出身のホワイトカラーとして高度成長期に東京の（おそらく世田谷区桜新町と思われる）郊外に一軒家を構えた波平・フネ夫婦。彼らは、戦前の「イエ制度」と戦後の「友愛型家族」の混合のような家族をつくり上げた。ある時期までこれは戦後日本におけるひとつの家族モデルだったのかもしれない。

戦後の高度成長期に、日本の世帯数はほぼ倍増する。その時代に雨後の筍のごとくつくり出された「創設分家」の世帯主の多くが、地方出身の次男・三男たちだった。彼らは自分たちがあとにしてきた故郷の生家が、その後もこれまでのような直系家族制を当たり前のごとく維持していると思い込んだ。都会に住む自分たちが盆や正月に帰省すると、そこには昔ながらの「イエ」があるはずだった。都市やその郊外に営まれる自分たちの「友愛型家族」は閉じられた私領域へと囲い込まれていったが、故郷のイエは健在のはずだったのである。

ここには明らかに二重の意識と規範がある。それを可能にしたのは、戦後のベビーブーム期（一九四七－四九）に数年続いた「多産少死」傾向と、その後の「高度経済成長」だった。要するに、子だくさんでも何とか育てることができたし、育ったあと「創設分家」としてイエを出ていった次男・三男たちや娘たちが、生家の直系ライン維持を心情的かつ経済的にサポートしてくれたのである。磯野家もそうした家族のひとつだったはずである。『サザエさん』が高度成長期を舞台にした「時代劇」であることはしばしば指摘されるが、たしかに、当時の時代背景を離れて磯野家は存立し得ないだろう。

もうひとつ注意したいことがある。かつて一九七〇年代の初め、寺山修司（てらやま・しゅうじ　一九三五－八三）は磯野家に「性」の痕跡が何ら見当たらないことを指摘した。その理由を寺山はマスオの位置づけによって説明する。マスオは大阪のフグ田家次男であるが、磯野家に婿養子として同居しているわけではない。フグ田という姓のまま同居しているわけで、その意味では妻子とともにいつか磯野家を離れる可能性を持つ。いずれはカツオにバトンタッチされるであろう磯野家の直系ラインを、一時的に中継ぎするためだけに同居しているかもしれないマスオ。その意味でマスオは直系家族制の犠牲者であり、イエ制度の重さによって去勢された存在である。そこには家族関係を産出していくものとしての「性」が一切欠けている、というわけだ。イエ制度原理と友愛家族原理の共存という矛盾を孕むにもかかわらず磯野家があれだけの「安定性」を保っている理由は、この性の隠蔽にもあるだろう。

磯野家のような家族など現実の世界にはどこにもないことは、すでに何十年も前から誰もが口にしていた。経済成長の時代が終わるのと入れ替わるようにして「少子高齢化」の時代がはじまってからずいぶんと長い時間が経過した。さらに現在、性と生殖をめぐり、家族はますます不確実性と密室性を高めているように見える。ここに、家族がかつて備えていたゆたかな交換システムとしての社会性と公共性を再構築していくためには、一体何が必要なのだろう。

文献

Peter Berger, *Facing Up To Modernity*, Penguin Books, 1977
石川栄吉ほか編『文化人類学事典（縮刷版）』弘文堂、一九九四
上野千鶴子『近代家族の成立と終焉　新版』岩波現代文庫、二〇二〇
大澤真幸／吉見俊哉・鷲田清一編『現代社会学事典』弘文堂、二〇一二
落合恵美子『21世紀家族へ――家族の戦後体制の見かた・超えかた 第四版』有斐閣、二〇一九
寺山修司「サザエさんの性生活」『家出のすすめ』角川文庫、二〇〇五
G・P・マードック『社会構造――核家族の社会人類学』内藤莞爾監訳、新泉社、二〇〇一
見田宗介／栗原彬／田中義久編『社会学事典（縮刷版）』弘文堂、一九九四
山田昌弘『近代家族のゆくえ――家族と愛情のパラドックス』新曜社、一九九四
ピーター・ラスレット「日本からみたヨーロッパの世帯とその歴史」斉藤修編著『家族と人口の歴史社会学――ケンブリッジ・グループの成果』リブロポート、一九八八
クロード・レヴィ＝ストロース『親族の基本構造』福井和美訳、青弓社、二〇〇〇

第2章　社会保障——生活をどうやって支えるのか

1　社会保障とは何か——リスクとセーフティネット

人生に苦境や挫折がつきまとうことは誰でも知っている。病気や怪我に苦しんだり、仕事を失ったり、高齢期を迎えて経済的に苦しくなったりすることは稀ではない。ほかにも恋人と別れたり、苦しんでつくった作品がまったく評価されなかったりと、いろいろある。そのような苦境や危機や挫折の可能性を「リスク」と呼んでおこう。人生にはリスクがつきものだ。われわれはリスクにどうやって立ち向かっていくのだろう。

リスクとセーフティネット

とりあえず、そうしたリスクに対する備えを「セーフティネット」と呼んでおきたい。サーカスの綱渡りや空中ブランコで下に張られるあの網のことだ。あの安全網があるから、団員は落下のリスクをおそれずに演技することができる。同じように、病気、失業、老齢などの人生上のリスクに対して社会は何らかのセーフティネットを用意する。それらのセーフティネットがあるから、わたしたちは人生でさまざまな挑戦や冒険ができるし、かりに失敗したり予期せぬ障害が生じたりしても、それを乗り越えていくことができる。

では社会が用意してきたセーフティネットはどんなものだったか。かつて人びとにとってセーフティネットとは、血縁・地縁・宗教などのネットワークであった。家族や親戚、ご近所、あるいは信仰による集まりなどが、いざという時、とても役に立ったのである。人が生まれ、死んでいくまで、もちろん親族間の争いや村八分や破門のようなこともあっただろう。けれどもたとえば、村八分の差別を受けた家でも、火事と葬式という「二分」についてはまわりの村人が面倒を見てくれたのだ。

ところが、近代化の過程でそれらのネットワークは次々と弱体化していく。小家族化や核家族化、都市化、情報化などが進行するなかで、家族・親族も地域社会も宗教集団もかつて備えていた援助機能を弱めていく。古いセーフティネットがほころびはじめたのである。そこで、セーフティネットを新しく張り替える必要が出てきた。そうやって登場してきた新しいセーフティネットのひとつが「社会保障」である。

社会保障は、伝統的な血縁・地縁・宗教のネットワークが弱体化したあと、それらに代わって国家や自治体が住民に提供するようになった新しいセーフティネットである。そもそも「社会保障 social security」という語のなかの「セキュリティ security」という名詞はラテン語の〈securitas〉に由来する。〈se-curitas〉とは「心配 cura」の「ない se」状態のことである。また、〈cura〉という語は英語の cure（治療）の語源でもある。こうしたことからもわかるように、かつて親族や地域社会や宗教集団が担っていたケアや援助の機能を、国家や自治体が引き継いだものが社会保障である、と一応理解しておこう。

日本の社会保障制度

さて、現在の日本の社会保障制度は図1のようになっている。このなかでセーフティネットとして最も重要なのは「社会保険」である。医療・年金・雇用・労災・介護という五つの保険は、それぞれ、自営業者、民間被用者、公務員などの職種によって図2のように分かれている。これらはいずれも「保険」なので、加入者は毎月自分で保険料を拠出しなければならない。また、これらはいずれも「社会保険」なので、誰もが年齢や職種に応じていずれかの保険に強制加入させられる。誰もが半ば強制的に参加させられ、自分の持ち分を分担させられるという意味で、現代の社会保障制度はかつての伝統的な血縁・地縁・宗教のネットワークと似た面を持っているのかもしれない。

あと少しつけ加えておくと、「公的扶助」は、憲法二五条における「健康で文化的な最低限度の生活」の保証を目的に、生活保護法を根拠として税を財源に提供される生活保護を指す。「社会福祉」は、児童福祉法、身体障害者福祉法、知的障害者福祉法、老人福祉法、母子及び寡婦福祉法を根拠として、税を財源に提供されるそれぞれのケアやサービス、給付を指す。公的扶助と社会福祉のどちらも「保険」ではないので、自分で保険料を払う必要はない。また、どちらも「社会保険」ではないので強制加入させられないが、逆にいうと、自分から申請しない限り国も自治体も何もしてくれない。とくに生活保護の場合、申請の条件として生活の困窮度を調べる「資産調査」があり、そのため、調査されることで貧困者の烙印（スティグマ）を押される事態をおそれて、困窮状態にあるのに申請しない人びとがたくさんいるといわれている。

図１：日本の社会保障制度の体系

- 社会保障（狭義）
  - 公的扶助（生活保護）
  - 社会保険
    - 医療保険
    - 年金保険
    - 雇用保険
    - 労災保険
    - 介護保険
  - 社会福祉
    - 身体障害者福祉・知的障害者福祉
    - 老人福祉
    - 児童福祉・母子福祉など
  - 保健医療・公衆衛生
- 社会保障（広義）
  - 狭義の社会保障
  - 恩給
  - 戦争犠牲者援護
- 社会保障関連制度
  - 住宅等
  - 雇用（失業）対策

図２：日本の社会保険の体系

●年金保険

- 国民年金
  - 自営業者等 ―― 国民年金基金・農業者年金基金
  - 民間被用者・公務員等 ―― 厚生年金保険 ―― 厚生年金基金

●医療保険

- 被用者
  - 民間被用者
    - 全国健康保険協会（協会けんぽ）管掌健康保険
    - 組合管掌健康保険
    - 船員保険
  - 公務員等
    - 国家公務員共済組合
    - 地方公務員等共済組合
    - 日本私立学校教職員共済
- 自営業者等 ―― 国民健康保険
  - 市町村国民健康保険
  - 国民健康保険組合

●介護保険

40歳以上の全国民

●雇用保険

- 民間被用者
  - 雇用保険
  - 船員保険

●労災保険

- 民間被用者
  - 労働者災害補償保険
  - 船員保険

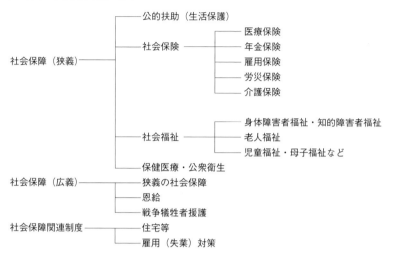

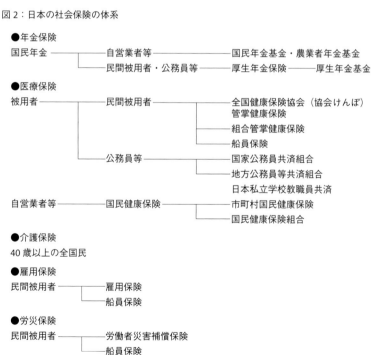

2　社会保障の歴史――慈善から権利へ

社会保障の歴史について考えてみよう。世界で最も早く社会保障のしくみをつくり上げたのはイギリスである。誰でも知っているように、イギリスは市民革命と産業革命を世界で最も早く経験した国だ。一七世紀の市民革命と一八世紀の産業革命によって家族や親族、地域社会といった旧来の相互扶助のしくみがゆらぎはじめ、それに代わって新しい相互扶助のしくみとして社会保障が考案された――とりあえず、そんな風に理解してかまわないだろう。

西欧の社会保障史

もう少し詳しく見てみよう。ヨーロッパ諸国にはもともと教会や修道院による慈善事業の伝統があった。そのなかで、それをきちんとした国家による制度として立ち上げたのはイギリスが最初だった。一七世紀初め、イギリスにはすでに「救貧法」とよばれる制度があった。一六〇一年の「エリザベス救貧法」というのがそれで、困窮者の扶助と治安維持が主な内容だったとされる。要するに、慈善事業の形をとりながら貧者や浮浪者を取り締まることが目的だった。

やがて産業資本が大きな力を持ちはじめる一九世紀になると、救貧法は別の顔を見せるようになる。一八三四年の「新救貧法」成立により、「働ける貧民」が扶助の対象から外されるようになったのだ。その代わり、扶助対象となる「働けない貧民」の生活レベルは、「働ける貧民」の最低生活レベルをけっして超えてはいけないとされた。

また、「働けない貧民」は救済の代償としてさまざまな市民権や参政権の放棄を求められた。働けない者は市民以下とみなされたのだ。

勤勉な労働によって資本主義的産業秩序の維持に貢献することを至上の目的とした一八三四年の救貧法は、しかし、一九世紀末から二〇世紀初頭にかけて役目を終える。それについては、チャールス・ブース（Charles Booth 一八四〇–一九一六）やシーボーム・ラウントリー（Benjamin Seebohm Rowntree 一八七一–一九五四）らによる科学的貧困研究、ウェッブ夫妻（妻：Beatrice Webb 一八五八–一九四三、夫：Sidney Webb 一八五九–一九四七）による社会改革運動などの影響が大きい。これらの研究によって、貧困は個人の責任ではなく資本主義社会の体制がもたらすものだ、という考えが浮上してきたのである。二〇世紀になり、扶助や救済はもはや富者が貧者にほどこす慈善や恩恵ではなく、社会が認めた個人の権利であることがようやく認識されるようになった。基本的人権のなかに「社会権」や「生存権」が含まれるようになるのもその頃である。

保険と統計

注意したいのは、この「貧困の責任が社会にある」という考え方が、ちょうど同じ頃登場してきた「社会保険」というしくみと連動していったことである。保険は、加入者がお金を出し合ってリスクをみんなで分かち合うしくみである。また、社会保険というのは、国や自治体が保険主体となって住民を強制加入させ、リスクの分かち合いをおこなうしくみのことである。このしくみは、事故や病気や失業などのリスクが、個人の責任だけでなく社会の責任でもある、という認識抜きでは成り立たない。社会的連帯によるリスクの分散という考え方が、ここにはある。

もともと社会的連帯の思想と社会保険の技術には、双子のようなところがある。西欧では、一九世紀に入ると社会現象に対して統計技術がさかんに応用されるようになった。その先駆者は、ベルギーの天文学者アドルフ・ケトレ(Adolphe Quetelet 一七九六−一八七四)である。とくに、産業化の進展で工場生産が大規模化していく一九世紀後半になると、工場での労働災害が頻発するようになり、それに対して統計技術で対処しようとする試みが一般的になっていく。労災を統計的に観察すると、その発生率には一定の傾向のあることがわかる。つまり、①労災というのは労働者の不注意やミスといった個人的責任である以上に、一定の確率で労災を発生させる職場や業界の責任、つまり社会的責任ではないか。だからそのリスクに対しては、労働者と資本家の双方が協力しながら社会的連帯の名において対処するべきだ。また、②一定の統計的規則性が見られるということは、その労災が未来においても同じ一定の確率で発生するリスクがあるということではないか。だからそれについては事故の発生確率を合理的に計算した社会保険でリスクへの対応を図るべきだ。こうした考え方の下に、社会的連帯思想と社会保険技術はほぼ同時に登場してきたのである。

ビスマルクとベヴァリッジ

ただし、社会保険の実際の登場背景はかなり怪しげだ。世界で初めて社会保険を導入したのは、イギリスならぬドイツの宰相ビスマルク(第1部第2章参照)だとされる。イギリスやフランスの後を追って産業化を一気に進めようとした一九世紀後半のドイツでは、産業化と並行して社会主義運動や労働運動が過激化していった。それに対してビスマルクは、第1部第2章で触れたように「社会主義者鎮圧法」(一八七八)と「疾病保険法」(一八八三)で対処しようとしたのである。重要なのは、工業力と軍事力を飛躍的に高めるという国家目標に向け、国民をおとなしく動員するための道具としてそれらの制度が用いられたということだ。よく目をこらして見るとわかるように、社会保険の本質は、国民に対する動員と連帯の強制にある。

ともあれ、個人の権利としての福祉という考え方と、それを実現する手段としての社会保険というしくみは、二〇世紀に入って多くの産業諸国に取り入れられていく。その理念と制度が初めて本格的に文書として結晶化したのが、イギリスの行政官ウィリアム・ベヴァリッジ（William Beveridge 一八七九－一九六三）による『ベヴァリッジ報告』（一九四二）だった。この文書で、国民の失業・疾病・障害・老齢に対し国家が社会保険で最低生活費保障をおこなうという「ナショナル・ミニマム」原則が高らかに謳われる。いわゆる「ゆりかごから墓場まで」をモットーとする福祉国家（welfare state）のモデルとして、このベヴァリッジ報告は第二次世界大戦後の各国の社会保障政策に大きな影響を及ぼしていくのである。

3　日本の社会保障――戦争と高度成長

さて、日本の社会保障制度はどんな経緯で導入され、どんな歴史を経て、今、どんな状況にあるのだろうか。詳しく跡づける余裕はないので、年金と医療を中心にした社会保険年表（表1）を見ながら進めていこう。あらかじめ大まかな流れを確認しておく。日本の社会保障は、明治期に富国強兵・殖産興業政策を補完するものとしてスタートし、第二次世界大戦期の総動員体制においてほぼその枠組みが確立され、敗戦後の高度成長期に国民すべてをカバーする普遍的制度となった後、終わりの見えない低成長期が続くなかで、現在、縮小の方向にある。

表 1：日本の社会保険関連年表（医療と年金を中心に）

1872（明治 5）年	陸軍省・海軍省設立
1873（明治 6）年	内務省設立
1874（明治 7）年	恤救規則［日本の救貧法］
1875（明治 8）年	海軍退隠令
1876（明治 9）年	陸軍恩給令
1884（明治 17）年	官吏恩給令
1904（明治 37）年	下士兵卒家族扶助令
1911（明治 44）年	工場法［児童雇用の禁止、年少者・女性の労働時間制限、夜業禁止など。1947（昭和 22）年の労働基準法施行で廃止］
1917（大正 6）年	軍事救護法［遺族扶助金の充実］
1922（大正 11）年	健康保険法［工場・鉱山労働者が対象］
1923（大正 12）年	官吏恩給法、軍人恩給法
1938（昭和 13）年	厚生省設立／国民健康保険法［農山漁村の住民対象］
1939（昭和 14）年	職員健康保険法［職員や商店員対象。1942（昭和 17）年に健康保険法に統合］ 船員保険法［民間被用者への初めての公的年金］
1941（昭和 16）年	労働者年金保険法［1944（昭和 19）年に厚生年金保険法に改正］ 政府職員共済組合令／教職員共済組合令
1944（昭和 19）年	厚生年金保険法
1945（昭和 20）年	GHQ による軍人恩給停止令
1948（昭和 23）年	国民健康保険法改正［組合主義から市町村公営主義へ］
1954（昭和 29）年	厚生年金保険法全面改正
1961（昭和 36）年	国民年金法［公的年金のなかった 20 歳から 59 歳の自営業者・農林漁業者への強制適用］
1973（昭和 48）年	厚生年金保険法改正［「5 万円年金」、スライド制導入］
1983（昭和 58）年	老人保健制度［医療費一部負担、国庫負担削減］
1984（昭和 59）年	健康保険法改正［本人負担導入］ 退職者医療制度［高齢退職者の医療費を被用者保険でまかなう］
1985（昭和 60）年	国民年金法一部改正［保険料引き上げ、給付引き下げ、負担引き上げ］
1989（平成 元）年	国民年金法一部改正［保険料引き上げ、20 歳以上の学生強制加入、国民年金基金制度］
1994（平成 6）年	国民年金法一部改正
1997（平成 9）年	介護保険法［高齢者介護における措置制度の廃止、民間資本の導入促進］
1999（平成 11）年	児童福祉法改正［保育所入所における措置制度の廃止、公立保育所優先原則の撤廃、民営化・民間委託化の推進］
2000（平成 12）年	介護保険実施 社会福祉法［「社会福祉事業法」の廃止、措置制度から利用制度へ、福祉サービス分野における「準市場」の形成］ 厚生年金保険法一部改正［報酬比例部分の受給年齢引き上げ］

近代日本と社会保障

年表を見るとわかるように、日本の社会保障はもともとエリート官僚とエリート軍人だけのものであった。明治維新のあと欧米列強国に追いつき追い越せと息せき切って近代国家づくりをはじめた日本社会は、その性急な近代化の過程で、官僚・軍人・資本家・新中間階級などからなる「近代セクター」と、農林漁業・中小自営業からなる「前近代セクター」に二分されていった。エリートである前者が、国民の大多数を占める後者を引っ張るという格好である。そうした国家リーダーとしてのエリートたちだけが、恩給や年金のある安定した人生を送ることができた。たしかに、貧困層を対象にした日本版の救貧法である一八七四年制定の「恤救規則《じゅっきゅうきそく》」があることはあったが、これとて、まったく身寄りのない、労働能力を欠いた者のみを対象にしたもので、とても社会保障などと呼べる代物ではなかった。

国が近代化路線を強行するなかで、前近代セクターから大量の人口が近代セクターへと吸収されていく。とくに農村から都市へは大量の人口が移動していった。富国強兵・殖産興業の時代にあって、彼らは底辺の労働者や兵士として汗と血を流して働き、たたかった。社会保障の制度がエリートだけのものから拡大していくのは、そうした現実を背景にしてのことだった。近代セクターの底辺をなす労働者や兵士にこれまで以上に汗を流し、血を流してもらうために、つまり彼らをこれまで以上に効率よく動員していくために、明治末期から大正期にかけていくつかの制度がつくられていく。一九〇四（明治三七）年の下士兵卒家族扶助令、一一（明治四四）年の工場法、二二（大正一一）年の健康保険法などがそれだ。とくに健康保険制度は、ドイツのビスマルク流の社会保険方式を用いた初めての本格的な社会保障制度だった。

ただし、大正時代につくられたこの健康保険は、まだ工場労働者と鉱山労働者という近代セクター人口だけを対象にしたものだった。医療保険が農林漁業と中小自営という前近代セクターをカバーして、文字どおり「国民皆保険」になるのは、日中戦争が泥沼化していく一九三八（昭和一三）年以降のことである。この年から、さらに太平洋戦争へと戦火が拡大し、敗戦にいたる一九四五（昭和二〇）年までの間、矢継ぎ早に各種の社会保険制度が整備されていく。「健民健兵」政策の推進を目的として一九三八年に厚生省が設立されると、すぐに「国民健康保険法」「職員健康保険法」「船員保険法」が制定され、さらに太平洋戦争がはじまると「労働者年金保険法」「各種共済組合令」「厚生年金保険法」という具合に……。いったいなぜか。

総動員としての戦争と高度成長

「国民皆保険」という言葉は当時の「国民皆兵」を言いかえたものだった。そのことからもわかるように、この時期に相次いで導入された社会保険制度には、それをとおして国民を戦争へと動員する意図が強く働いていたのである。そのことを逆からいうと、国民の多くもそれらの社会保険制度があったからこそ、動員に応じたのである。国が軍需工場での労災を補償し、戦死した兵士の遺族の生活保障をおこない、場合によっては恩給や年金も出す。このようにして国民の社会的地位は「均質化」された（総力戦体制下におけるそのような変化を「強制的均質化 Gleichschaltung」と呼ぶこともある）。つまり戦争はある意味で、国民の間に平等と普遍主義を実現したともいえるのである。戦時期における動員で多くの国民が伝統的身分や地域社会、性別分業から一時的ないし継続的に解放された。農民や労働者、女性、マイノリティたちが次々と戦地や軍需工場に動員され、その過程で多くの国民が被保険者となった。

こうして日本は、戦渦のまっただなかで「福祉国家」へと変貌を遂げはじめたのである。戦争が福祉国家を生んだともいえるわけだが、こうした成り行きは日本だけに起きたことではなかった。先に見たベヴァリッジ報告が大戦中に出されたことからわかるように、イギリスも、そしてベヴァリッジ報告を参考に社会保険制度の整備を計画しようとしたフランスも、戦争のさなかに福祉国家を志向することになった。ちなみに、「福祉国家」という名称は、第二次世界大戦中にイギリスがナチス・ドイツを野蛮な「戦争国家 Warfare-State」と呼び、みずからを平和主義の「福祉国家 Welfare-State」であると呼んだことに端を発するといわれる。だが、連合国の側も同盟国の側も、同じ戦争をたたかうなかで戦後の福祉国家の土台を築くことになったのだ。

そして重要なのは、これら戦時中につくられた社会保障制度がそのまま戦後になっても生き残り、一九六〇年代を頂点とした高度経済成長を支えるしくみとしてうまく機能していったことである。とくに、病気や怪我や失業に対する各種の保険のしくみ、一生懸命働けば退職後に年金をもらえるというしくみは、男性労働者の多くを「企業戦士」に変貌させた。

その意味で、一九六一（昭和三六）年の「国民年金法」施行はとても大きな出来事だった。すでに戦時期につくられていた厚生年金に加え、国民年金制度が農林漁業と自営業を中心とした前近代セクターをも取り込んだことで、まさに「国民皆保険・皆年金」の時代がはじまったのである。ここから日本社会は未曾有の経済成長の時代に突入していく。それは戦時体制とは若干異なる意味での総動員体制のはじまりだった。これを「一九四〇年体制」と呼ぶ人（野口悠紀雄）もいるくらいである。じつは、総動員体制のなかで緊急に必要とされた戦時経済体制は、社会保障制度だけでなく、官僚制や土地制度から金融、財政にいたるさまざまな制度の原型となり、戦後の日本社会の骨格となった。一九六四（昭和三九）年の新幹線開通や東京オリンピック開催、一九七〇（昭和四五）年の大阪万博開催など、高度成長期の巨大プロジェクトの多くが戦前の未完プロジェクトのやり直しであったことはよく知られている。戦後日本の社会システムのあり方そのものが戦前と戦中の延長線上にあったのである。

4　社会保障の現在——福祉国家のゆくえ

では社会保障は、今、どんな状況にあるのか。それを考えるために、日本経済の高度成長期までと高度成長期以後を分けてみる必要がある。

高度成長と福祉国家

戦後の高度成長期に、日本を含む産業諸国は「福祉国家」の体裁を整えていった。それは、国民の労働が国を支え、逆に国が社会保障によって国民の労働条件を支えるというサイクルの完成でもあった。こんな感じか。国民が一生懸命働いて税金と保険料を納める→その財源を用いて国は経済を発展させるとともに、年金や医療などの福祉制度を充実させる→その福祉制度に支えられて国民は消費と総需要を拡大させ、ますます一生懸命働いて、税と保険料を納める……。こうしたサイクルに支えられた社会のあり方を「福祉国家」と呼ぶ。

ところで、「福祉国家」を「ケインズ主義的福祉国家」と呼ぶことも多い。ジョン・メイナード・ケインズ（John M. Keynes 一八八三－一九四六）は、往年のイギリスの経済学者。政府がその国の経済に積極的に介入して有効需要（企業の生産活動から生まれる実質的な需要、あるいは消費者の実際の購買能力に裏づけられた需要）を創り出すことにより、経済システムをよい方向にコントロールできると説いた人だ。「見えざる手」に導かれた自由放任の経済をよしとするのが「小さな政府」であるとすれば、ケインズの主張する経済は公共投資に重きを置いた「大きな政府」を前提にする。社会保障への公共投資によって有効需要が創出され、完全雇用が実現する。それによって安定した税収と保険料収入が可能となり、政府はさらに公共投資を充実させることができる、というわけである。ベヴァリッジ報告にみられる普遍主義的な社会保障の理念も、おおむねこの路線に立っていた。

ケインズやベヴァリッジの描いた福祉国家の理念は、経済が右肩上がりの好調期には説得力があった。たとえば日本でも、一九六〇年代の高度成長期をとおして社会保障費は増え続け、一九七三（昭和四八）年には厚生年金法が改正されて給付額が一気にそれまでの二・五倍になり、老人医療費も「無料化」された。その年は「福祉元年」と呼ばれたのである。そのように、高度成長の時代、政府は潤沢な所得税と法人税を湯水のように使って大盤振舞いを約束することができたし、国民の多くもその約束をありがたがり、政府を支持した。

低成長とネオリベラリズム

しかし「福祉二年」はやって来なかった。一九七三（昭和四八）年の秋、石油ショックによって日本経済は深刻なダメージを受け、そこからいわゆる「低成長」の時代がはじまったからである。政府はそれまでのような大盤振る舞いができなくなった。うって変わって「福祉見直し」の論調が強まり、「大きな政府」から「小さな政府」への転換が叫ばれるようになる。このような流れは、日本だけでなく諸外国にも見られた。一九七〇年代の終わりから八〇年代にかけて、公共投資の削減と民間資本の導入を積極的に推進する「ネオリベラリズム」の政権――たとえばイギリスのマーガレット・サッチャー政権（一九七九・五－九〇・一一）、アメリカのロナルド・レーガン政権（一九八一・一－八九・一）、日本の中曾根《なかそね》康弘《やすひろ》政権（一九八二・一一－八七・一一）など――が先進産業諸国に相次いで登場する。

ネオリベラリズムとは何か。簡単にいうと、それは、経済活動については国の規制と投資をできるだけ少なくして民間資本の「自由競争」をうながし、一方で道徳については国が強引に介入して国民を「統制」しようとする考え方だ。あとそれに軍事力の強化をつけ加えていいかもしれない。グローバルな資本の流れは放任できても国防問題は放任できないからだ。ネオリベラリズムの掲げる「小さな政府」は、だから、古いリベラリズムの掲げる自由放任型の「小さな政府」であるとともに、道徳への介入と軍備増強を推進する「強い政府」でもある。こうした規制緩和と道徳介入、軍備増強の風潮のなかで、社会保障費はまっ先に標的にされた。福祉にあまり予算は回せない、自助努力と自己責任でがんばれ、それが無理なら家族が面倒みろ、それこそ道徳というものだろう……こんな感じだ。

高度成長期終焉以後の日本の社会保障は、おおむねネオリベラリズム路線で進んでいる。たとえば年金を例にとると、年金額をどれだけ減らすか、支給開始年齢をどれだけ引き上げるか、保険料負担をどれだけ増やすか、といったことばかりが議論されるようになってきている。そればかりか、年金制度そのものを民営化するべきだという議論さえ出てきている。要するに、日本の財政に占める社会保障費の割合は、全体として縮小ないし抑制の方向にある。

たしかに、社会保障費が抑制される理由はわからないでもない。その理由として挙げられるのが、深刻さを増してきた「少子・高齢化」と「財政赤字」の問題である。よく知られているように、日本の高齢化率（全人口に占める六五歳以上人口の割合）は年々上昇し、二〇二〇（令和二）年に二八・七％となった。二〇三〇年には三〇％を超え、国民の三人にひとりが老年人口になると見込まれている。少子化も深刻で、二〇二〇年の合計特殊出生率（女性の各年齢ごとの出生率を合計したもので、その国の女性が一生の間に産む子どもの平均人数とされる。一般に二・一以上であれば人口規模は保たれる）は一・三三だった。財政赤字も最悪の状態だ。二〇二二（令和四）年度の一般会計歳出総額に占める社会保障費の割合は三二・九％におよび、国債費の二二・一％と並んで莫大な財政赤字の主要因となっている。

高齢者が増えることで、年金と医療に途方もないお金がかかるようになる。そのお金がないので、国は国債を発行して国民に借金をする。その借金を返すのに、また莫大なお金がかかる。とにかく悪いことだらけなのだ。少子・高齢化と財政赤字が予見させるのは、過酷な未来である。そこに見え隠れするのは、先に見た福祉国家サイクルの陰画だ。働くことのできる国民が減ることで税金と保険料が国に入らなくなる→財政赤字対策として国は年金や医療などの福祉制度を抑制しはじめる→将来に不安を抱いた国民は貯蓄にしがみつき、消費と総需要は一気にしぼんでゆく……。なんと恐ろしい未来だろう。

福祉国家の未来

このような不安をかかえるのは日本だけではない。先進産業諸国は、多かれ少なかれ同じような問題に直面している。ただ、国によって問題に対する対処の仕方はさまざまだ。図3はデンマークの社会学者イエスタ・エスピン＝アンデルセン（Gøsta Esping-Andersen　一九四七－）の示した福祉国家の三類型を簡略化したものである。まず、「自由主義タイプ」は個人が自助努力で市場の福祉サービスを購入してリスクを乗り切る体制で、アングロサクソン系諸国に多い。福祉サービスを自力で買える人はよいが、そうでない人は放っておかれる危険がある。続いて、「社会民主主義タイプ」は国が税金で手厚い福祉制度を準備する体制で、北欧諸国に多い。たしかに失業や老後に対す

図3：福祉体制の比較（出典：［エスピン＝アンデルセン 2000］）

	自由主義	社会民主主義	保守主義
●役割			
家族の——	周辺的	周辺的	中心的
市場の——	中心的	周辺的	周辺的
国家の——	周辺的	中心的	補完的
●福祉国家			
連帯の支配的様式	個人的	普遍的	血縁、コーポラティズム、国家主義
連帯の支配的所在	市場	国家	家族
脱商品化の程度	最小限	最大限	高度（稼得者にとって）
●典型例	アメリカ	スウェーデン	ドイツ・イタリア

る安心はあるが、そのかわり税金が極端に高い。最後に、「保守主義タイプ」は社会保険をセーフティネットの土台にするとともに、家族の支えにも相変わらず頼ろうとする体制で、ドイツ・フランスを中心に西欧諸国に多い。ある程度安定したしくみだが、社会保険に入っていなかったり、家族の援助を受けられなくなったりすると、かなり厳しい。

エスピン＝アンデルセンによると、日本はこの三つが混淆した「雑種」だ。いかにも日本らしいといえばそれまでだが、たぶんこういうことだろう。日本は明治・大正期にビスマルク流の「保守主義タイプ」としてスタートし、戦後、高度成長のなかでベヴァリッジ流の「社会民主主義タイプ」の普遍主義を取り入れた。セーフティネットは万全であるかに見えたが、低成長時代に入り、財源が乏しくなると、一転してイギリスのサッチャーやアメリカのレーガンが進めたような「自由主義タイプ」の福祉抑制策を取り入れていった。社会保険と家族の支えを土台とした保守主義から、自助努力と自己責任にまかせる自由主義ないしネオリベラリズムへ。それを、国家主導型の動員から市場主導型の動員への転換と見ることもできるだろう。

さて、保守主義タイプの代表であるドイツやフランスも含め、EU諸国の多くは長きにわたり大量の失業者をかかえ続けており、その趨勢は改善される気配がない。そこでの失業率は、フランスやイタリアなど、高いところでは日本の二倍から三倍だ。スペインでは若者の三人にひとりが失業状態にあるという。一方、ヨーロッパに比べて失業率が相対的に低いアメリカ合衆国も、内実を見ると「マクドナルド・プロレタリアート」と呼ばれる低賃金の不安定雇用労働者であふれかえっている。ちなみに二〇二〇年の時点で、アメリカのホームレス人口は五七万人とされている。そうしたホームレスの多くは、貧困や病気、失業、高齢などのリスクにうまく対処できなかった人びとだ。日本の場合、厚生労働省の報告（二〇一九）によるとホームレス人口はおよそ四五〇〇人。アメリカの人口は日本の約三倍だが、ホームレス人口は一二六倍にもなる。これから日本はEUのようになるのか、それともアメリカのようになるのか。あるいは、再び北欧諸国のような福祉社会の構築を目指すのか。

　最後にひとつのエピソードを紹介しておこう。福祉大国として知られる北欧のスウェーデンでかつておこなわれていた強制的不妊手術の話である。

　スウェーデンは二〇二二年のロシアによるウクライナ侵攻をきっかけに二〇二四年、北大西洋条約機構への加盟を決めたが、それまでは原則として中立国の立場を長い間維持してきた。そのため、第二次世界大戦へも参戦せずにいた。そのスウェーデンで、福祉国家の確立を訴えていた社民党政権下、一九三四年五月、いわゆる断種法（正式名「特定の精神病患者、精神薄弱者、その他の精神的無能力者の不妊化に関する法律」）が制定される。悪名高いナチス・ドイツの断種法制定の翌年だった。

　これにより、法的に有効な同意能力が期待できないとされた精神病患者、知的障害者などに対する不妊手術が合法化された。保健局の審査ないし医師の鑑定により、本人の同意なしに不妊手術がおこなわれることになった。「劣った人」や「多産の独身女性」「異常者」「ジプシー」などを社会から一掃することで社会保障の必要な人が減らせるという、財政的な理由からだった。公式記録によれば、一九四一年までに三一三四件の不妊手術がおこなわれた。その後、一九七五年の法改正で本人の同意が必要とされるようになるまで、六万件を超える強制的不妊手術がおこなわれた。対象者の九割は女性だったという。この法律は、一九七六年に廃止された。その後、補償法が制定され、被害者への補償がおこなわれている。

中立政策によって戦争を忌避し、平和を保とうと努めてきたスウェーデンで、ナチス・ドイツのような断種法が七〇年代まで続いてきたこと。このことは、福祉国家の隠れた残酷な姿を教えてくれる。国民を幸せにし、国家を豊かにするには資源が必要だ。だが資源には限りがある。ではどうしたらよいか。幸せになることを約束された国民と、そうでない国民を選別するしかない。露骨にいうと、国家を豊かにすることができる国民と、そうでない国民を分別し、前者を社会保障の対象にしつつ、後者はそこから排除していくということである。スウェーデンのような「福祉国家」とナチス・ドイツのような「戦争国家」をすっきりと区別することは難しい。じつはナチス・ドイツもまた（そして大日本帝国もまた）当時、社会保険をはじめとする社会福祉に力を入れようとしていたからだ。

現代フランスの哲学者ミシェル・フーコー（Michel Foucault 一九二六－八四）は晩年の著作のなかで近代社会における権力のあり方にふれ、前近代までの〈殺すか放置する権力〉が、近代になると〈生きさせるか死の中に廃棄する権力〉へと変貌したと述べる。たしかに福祉国家はわたしたちを「生きさせ」てくれる。だが一方で「廃棄される」人々もいるのである。貧窮にもかかわらず、恥ずかしいからという理由で生活保護を受けようとしない高齢者。セックスワークで糊口をしのがざるを得ないシングルマザー。あるいは、ホームレスの人びとが横になれないベンチ。ＩＴ（情報通信技術）リテラシーの乏しい者を遠ざける、さまざまな申請手続き。これらはみな、人々の「放置」というより、意図的にデザインされた「廃棄」のように見える。福祉国家は残酷である。

けれども、そんな福祉国家について、自分たちはどうせ年金はもらえないだろうし、将来的にこの国には何の希望もない、だったらそんな現実から目をそらし、今、この瞬間の愉しさにひたろう、などと決め込むのはやめにしたい。福祉国家のあり方に着目することは、ほかならぬこの今にまなざしを向けることなのだから。

文献

伊藤周平『社会保障史・恩恵から権利へ――イギリスと日本の比較研究』青木書店、一九九四
岩田正美『現代の貧困――ワーキングプア／ホームレス／生活保護』ちくま新書、二〇〇七
イエスタ・エスピン＝アンデルセン『福祉資本主義の三つの世界――比較福祉国家の理論と動態』岡澤憲芙／宮本太郎訳、ミネルヴァ書房、二〇〇一
鍾家新『日本型福祉国家の形成と「十五年戦争」』ミネルヴァ書房、一九九八
野口悠紀雄『１９４０年体制（増補版）――さらば戦時経済』東洋経済新報社、二〇一〇
イアン・ハッキング『偶然を飼いならす――統計学と第二次科学革命』石原英樹／重田園江訳、木鐸社、一九九九
広井良典『日本の社会保障』岩波新書、一九九八
ミシェル・フーコー『性の歴史Ⅰ　知への意志』渡辺守章訳、新潮社、一九八六

第3章　労働と職場——フォーディズムとポスト・フォーディズム

1　職場という場所と時間

職場とは

職場というのは不思議な場所だ。お互い血縁関係や地縁関係にない（もちろんそうした関係があってもよいが）人びとが集められ、決められた時間、一定の場所にとどまって、同じような仕事をする。当たり前と思ってはいけない。近代以前にはそんな場所などどこにもなかった。いったい職場とはどんな場所なのか。

常識的に考えてみよう。職場は仕事をする場所であって、少なくとも余暇や遊びの場所ではない。いうまでもなく、賃金を稼ぐための場所である。職場とはまず、〈賃金労働の場〉である。もう少し考えてみよう。職場という言葉を聞いて、どんな場所を思い浮かべるだろうか。オフィスビルの一室。デパートやスーパーマーケットの売り場。生産工場のライン。たしかにこれらの場所は職場という言葉がしっくりくる。では、田畑、漁場、山林はどうか。職場と呼べないことはないが、普通はあまりそう呼ばない。あるいは、道路工事やダム建設の現場、住宅建築の現場。これらは「現場」であって、職場とはなぜか呼ばれない。ではこんなのはどうか。長距離トラックの運転手が長時間ハンドルを握る高速道路。営業マンないしウーマンが日々利用する電車や喫茶店や路上。そこでは移動という相当きつい労働がおこなわれているにもかかわらず、そこを職場と呼ぶことはほとんどない。これらからわかるように、「職場」という言葉には、〈労働の時間と空間が境界づけられている〉、といった意味が込められている。

もうひとつつけ加えておこう。職場は、〈内部分業〉の体制を特徴とする。オフィスでもスーパーマーケットでも工場でも、仕事内容や職務がさまざまに分割されて、ひとつの有機体のような集合を形づくっている。反対に農林漁業や長距離トラック運転手、営業担当の仕事場が「職場」という言葉のイメージから遠いのは、そこに分業の体制がないか、あるいはその性質が薄いからではないのか。

マニュファクチュア

われわれが職場という言葉についていだく、〈賃金労働〉〈時空の境界づけ〉〈内部分業〉という三つのイメージの原点はどこにあるのか。それは近代の初頭、産業革命に先立つ一七世紀イギリスの工場である。

マニュファクチュアという言葉を聞いたことがあるだろうか。一般に「工場制手工業」と訳される。産業革命によって動力機械が工場に導入される以前、まだ手工業段階とはいえ、労働力がひとつの作業場に集められ、一斉に作業がおこなわれるという形の生産形態が登場した。そうした集中化された生産形態をマニュファクチュアという。イギリスでの話である。イギリスは一八世紀後半から一九世紀にかけて世界で最初に産業革命を経験したが、その産業革命に先立ち、イギリスの農村部では一七世紀頃から手作業による工場生産が営まれるようになった。生産されていたのは、たとえば刃物や農機具、編み物、毛織物などである。

なぜ、当時イギリスの農村でマニュファクチュアが盛んになったのか。イギリスでは近代に入ると封建制の解体によって農民が領主との身分関係から自由になりはじめた。同時に、農民は同じ頃進行した囲い込み（エンクロージャー）によって耕地や共有地を次々と失っていった。その結果、多くの農民が二重の意味で「自由」な労働者——つまり封建的人間関係からも土地からも自由な、言いかえれば、土地を失ったことで自分の労働力を売るしかなくなった労働者——になっていったのである。マニュファクチュアというのは、そのような労働者を一カ所に集め、労働時間を規則化し、一日中同じ作業に従事させ、賃金を支払うしくみであった。

マニュファクチュアは人びとの働き方を大きく変えた。それまでの封建制時代には、農民は領主や地主と雇用契約を結んだわけでもないのに、働いて地代を納めなければならなかった。なぜ農民はそうせざるを得なかったかというと、農民は身分制や武力によって隷属させられ、領主の土地に縛りつけられていたからである。そのようにして農民を土地に縛りつけ、労働の成果を搾り取る力を「経済外的強制」（マルクスの言葉）と呼ぶ。ところが、やがて身分関係と土地の緊縛から自由になった農民は、新たな働き場所として工場に雇われる可能性を得ていった。農民から工場労働者への転換の意味は大きい。労働者はみずからの労働の対価として賃金を得る。これは雇用者と被雇用者との間に結ばれる純粋に経済的な契約であり、そこには「経済外的強制」が作用していない、と一応いえる（本当はもっと巧妙かつ隠微な形で作用しているのだけれど……）。

工場は、その内側に多くの労働者が集められ、一斉に作業がおこなわれる場所だ。雇用され集まってくる労働者は、基本的にお互い血縁関係も地縁関係もないバラバラの個人である。何の縁もないバラバラの個人が同じ空間に一日中閉じ込められて仕事をする。そのような仕事場は、それまでの農業労働では考えられなかった。また、工場は気候や天候に基本的に左右されずに操業される。つまりカレンダーに従って機械的に毎日の作業が進められ、一日の作業時間も始業、休憩、食事、終業というように時間割りがきちんと決まっている。これも農業労働ではあり得なかったことだ。

そして何よりもマニュファクチュアの工場を特徴づけるのは、分業のしくみである。マニュファクチュアから産業革命へと移行する時代に生きたスコットランドの経済学者・道徳哲学者アダム・スミスは、主著『国富論』(一七七六)冒頭の有名な箇所で、分業の効用を力説している。たとえば、ピンという簡単な製品を例にとってみよう。こんな簡単な製品でも、ひとりの職人だけでは一日にたったの一本もつくれないだろう。その職人がひとりで全工程についての知識や熟練を身につけるのは難しいからだ。しかし「ある者は針金を引き伸ばし、次の者はそれをまっすぐにし、三人目がこれを切り、四人目がそれをとがらせ、五人目は頭部をつけるためにその先端をみがく」。そうすれば一〇人ほどで「一日に四万八〇〇〇本以上のピン」を製造できる、と。

このように、先に示した〈賃金労働〉〈時空の境界づけ〉〈内部分業〉という、現代の職場の三つのイメージは、農業社会と工業社会の時代にはさまれた、工場制手工業の原理をそのまま引き継いでいる。現代のオフィスの一室であれスーパーマーケットの売り場であれ、それらは一七世紀の工場という「古い近代」の延長上にあるのである。

労働運動と監視

とはいえ、このような「古い近代」のしくみは現代にすんなり引き継がれてきたわけではない。人間の労働を商品化し、来る日も来る日も同じ場所に時間いっぱい閉じ込めて、分業という名の単純労働を強制するやり方。しかも利潤をできるだけ上げたい資本家は、労働者の心身状態などお構いなしに作業内容や量を自分たちの都合だけで押しつけていく。そればかりか、産業革命によって動力機械の導入が進むと、いらなくなった労働者を容赦なく解雇していく。伝統的な農業労働のリズムや感覚、人間関係に慣れ親しんできた初期の工場労働者たちにとって、こうしたやり方は決して受け容れられるものではなかった。イギリスでは一八世紀の終わりくらいから労働者の間で組合運動が活発化していき、団体交渉やストライキが頻発するようになる。

先に見たように、工場という「境界づけられた時空間」は、地縁や血縁のしがらみを持たない自由な労働者たちが、仕事をとおして対面する場でもあった。言いかえると、工場は、労働者が資本家や雇用者に対抗して団結する可能性をも生み出したのである。雇用契約による「賃金労働」という形態もまた、賃金や労働条件をめぐって労働者が資本家と闘争するのを可能にした。たとえばイギリスでは、一八一一年から一七年にかけて「ラッダイト運動」というのが起きている。運動を率いたネッド・ラッドなる人物(どうも架空の人物らしいが)の名に由来するといわれるこの運動は、機械の導入で失業を余儀なくされた労働者や熟練工たちが、工場の機械を次から次へと破壊していくという、きわめて直接的で荒々しいものだった。

一方、資本家の側からすると、工場の労働者をいかにおとなしくさせるか、さらには、労働者の団結をいかに阻止するかが重要になった。前者の対策としては、一九世紀の初めにイギリスで「工場法」が制定されている。児童と女性の長時間労働および夜業の制限、初等教育と衣服の供与、工場内の換気の向上などを約束することで、労働者の不満を抑えようということだった。後者の対策としては、一七九九年に団結禁止法が制定されたが、それに対抗するストライキやラッダイト運動に押されて一八二四年に撤廃を余儀なくされている。いずれにせよ、あからさまに労働者を抑え込もうとするやり方には無理があった。できる限り巧妙に労働者を管理する方法が必要だった。

2　テイラー・システムとフォード・システム

テイラー・システム

巧妙な労働者管理の方法を考えついたのはアメリカ人だった。第1部第3章で先に見たフレデリック・W・テイラー（Frederick W. Taylor 一八五六－一九一五）という男である。テイラーがアメリカ東部のフィラデルフィアに生まれた頃、アメリカ合衆国は産業革命のまっただなかだった。アメリカでは、ドイツやロシア、日本に先駆け、旧宗主国だったイギリスと産業先進国フランスを追う形で、一八三〇年代から産業革命がはじまっていた。

ハーヴァード大学に入学後、視力障害を起こしたテイラーは、大学を中退し、フィラデルフィアにあるミドヴェイル製鋼会社に就職する。のちに職長となったテイラーは、作業効率を上げるための工夫を次々と生み出した。だが、勤勉なクエーカー教徒の家庭に育ったテイラーにとって、どうしても我慢ならないことがあった。工員たちの怠け癖である。怠業《サボタージュ》の原因が三つあるとテイラーは考えた。能率や出来高を上げると多数の工員が失業する、という誤解が工員仲間に行き渡っていること、管理法が間違っているため、工員は意図的に怠けないと自分の利益を守れないようになっていること、仕事が目分量でおこなわれているため、作業に無駄が多すぎること、である。

この三つを解決するために、テイラーは思案を重ねた。そこで考え出したのが「時間研究」および「動作研究」と「差別出来高給制度」だった。「時間研究」および「動作研究」とは、ストップ・ウォッチを使って単位作業ごとの動作にかかる時間を計測し、理想的な動作のあり方と時間を割り出すことである。たとえば、旋盤《せんばん》作業を「品物を剪断機にのせる」「品物を中心に持っていく」「品物の向きを変える」といった細かな動作の単位に分割し、それぞれの動作にかかる時間を記録する。そして、個々の動作にかかった時間と達成した作業量との関係を分析し、理想的な標準作業時間と標準作業方法を決めるのである。要するに徹底したマニュアルの作成とノルマの設定である。作成されたマニュアルとノルマは「指導票」という用紙に事細かに記載され、労働者に示される。たとえば、旋盤作業は四七の単位作業からなり、そのひとつひとつについて標準作業時間と標準作業法が示される。そのマニュアルどおりに身体を動かすことで、まったく無駄のない作業が可能になるのである。

ただし問題は、工員をどうやってマニュアルどおりに働かせるかである。そのためのしくみが「差別出来高給制度」だった。「差別出来高給制度」とは、マニュアルどおりの働きをした者には高賃金を、できなかった者には低賃金を与えるというやり方である。マニュアルどおりにがんばって働くのはつらいが、がんばればそれだけ賃金が上がる。要するにアメとムチである。テイラーは、人間誰もが勤勉であるべきと考えていた。みんなが勤勉に合理的に仕事をすれば生産が増し、需要が増す。そうすれば原価は低くなり、賃金は高くなる。それによって労使双方が幸せになる。ストライキなどはその理屈がわからない無知でわがままな連中のすることだ――そんな風に信じていたのである。そして実際、このやり方は成果を出した。たとえば鉄を貨車に積み込む作業では、マニュアルと出来高制の導入前に一日ひとり平均一二・五tだったのが、導入後は四七・五tまで向上したとされている（ただし出来高給は、日給一・一五ドルから一・八五ドルに上げられただけだった……）。

こうしたやり方を、テイラーの名にちなんで「テイラー主義」とか「テイラー・システム」と呼ぶ。このやり方（科学的管理法）は使える、ということで、アメリカ本国ではテイラー・システムが次第に評判を呼んでいった。一九一二年には、テイラーの信奉者たちによって「管理科学促進協会」という団体が結成される。テイラーは一九一五年に亡くなるが、その年、この団体は「テイラー協会」と名を変え、さらに国境を越えて世界各国に活動の場を拡げてゆく。第一次世界大戦が終わる頃には、イギリス、フランス、ドイツ、イタリア、日本、ソ連など、文化やイデオロギーを異にする多くの国々が一斉にテイラー・システムを導入するまでになる。たとえば日本では、テイラーの主著『科学的管理法』(一九一一)がすでに一九一三(大正二)年に翻訳され、同じ頃、軍需と鉄道を中心とする官営工場や、紡績と機械を中心とする民間工場で、実際にテイラー・システムが導入されている。ちなみに、テイラー協会日本支部の発足は一九二五(大正一四)年である。ある意味で、日本社会の近代化と産業化の原点にはテイラー・システムがあったともいえるのである。

しかし、ここで冷静になって考えてみよう。管理する側でなくされる側、すなわち労働者からすると、このテイラー・システムはとんでもない代物ではないか。このシステムでは労働者の身体は徹底して断片化され、数量化される。生身の身体の動きが時間と賃金の尺度で測定され、効率性だけを基準に操作される。それに抗えば、容赦なく賃金がカットされる。これにくらべれば、先に見たマニュファクチュア時代から産業革命時代にかけての工場はまだ牧歌的だったとさえいえる。たしかにそれらの時代にも、労働者は工場という境界づけられた時空に閉じ込められ、分業体制のなかで単純作業を強いられた。だが、労働者は監視役の目を盗んでさぼることができたし、作業のやり方や速度もある程度自分流にこなすことができた。言いかえると、労働者は自分の身体を隠すことができた。

それに対してこのテイラー・システムでは、個々の単位動作として断片化された労働者の身体が白日の下にさらされ続ける。さらには、マニュアルとノルマにしばられた労働者みずからが、みずからの身体の監視役になるのである。そこに労働者の意志や意欲が入り込む余地はない。わずかばかりの出来高給欲しさにみずからの身体を切り売りし、自分で自分を監視する。これに労働者が反発しないはずはなかった。二〇世紀の初頭から第一次世界大戦期にかけてのアメリカでは、テイラー・システムといかに対決するかが労働運動の重要なテーマとなり、標準作業時間や差別出来高給制度への批判が高まった。経営者の側も、テイラー協会に加入するほどの信奉者ならともかく、多くは、労働者が激しく反発するからという理由で、テイラー・システムの導入に消極的だったといわれる。

フォード・システム

その頃、同じアメリカに、テイラー・システムの理念を途方もない規模で具現化した人物がいた。第1部第3章でテイラーとともに見た、あの自動車王ヘンリー・フォード（Henry Ford 一八六三－一九四七）である。エディソン電気会社の主任技師を勤めたあと、独立し、一九〇三年にフォード・モーター社を設立したこの人物は、それまで庶民には手の出せなかった自動車の低価格化に成功し、モータリゼーションの時代を到来させたことでよく知られている。

なかでもフォードの名を神話的なまでに高めたのは、「T型フォード車」の発売とその大成功だった。一九〇八年に発売されたこの自動車は、発売後、生産台数を驚異的に伸ばしていく。一九〇九年時点で生産台数は一万三八五二台だったが、一五年には累積生産台数が一〇〇万台を超え、生産中止になった二七年の時点で総生産台数は何と一五〇〇万七〇三三台を記録したのである。ちなみに一九二一年に全米で販売された自動車の五五・七％がこのT型フォードだった。これと並行して価格の値下げも敢行され、発売当初の八五〇ドルが一九一五年には四九〇ドル、二五年には二九〇ドルにまで下がった。まさに、大衆車と呼ぶにふさわしい商品だった。

なぜそれほどまで大量に、また低価格で生産することができたのか。それにはいくつか理由があるが、なかでも最も重要だったのは、大量生産方式の本格的な導入である。フォード・モーター社は一九一〇年に他のモデルをすべて放棄し、生産をT型車一本にしぼることにした。その年、デトロイトのハイランドパークにT型車専用の生産工場を建設し、工場の規模をそれまでの一万㎡から三〇万㎡へと一気に拡大する。その三年後の一九一三年に移動式組み立てラインを導入し、大々的なオートメーション生産をはじめるのである。

このベルトコンベアによる大量生産は、シカゴの豚肉工場をヒントにしたといわれている。天井のコンベアにつるされた豚が、ラインを移動しながら次々と解体されていく様子を見たフォードは、このしくみを逆回しにすることで、自動車の組み立てラインができるのではないかと考えたらしい（ただし、これはつくり話だともいわれている）。かくして、ハイランドパークにつくられた四階建ての巨大な工場には長大なコンベアラインが据えられ、その前で多くの労働者がT型車の組み立てに従事することになる。近代の工場の特徴である時空の境界づけと内部分業は、このベルトコンベアの導入によってひとつの頂点を迎えた。互換性を考えて規格を統一された五〇〇〇もの部品が、ベルトの流れに沿ってひとつの自動車へと時々刻々組み立てられていく。そうした統一規格による単一車種の大量生産は、生産コストを下げ、T型車の価格は一気に下がっていった。アメリカのクライスラーやゼネラル・モーターズなどのライバル企業だけでなく、オースティン、シトロエン、ルノー、オペル、フィアットといったヨーロッパ企業も、このシステムを競って採用していった。

さて、フォードとその仲間たちが考えついたこのシステムは、文字どおり「フォード・システム」と呼ばれる。労働者をベルトコンベアの前に立たせ、単一の作業を繰り返しこなさせるこのシステムは、いくつかの点で、テイラー・システムを徹底させたものといってよい。フォードは、テイラーを真似て綿密な時間研究と動作研究をおこなうとともに、生産工程を細分化して作業をできる限り単純化した。これによって、ライン上の労働者は未熟練者でも可能な単純作業を繰り返すだけでよいことになった。テイラー・システムでは、労働者がマニュアルに定められたやり方と速度で身体を動かす。フォード・システムでは、入念に設計されたラインの工程配置と速度が、労働者の身体の動かし方と速度を自動的にコントロールする。作業のやり方と速度を決めるのは労働者ではなくベルトコンベアなのである。テイラーの用いたストップ・ウォッチはフォードのベルトコンベアへと姿を変え、単純労働という断片化された身体動作を労働者に課していった。

テイラー・システムとフォード・システムは、ひとつの重要な点で異なっている。それは賃金である。フォードは出来高給制度が嫌いだった。労使共栄を理想としたフォードは、出来高給よりも、労働者に気前よく賃金を払う方がよいと考えていた。だが、じつのところ、賃金についてもテイラーとフォードは似かよっていた。フォードはみずからの理想どおり、一九一四年に、労働者の日給を最低二ドル三四セントから五ドルに上げ、労働時間を一日九時間から八時間に減らす決定をした。なぜそうしたのか。その理由はこの組み立てラインの、テイラー・システムを上回るあまりの過酷さである。ラインの前で、とにかく一日中黙々と同じ作業を繰り返す。疲労しようが体調を崩そうが、ラインは止まってくれない。帰宅して食事がのどを通らない者もいたといわれる。これを嫌った労働者が大挙して離職するようになり、生産計画に混乱が生じたので、労働条件を改善せざるを得なかったのである。

しかもこの日給五ドルも、無条件に与えられたわけではなかった。五ドルの受領資格者は、「家族と一緒に住み、その面倒をよくみる既婚者」「質素な生活習慣を身につけていることが証明された二二歳以上の独身者」「身内に扶養家族を抱えている二二歳未満の独身者」に限られていた。さらに、ハイランドパーク工場は工程を細分化した単純作業中心だったこともあり、ポーランドやイタリア、ギリシアなどからの移民労働者が数多く勤務していた。それらの移民労働者は、ある程度きちんとした英語をしゃべり、アメリカのピューリタン的価値観に沿った生活をしていないと、五ドルを手にすることができなかったといわれる。

ともあれ、フォード・システムによってT型フォード車の値段は四割以下にまで下がり、工員の日給は二倍以上に増えた。それは言いかえると、普通の庶民が自分でT型フォードを買えるようになったということである。実際にアメリカでは、T型フォードが発売される前の一九一〇年には全世帯のうち二・五%しか自動車を所有していなかったのに、一九二六年になると全世帯の何と八一・二%が所有するようになったのである。フォードは自分好みの価値観に適合した人間を求めた。たしかにそれは、一面において勤勉かつ篤実な人間だっただろう。だがそれはまた、高賃金のためなら生産ラインの前で延々と単純労働に耐えようとする人間、さらには、そうやって稼いだ賃金を次々と消費につぎ込もうとする人間でもあった。

3　フォーディズムからポスト・フォーディズムへ

戦後とフォーディズム

ここまでの話と矛盾するようだが、じつは第二次世界大戦前、フォード・システムはそれほどうまく機能していなかった。たしかにT型フォードは爆発的に売れた。けれども、一九二六年くらいになると、多くの消費者がT型フォードを所有するようになったこと、いつまでもデザインを変えない単一車種の大量生産が飽きられたこともあり、市場占有率はそれまでの二分の一から三分の一に下がった。さらには、一九二九年の世界恐慌がそれに追い打ちをかけた。だがそれ以上に問題だったのは、多くの労働者がフォード・システムに対しストライキやサボタージュで激しく抵抗したことだった。

なぜ戦前の労働者は、それほどまで抵抗したのか。仕事内容が肉体的にハードだったのはもちろんだろう。だがそれ以上に、フォード・システムやテイラー・システムが「構想と実行の分離」を特徴にしていたからである。これらのシステムでは、労働者の作業は一貫して単純動作に分割され、労働者自身の判断や工夫が入りこむ余地はほとんどない。労働者はあくまで「実行」に従事するのみで、経営や現場のデザインといった「構想」は資本家や経営者が独占する。仕事なんだからと割り切り、あるいは自分の心のスイッチを切り、機械の部品となって淡々と働き続けるのをよしとする精神（あるいは非精神）に慣れ親しまないかぎり、こうしたシステムをすんなりと受け容れるのは困難だったのだ。

ところが、フォード・システムは第二次世界大戦後、世界の先進産業諸国（とくに日本）で広く受け容れられていくのである。当時、それらの国が目標としたのはアメリカ的な生活様式の「豊かさ」だった。自動車だけではない。マイホーム、家電製品、スーパーマーケット、パック旅行、流行のファッション、テーマパーク、コカコーラ。あるいは大量に複製された絵画、音楽、映画、テレビ番組。これらの商品はいずれも戦後のフォード・システムの産物だったといってよい。もちろんこうした「豊かさ」の代償として、労働者はテイラー・システムやフォード・システムの過酷さに耐える必要があった。そして、戦後の労働者は耐えたのである。

なぜ耐えたのか。もちろん、アメリカ的「豊かさ」が魅力だったのはいうまでもない。だがそれと並んで決定的だったのは、戦後になって労使間の団体交渉が制度化されたことである。たとえば日本でも、戦後間もなく労働基準法、労働組合法、労働関係調整法のいわゆる労働三法が施行され、労働者が経営者に対して交渉できるようになった。団体交渉は、労使双方の歩み寄りをもたらす。その歩み寄りを「フォーディズム的妥協」と呼ぶのだが、そこでの妥協は次の二つの変化をもたらした。

まず第一に、つらい労働の対価として労働者に賃金上昇が約束されるようになった。フォード・システムによる大量生産方式は戦後しばらくの間、いわゆる「スケール・メリット」(規模を大きくすることで得られる利益という意味の和製英語)の効果もあり、相対的に安価で良質の商品生産を可能にしていた。安くて便利だから売れる。そうやって得た利潤の一部を、労働者の賃金に上乗せさせる。つまり、生産性が上がるとその分だけ労働者の賃金も上がる(生産性の上昇分を賃上げの目安にするという意味で、これを「生産性インデックス賃金」と呼ぶ)。

第二に、労働条件の改善と社会保障制度の充実が約束されるようになった。労働時間の短縮や安全性の配慮がなされ、労災、失業、病気といったリスクに対応する社会保障のしくみが整えられていった。いわゆる「福祉国家」の体制が出来上がっていったのである。生産性インデックス賃金と福祉国家体制は、マニュファクチュアの時代はもちろん、テイラー・システムや初期のフォード・システムの時代にも考えられないことだった。

断片化された単純労働の過酷さと引き換えに、賃金上昇による「豊かさ」と社会保障による「安心」を約束すること。これによって労働者がますます勤勉に働くようになり、得た賃金でますます多くの商品を購買するようになること。そのような大量生産=大量消費のサイクル。それをぜんぶひっくるめて「フォーディズム」と呼ぶ。それはいわば、テイラー的な職場編成に「豊かさ」と「安心」という生活様式を連結させたものだった。仕事はきつい。でも、とにかく働けばそれだけ豊かな生活が営めるし、社会保障があるおかげで安定した人生設計もできる。アメリカ、西ドイツ(当時)、日本といった産業諸国が、一九五〇年代末から七〇年代初めにかけて経験した高度経済成長は、フォーディズムがもたらすこうした感覚に支えられていた。

ポスト・フォーディズムとグローバリゼーション

だが、話はそううまくはいかなかった。一九七〇年代に入ると、フォーディズムはさまざまな欠陥を示しはじめたのである。生活水準の向上によって消費者の好みが多様化したことで、少品種大量生産が次第に飽きられ、同じ商品を大量に生産しても売れなくなってきた。いくら投資しても売上げにうまく結びつかず、大量の在庫を抱えるようになり、生産性が低下した。フォーディズムは、いわば巨大な恐竜のような小回りのきかないシステムであり、市場の動向に応じて、生産の量と種類を臨機応変に変えていくことは不可能だったのである。

一方、労働者も自分の意思を生かせず、一方的に命令された職務を実行させられるだけの労働環境に対し、それまで以上に異議を申し立てるようになった。また、大量生産＝大量消費のシステムは大量廃棄のシステムでもあったわけで、その結果、六〇年代の後半くらいから公害問題や環境破壊問題、資源問題が深刻化するようになった。一九六八（昭和四三）年に、フランス、西ドイツ、日本、アメリカなどで同時進行的に社会を揺るがせた労働者と学生の運動は、そうしたフォーディズムに対する反乱でもあったのである。

そのような状況のなかで、一九七〇年代後半くらいから「ポスト・フォーディズム」と呼ばれる生産体制が注目されるようになってきた。ポスト・フォーディズムとは、消費者ニーズの多様化に応じた多品種少量生産、労働者の参加と多能化の実現、環境・資源問題への配慮などを念頭に置く、フォーディズムの欠陥と限界を意識した新しい生産＝消費＝廃棄のしくみである。市場の国際化がますます進むなかで、ポスト・フォーディズムを実践できない企業は国際競争で勝てなくなってきた。一九七〇年代から八〇年代にかけて停滞に陥ったアメリカの企業は、その典型だった。

それと対照的に、七〇年代の二度の石油危機を巧みに乗り切り、フォーディズム型の重厚長大産業からハイテク中心のポスト・フォーディズム型産業に転換することで、七〇年代から八〇年代に強さを世界に示していったのが日本企業だった。たとえば自動車では、一九八〇年代末の時点で、日本企業が量販車一台の組み立てに一六・八時間かけていたのに対し、アメリカ企業は二四・九時間、ヨーロッパ企業は三五・五時間かかったといわれる。当時の日本企業の強さは、世界の注目の的だった。その代表格が、日本最大の自動車会社トヨタである。いわゆるトヨタ生産方式の創始者とされる大野耐一（おおの・たいいち 一九一二－九〇）が考案した「ジャストインタイム方式」や生産現場の「自働化」といった生産方式は、フォーディズムに対して「トヨティズム」とも呼ばれた。トヨティズムは、コスト低減と生産性向上のための徹底した合理化を目指す、ポスト・フォーディズムのひとつの行き方を示していた。

トヨティズムの特徴は、そのフレキシブル生産にある。「フレキシブル flexible」とは「柔軟な」という意味である。たとえばジャストインタイム方式は、必要な時に、必要なものを、必要なだけつくる、というやり方である。生産に必要な労働者の頭数も部品の供給量も必要最小限にとどめる。部品と完成品はまさに「ジャストインタイム」で、それぞれ必要なだけ生産ラインに入り、出ていく。そうすればフォーディズムのように、売れない大量の同一商品が倉庫にだぶつくことはない。消費者のニーズと市場の動向を敏感に察知して、生産体制をフレキシブルに変えていける。

もうひとつ、生産現場の「自働化」とは、機械による「自動化」ではなく、現場で働く者が自主的に判断して、フレキシブルにラインを動かしたり止めたりするやり方である。労働者は班を構成し、ひとつの班が複数の工程を担当するよう求められる。分業体制のなかで単一の作業を延々と続けるのではなく、必要に応じて複数の作業をフレキシブルにこなす。これによって無駄な欠陥品はかなり減るし、何より労働者が多能工として自主的に現場に参加しているという自覚が生まれる。従来のフォーディズム的な分業を見直すこうしたトヨタ式の合理的フレキシブル生産は、スウェーデンのボルボ社が開発したボルボ・システム（別名「カルマリズム」）と並んで、まさにフォーディズムの限界を克服する新しい道に見えた。

ところが、である。一九九〇年代に入ると、様子が一変した。八〇年代までの停滞を脱却したかに見えるアメリカが、貿易障壁の撤廃と市場の自由化を掲げて世界経済のグローバリゼーションをそれまで以上に強く推し進めるようになった。同時に、欧米の企業はトヨタ流のフレキシブル生産にならって、生産のさらなる合理化とコストの低減を図るようになった。要するに、どの企業もポスト・フォーディズムの路線をとらないと生き残れなくなってきたのである。フォーディズム間の競争が終わったと思ったら、今度はポスト・フォーディズム間の競争が……。

そうしたポスト・フォーディズム時代のグローバリゼーションと国際競争のなかで、産業諸国の企業は容易に収益を上げられなくなっている。不採算部門が切り捨てられるとともに、生産ラインの機械化がさらに進められ、省人化が徹底される。より賃金コストの低い国や地域を求めて工場や施設が外国に移転するようになり、自国の産業空洞化が進む。ひと言でいえば、賃金コストを下げることで利益を確保するしか手がなくなりつつある。

その結果、日本も含めて産業諸国で進んでいるのが「雇用のフレキシブル化」あるいは「雇用の流動化」である。日本では一九九〇年代以降、雇用リストラによる正社員の削減と新規雇用の抑制が当たり前の光景となった。ほかにも、企業内での配置転換、出向、転籍が頻繁におこなわれている。あるいは、派遣労働者、パートタイマー、フリーターといった非正規雇用層の激増。まさに「フレキシブル」な雇用調整が、容赦なくおこなわれている。

ポスト・フォーディズム時代はポスト工業社会の時代でもある。すでに産業構造は製造業を中心とする第二次産業から情報、物流、金融、サービスなどを中心とする第三次産業へと大きく転換している。これら第三次産業の特徴は、「時空の境界づけ」がフレキシブルなことである。たとえば、本章の冒頭でふれた長距離トラックの運転手や営業担当者は、工場という場所に一定時間閉じ込められて働くフォーディズム時代の労働者とは異なり、「フレキシブルな時空」で働いている。加えて、貿易障壁の撤廃と電子メディアの発達により、労働の時空は国境線や地域を越えてさらにフレキシブルになっている。

こうしてポスト・フォーディズムの時代には、〈賃金労働〉〈時空の境界づけ〉〈内部分業〉の三つがいずれも「フレキシブル化」する。そのことの持つ意味はさまざまだが、ひとつだけ強調しておきたい。このフレキシブル化によって、労働者が団結する機会や可能性はますます狭められていくのではないだろうか。

文献

伊原亮司『トヨタの労働現場——ダイナミズムとコンテクスト』桜井書店、二〇〇三

折口透『自動車の世紀』岩波新書、一九九七

鎌田慧『新装増補版・自動車絶望工場』講談社文庫、二〇一一

アダム・スミス『国富論』大河内一男訳、中公文庫、一九七八

フレデリック・テイラー『新訳・科学的管理法』有賀裕子訳、ダイヤモンド社、二〇〇九

野原光『現代の分業と標準化——フォード・システムから新トヨタ・システムとボルボ・システムへ』高菅出版、二〇〇六

野村正實『トヨティズム——日本型生産システムの成熟と変容』ミネルヴァ書房、一九九三

レイ・バチェラー『フォーディズム——大量生産と20世紀の産業・文化』楠井敏朗/大橋陽訳、日本経済評論社、一九九八

原輝史編『科学的管理法の導入と展開——その歴史的国際比較』昭和堂、一九九〇

山田鋭夫／須藤修編著『ポストフォーディズム――レギュラシオン・アプローチと日本』大村書店、一九九一
山田鋭夫『レギュラシオン理論――経済学の再生』講談社現代新書、一九九三

第4章　都市という場所

現代人の多くが都市に暮らしている。そこは無数の他者たちによって成り立ち、日々新しい商品や情報が生まれていくという意味で、近代社会そのものといってよい。都市は近代社会を考察する学問としての社会学にとって、長い間格好の研究対象であった。都市というのはどのような場所なのか。あらためて考えてみよう。

1　都市の姿——新宿二丁目

新宿。誰もが知るこの都市について、ある社会学者は四つの特徴を指摘している。すなわち、「強烈な消化能力」「先取り性」「変幻自在さ」「共同性の交感」である。地方からやってくる膨大な人口を易々と飲み込みながら、新しい流行や風俗が生まれ、その姿をせわしなく変えつつも、そこには濃密なコミュニケーションが展開する。それらをこの社会学者は〈新宿的なるもの〉と呼んだ（吉見二〇〇八）。

新宿二丁目

東京のなかで最も喧噪に満ちた新宿の街の片隅に、新宿二丁目という場所がある。そこは、世界的なゲイタウンあるいはLGBTQタウンとしても知られる、新宿でも独特なエリアである。この異色の街、新宿二丁目をフィールドに、文化人類学者である砂川秀樹（すながわ・ひでき 一九六六－）が研究者として、またみずからゲイバーに通うなじみ客として、文化人類学的な調査研究をおこなった例がある。その貴重な報告――文化人類学では民族誌と呼ばれる――は、都市の姿についてとても興味深い事実を教えてくれる（砂川 二〇一五）。

もともと新宿は、江戸時代から内藤新宿《ないとうしんじゅく》と呼ばれる甲州街道沿いの宿場町であり、木賃宿《きちんやど》や居酒屋、遊女屋などが並ぶ遊興の街であった。一九二〇（大正九）年に内藤新宿から新宿に地名が改められるが、翌二一（大正一〇）年、街道沿いにあった五〇軒を超える遊女屋は今の二丁目に移転させられることとなる。二丁目を含む新宿の街は二年後の一九二三（大正一二）年、関東大震災により甚大な被害を受けることになるが、そこからいち早く復興を遂げ、浅草をしのぐ繁華街となっていった。

一九四五（昭和二〇）年の敗戦直後、新宿は新宿駅周辺を中心に東京最大の闇市地帯となる。その当時、二丁目は赤線と呼ばれる売春地帯となっていた。ところが一九五八（昭和三三）年の売春防止法施行によって、二丁目の遊郭は転業や廃業を余儀なくされることになってしまう。だが二丁目にはすでに、一九五〇年代前半から何軒かのゲイバーが開業しはじめていた。そうした変転を経たあと、一九七〇年代になると、二丁目は世界有数のゲイバー街、ゲイタウンへと姿を変えていたのである。まさに新宿二丁目は〈新宿的なるもの〉そのものであった。

アジールとしての都市

新宿二丁目は新宿御苑と靖国通りに挟まれたエリアに位置し、最長でも東西三三〇m、南北三八〇mほどのかなり狭い場所にある。ゲイタウンとして知られるエリアに限定すると、東西二七〇m、南北二四〇mほどである。そこに六〇〇を超える飲食店がひしめき合うが、半数以上がゲイないしLGBTQ関係のバーであるとされる。

この街を調査した砂川によれば、二丁目にはゲイバーのほかにも女性客限定のレディースバーやショーパブなどが少数見られるが、大半の店はゲイバーである。いわゆるゲイバーは、ゲイメンズバー（砂川の造語）と観光バーに分類される。前者の場合、店主やスタッフは基本的にゲイであり、客もゲイが対象となる。一方後者の場合、店主やスタッフが基本的にゲイである点は同じだが、客は異性愛者が対象であり、いわば物珍しいゲイの世界を垣間見ようという一種の異文化観光体験が売り物となっている。ゲイメンズバーでは店主やスタッフの女装は稀であり、いわゆるオネェ言葉は使用されたりされなかったりする。一方観光バーでは、女装とオネェ言葉の使用がいわば商売道具として当たり前となっている。砂川が主に研究対象としたのはゲイメンズバーであるが、彼が一九九七（平成九）年におこなったアンケート調査によると、「ゲイメンズバーへ行く目的」という問いに対する答えは、多い順に、「友達をつくる」（四七・八％）、「友達に会う」（四三・九％）、「お店の人と話をする」（三三・二％）、「恋人を見つける」（二八・二％）、「セックスの相手を探す」（九・五％）となっていたという。

砂川は二丁目のゲイメンズバーになじみ客として通うなかで、店主やスタッフ、客たちと信頼関係を築くことができた。そうした経験に基づく知見によれば、ゲイメンズバーの客には、アンケートが示すとおり、そして通俗的な誤解とは異なり、性的出会いを求めて来店する者は少ない。あくまで目的は、セクシュアリティを同じくする者と会話をとおして親密な場を共有することにある。オネェ言葉があまり使われないのも、同じ理由によるといえるだろう。また、ゲイメンズバーでは、客が店主やスタッフにおごる習慣があるとされるが、それは巧みな話術で親密さにあふれたかけがえのない場を演出してくれたことへの返礼であるという。つまりゲイメンズバーとは、異性愛主義の社会のなかで抑圧され排除されてきた者たちが、みずからのゲイ文化を互いに確認し合うとともに、新たにつくり上げる場、言いかえるとアイデンティティを認知し、承認し、創造する場なのである。

そうしたことが可能であるのは、新宿二丁目という場所が持つ歴史の厚みによるところも大きいだろう。もともと遊女屋の集まっていた場所だったのが、強制移転や売春防止法施行などによってそれらの生業が維持できなくなっていったこと。そのことが、これまで異性愛主義社会で儲けてきた性産業の撤退とともに、異性愛主義によって抑圧されてきた者たちがここに拠点を定めるという可能性をもたらしたのである。また、先に見たように新宿二丁目は新宿御苑という、周囲を樹木で囲われた庭園に隣接しているため、新宿の繁華街がそこで途切れてしまうような周辺地帯という印象を与える。さらに、ゲイタウンのエリアを囲む四本の通りにはいずれも高いビルが建ち並んでいるため、その内側は通り側からは見えにくくなっており、ある種の囲い込まれた安全な場所という印象も与える。こうした周辺性と安全性により、新宿二丁目のゲイタウンはひとつの「アジール」として多くのゲイやＬＧＢＴＱの人びとを集める場所たり得ているのである。

ちなみに「アジール」とは避難場所を意味するドイツ語で、世俗の権力が介入することのできない神聖かつ不可侵な場所を指す概念として歴史学などで用いられている。たとえば西洋の修道院や、日本だと中世の無縁所《むえんじょ》、近世の縁切寺《えんきりでら》などがそれに当たる。いったんそこに身を投じれば、世俗の世界の厄介な人間関係や利害関係などから解放され、新しい生き方を選ぶことができるというのがアジールの特性である。二丁目のゲイタウンに集まる人びともまた、このアジールで親密な人間関係を享受し、みずからのアイデンティティを確認し合う。この環境が、ＬＧＢＴＱとしての新しい生き方を構築し、ひいては抑圧や排除への抵抗策を模索することを可能にしている。

2　都市のはじまり

社会生活は、必ずどこかの「場所」で営まれる。人類はその長い歴史を通じ、さまざまな場所で暮らしてきた。海や川のほとり、深い山や森のなか、サバンナや氷雪地帯……。さらにはアラブ遊牧民のように移動したり、東南アジアの水上生活者のように舟の上で暮らしてきた人びともいただろう。だが、人類が狩猟採集生活から牧畜や農耕を中心とした生活に移行し、それにともなって定住をおこなうようになって以来、規模の違いはあれ、人類の多くは街や村などの「集落」を生活の場としてきた。「集落」とは、人間が集まって生活している場所という意味である。

古代都市

この地球上に初めて都市のような集落が生まれたのは、今からおよそ一万年前、いわゆる新石器時代のことだといわれる。文字の発明に先立つ時代だ。場所は西アジアのメソポタミア辺り。そして紀元前三五〇〇年くらいにはメソポタミア南部（今のイラク南部）に住むシュメール人が、ウルクやウル、ニップルなどの古代都市を舞台に、初めての都市文明をつくり上げたとされる。シュメール人の人口は数十万人ともいわれ、人口一万人を超える都市もあったらしい。

シュメール人の都市はユーフラテス川流域の肥沃な場所につくられたが、同じようにエジプトやインド、中国などの古代都市もそれぞれ大河流域の肥沃な地帯に生まれた。河川は上流から豊かな泥土や漂流物を運んでくるだけでなく、人が移動する重要なルートともなった。そうした地域では、おのずと人、物、情報が集まることになり、人びとの活発な交流が生まれた。都市はこのようにして出来上がっていったのである。

人類は都市の成立以前から集団で生活してきた。狩猟採集民であれ牧畜農耕民であれ、その事実に違いはない。人類にとって基礎的なそうした集団を共同体（community）と呼ぶが、では、その共同体と都市との違いはどこにあるのだろか。

贈与・交換・再分配

ここで、第1部第4章で取り上げた「贈与・交換・再分配」という三つの様式を思い出してみよう。人びとは共同体のなかで生きている。それは大昔も現代も同じだ。共同体のなかで最も基礎的なものは家族だが、家族について考えればわかるように、そこではほとんどの資源移転が贈与としておこなわれる。つまり、共同体は交換や再分配ではなく贈与の上に成り立っているのである。これに対して、共同体と共同体の間の関係は、交換という原理によって成り立っている。家族Aから家族Bに贈り物がなされると必ずお返しがなされる、つまり交換がそこでおこなわれる。同じように、たとえば海産物や塩を特産とする共同体Aと、獲物の肉や毛皮を特産とする共同体Bは、それらを交換することで互いに生活の利便性を高めてゆく。このように、都市というものは共同体と共同体の間に生まれると考えることができるだろう。言いかえると、都市は交換という様式の上に成り立つのである。そこでは、さまざまな人びとが物や情報を交換し、商品を売り買いする。

そうした意味で、都市の出発点は市場《いちば》であったということもできる。日本中世史研究者の網野善彦（あみの・よしひこ 一九二八－二〇〇四）は、中世の日本には「虹の立ったところに市を開く」という慣習があったと指摘している。

もともと市《いち》は河原や中州といった住みにくい、つまり、共同体の外側に開かれることが多かったらしい。言いかえると、共同体と共同体の間である。たしかに考えてみれば、虹は共同体の真上には立たず、必ずどこか「向こう側」に立つものである。どの共同体から見ても「向こう側」、すなわち共同体の間ということになるのである。都市は、そのような共同体の間にさまざまな人びとがそれぞれの特産物や情報を持ち寄り、交換や売買をする場としてはじまった。中世日本の市では物品の売り買いのほかにも、さまざまな見せ物、男女の出会い、売買春、さらには罪人の処刑などもおこなわれたという。こうして、儲けたり、損したり、だましたり、だまされたり、といった雑多なコミュニケーションが、そこではおこなわれた。これより、はるか昔のシュメール人の古代都市も、表面や細部こそ違え、似たようなコミュニケーション世界があったと想像される。

とはいえ、世界中の古今東西にわたる都市がすべて同じような成り立ちをしているというわけではない。たとえば日本社会に限っても、城下町や門前町、港町、宿場町など、歴史的経緯によっていくつかの類型に分けられるからである。そのことを踏まえた上で、近現代の都市の原型のひとつが西欧社会の都市にあることは押さえておく必要がある。そのことを知る上で参照したいのが、マックス・ウェーバー（第1部第2章参照）による「都市共同体論」である。

都市共同体

中世ドイツのことわざに「都市の風は自由にする」というのがある。共同体を出て都市に一歩足を踏み入れると、共同体の因習や人間関係のしがらみから自由になれる、という意味である。先の新宿二丁目の例で見たように、そのような場所は「アジール」と呼ばれる。中世ドイツの都市にはそうした〝避難所〟から発展していった場所も少なくなかった。そして、そこはたんなる人びとの集合ではなく、市民が自分たちで責任を持って都市を運営していこうという、団体としての性格を持つ「自治都市」であった。ウェーバーは、この中世ドイツの自治都市こそ近現代の都市の原型であると論じる。先ほど都市と共同体をあえて区別し、共同体とは異なる場所として都市の成り立ちを示してみたが、ウェーバーによれば、自治都市もまた「都市共同体」という名の新しいタイプの共同体にほかならない。どういうことか。

ウェーバーは、中世ドイツの自治都市が五つの要素から成り立っていたことを指摘する。すなわち、「城壁」「防御施設」「市場」「法と裁判所」「団体的性格」である。ウェーバーによれば、市民による都市の自治は、これら五つの要素がそろうことで初めて可能となるわけだが、とりわけ象徴的な意味でも実質的な意味でも重要だったのが城壁である。共同体と共同体の間にできた都市には、さまざまな共同体から富や資源が交換のために持ち込まれる。都市はそれらの富や資源を貯蔵する、いわばコンテナでもある。当然それらを狙って都市に攻撃を仕掛けたり、侵入したりする者たちが現れる。そうした脅威から都市を守るために、世界各地の伝統的都市は城壁やそれに類する設備によって都市を囲い込むことが多かった。中世ドイツの自治都市もまた例外ではなかった。ちなみに城壁をドイツ語でブルク（Burg）というが、このブルクやその派生語を付した名前の都市が、たとえばドイツのハンブルク（Hamburg）やフランスのストラスブール（Strasbourg）、スコットランドのエディンバラ（Edinburgh）など、ヨーロッパ各地に見られる。そして、同じくドイツ語で市民のことをビュルガー（Bürger）というが、これはまさに城壁の内側に暮らす者という意味なのである。

城壁の内側に住む市民たちは、外敵から都市を守るために自前の防御施設を共同で組織し、市場で生活物資の交換や売買をおこない、何か揉め事が起きた場合にそなえて独自の法や裁判所のしくみをつくり出した。ウェーバーは、このような新しい共同体としての自治都市において、それまでの共同体とは異なる新たな「内部道徳」が育まれたとする。それは共同体の伝統や慣習、掟などのように強制されたものではなく、都市的な共同生活の内側から自生的に形づくられ、共有されていった道徳だった。そして、この内部道徳を互いに共有し、都市共同体の一員としての責任を自覚しつつ、都市の暮らしを日々織り上げていく者たちこそ、近代人のさきがけとなったのである。

だが、近代に入るとこれらの都市共同体は内部から崩れることになったとウェーバーはいう。その原因となったのが、交換原理の浸透と拡大である。市場で日用品の交換や売買をおこなうことで、都市共同体の市民は日々の暮らしを維持していた。ところがこのやり取りのなかで利潤、つまり儲けが生まれるようになる。もともとキリスト教世界の道徳では金儲け、とくに高利貸しはよくないこととされていた。だが、市場交換が盛んになるにつれ、交換原理がひとり歩きをするようになり、利潤を上げることがいわば自己目的化されていった。言いかえると、「資本」が動き出したのである。

利潤を追求することが自己目的となったシステムないし運動を資本と呼ぶことができるが、そのような資本にとって、都市共同体の内部道徳は邪魔であった。儲けるためには市民としての道徳など無用であり、儲けの妨げにさえなる障害物だった。加えて城壁もまた邪魔な障害物となった。資本は、儲けるためには城壁など越えてどんな所へもその手を伸ばしていこうとする。内部道徳も城壁も、都市には不要なものとなったのである。こうして都市共同体は終焉を迎えることになった。

都市共同体から近代国家へ

そこに新たに覆いかぶさってきたのが、近代国家である。もともとあった共同体の間に都市共同体という第二の共同体が生まれ、今度は内部崩壊した都市共同体に代わるものとして、近代国家という第三の共同体が登場してくるのである。近代国家は国民国家（Nation-state）とも呼ばれる。国民国家というのは簡単にいうと、共通の歴史や文化を持つとされる人びと（nation）が一定の領土のなかに住み、つくり上げている国家（state）のことである。そこでは国民は同じ言語を話し、同じ法律に従うとされる。現代に生きるわれわれは、ついそれを当たり前のことと感じてしまうが、国民国家のしくみは比較的新しく生まれたものであり、じつは一種の壮大なフィクションのようなものなのだ（もちろんフィクションとしての絶大な力を発揮するのだが）。

都市共同体が共同体の間に生まれたのと同様、近代国民国家もまた都市共同体の間に生まれた。重要なのは、この国民国家が、みずから取って代わった都市国家の五つの要素を引き継いでいることである。つまり、「城壁」は国境線へ、「防御施設」は近代的国民軍へ、「市場《いちば》」は国内・国外をともに含む市場《しじょう》へ、「法と裁判所」は国家レベルの法・裁判制度へ、「団体的性格」はナショナリズムへ、という形で、都市共同体のあり方を国民国家はまるごと飲み込んだのである。だが国民国家では、かつての都市共同体のコンパクトな自治都市としての姿は失われることになった。

近代国民国家は資本と手を携えて、都市を、それまでとは異質な巨大な場所へと変えていった。都市には仕事やチャンスを求め、多くの人びとが次々と集まってくるようになった。たとえば、一九世紀におけるロンドンの人口推移を見ると、九六万人（一八〇〇）から二八〇万人（一八五〇）、さらには六五三万人（一九〇〇）と驚異的な増え方を示した。同時代のパリもまた、五五万人（一八〇〇）、一〇五万人（一八五〇）、二七一万人（一九〇〇）という増え方である。同じことが日本の江戸・東京でも進行した。江戸はもともと一〇〇万人都市であったが、その人口は一〇〇万人（一八〇〇）、一一五万人（一八五〇）、二〇一万人（一九〇〇）と増加。江戸から東京へと呼び名が変わるとともに、東アジア屈指の大都市となっていった。また、新大陸の新興都市であったニューヨークも、八万人（一八〇〇）、六八万人（一八五〇）、三三七万人（一九〇〇）という劇的な人口増加を示している。こうして、近代国民国家という巨大な第三の共同体の内部に、数多くの大都市が生まれていったのである。

3 シカゴ——現代都市の先駆け

ニューヨークは、ヨーロッパから新大陸への玄関口としてアメリカ合衆国内で重要な位置を占め、人口規模でもずっと全米一位を保ち続けてきた。アメリカ合衆国は、このニューヨークのある東部の大西洋岸側から西部の太平洋岸側に向かって拡大、発展していったわけだが、そうした開拓（および先住民の土地奪取と圧殺）と人口移動の過程で、五大湖のひとつミシガン湖のほとりに、ある都市が生まれた。シカゴである。

シカゴの歴史

シカゴという都市の発展は異色である。シカゴはニューヨークに次ぐ大都市として、アメリカ合衆国の都市人口では長く二位を続けてきた（今ではロサンゼルスに抜かれて三位）。だが、シカゴの一九世紀から二〇世紀にかけての人口推移を見ると驚かされる。シカゴは一九世紀初頭の一八三一年、人口わずか一〇〇人の寒村であった。それが一八五〇年に三万人、一八七〇年には三〇万人、一九〇〇年には一七〇万人、そして一九三〇年には三四〇万人へと増加している。シカゴという地名は、もともと先住民の言葉で「野生のニンニクの生える湿地帯」というような意味だったらしい。そこに一世紀後、摩天楼のそびえ立つ巨大都市が出現するのである。

なぜそのようなことが起きたのか。その理由として、一九世紀アメリカにおける交通網（運河や鉄道など）の飛躍的発達と、それらを利用した西部への膨大な人口移動（ゴールドラッシュ）がある。シカゴは、発達を続ける交通網の内陸の要衝として、また西部への人口移動の中継地点として、さらには中西部の広大な農業地帯からの穀物や食肉の集散地として、きわめて重要な地位を獲得していったのである。その過程で、シカゴにはさまざまなルーツを持つ人びとがアメリカ全土から、あるいはヨーロッパや南米、アジアなど世界各地から集まってきた。その結果、歴史や文化を異にするさまざまな者たちの寄せ集めのような、あるいはいわゆる人種の「坩堝《るつぼ》」や「サラダボウル」のような世界がそこに生まれることになった。

シカゴにはいくつかの顔がある。世界最初の摩天楼街。ジャズやブルースなどの音楽。フットボールやバスケットボール、ベースボールなどのプロスポーツ。マフィアなどの犯罪組織。これらはいずれも、国内外からの人口流入にともなう、人種や文化のぶつかり合いと混ざり合いがもたらしたものといえるだろう。たとえばシカゴのジャズやブルースは、一八四八年のイリノイ・ミシガン運河の完成によりシカゴがミシシッピ川と水運でつながったこと、さらには、一八六〇年代前半の南北戦争で奴隷解放に肯定的だった北部が勝利したことで、南部のニューオーリンズなどからアフリカ系の人びとがシカゴに数多く流入してきたことから生まれたといってもよい。シカゴにはアメリカ南部の、カリブ海の、西アフリカの、さらにはヨーロッパの音楽の要素が一挙に流れ込み、ある種の化学反応のような文化の混淆が起きることになった。その果実がジャズやブルース、ロックなどであり、それらはやがてアメリカ全土、そして世界へ拡がりを見せ、さらにはヒップホップ音楽にまで続いていくことになる。また、悪名高いギャングの首領アル・カポネ（Al Capone 一八九九－一九四七）はイタリアのナポリ生まれの移民であり、ギャングとしての活動の舞台をニューヨークからシカゴに移して大暴れしたことで知られている。カポネがつくり上げた組織であるマフィアは、南イタリアに古くからある保護・非保護関係（親分・子分のような関係）を軸としたものだった。まさにシカゴは、人種の「坩堝」であり「サラダボウル」だったのである。

シカゴ学派の都市研究

このような、雑然とした豊かさと危うさに彩られたシカゴという都市を、社会学や人類学の視点で研究しようとする人びとが一九二〇年代から三〇年代のシカゴに現れた。シカゴ大学の社会学部を拠点とするそれらの研究者たちは、やがて「シカゴ学派」と呼ばれるようになる。彼らは大都市となったシカゴの街を、はるか遠方の未開社会を調査する人類学者や社会学者の眼でとらえようと試みた。たしかに、さまざまな人種や文化が織りなす都市的世界は、文化人類学や社会学の研究対象として格好だったのだろう。

シカゴ学派の社会学者のひとりロバート・パーク（Robert E. Park 一八六四－一九四四）は、あるところで都市について次のように書いている。「都市とは、心にふれることはあっても完全に入り込んでくることはない、いくつもの世界の複合である。（中略）都市では人間の本性 human nature のあらゆる側面が目につきやすいだけでなく、非常に拡大される」（パーク 一九八六）。人間の本性が非常に拡大された、いくつもの世界がぶつかり合い、競争し合う場所。それをパークは「実験室としての都市」と表現したが、まさにシカゴは、そうした実験室にほかならなかった。

シカゴ学派による都市研究の特色のひとつは、フィールドワークに基づく実証的アプローチを、社会学としてはかなり早い時期に用いたことである。彼らは、未開社会に何年も住み込んでフィールドワークをおこなう文化人類学者のように、シカゴという都市のなかを歩き回り、観察し、聞き取りをおこない、時には調査対象者と同じ生活をした。そうした汗水垂らした努力の結果、一九二〇年代から四〇年代にかけ、都市民族誌(urban ethnography)と呼ばれるいくつもの優れた研究報告が生まれることになった。研究の対象となったのは、たとえば、その日暮らしで都市から都市へと放浪する渡り労働者、スラム地区に暮らす低所得層やエスニックマイノリティ、小都市における何気ない住民の日常生活、禁酒法時代のダンスホールで繰り広げられる客とダンサーの駆け引きや人間模様、街にたむろする不良少年たち、等々。これらの民族誌により、ひと言で都市といってもそこにはさまざまな生活が、つまり喜びや悲しみ、栄光や挫折、競争や協力、友愛や陰謀などがあることを、シカゴ学派は鮮明に明らかにした。彼らは、ともすれば些事としてうち捨てられてしまう都市のさまざまな姿、言いかえると都市的世界とは実際はどのようなものかを記録に残した。先に見た砂川秀樹による新宿二丁目のフィールドワークも、こうした伝統に連なるものである。

人間生態学

都市民族誌がいわば「虫の目」によるアプローチだとすれば、シカゴ学派のなかにはこれと対照的に「鳥の目」によるアプローチを用いようとした者もいた。パークとアーネスト・バージェス(第2部第1章参照)が論じた「人間生態学 Human Ecology」は、鳥が空からシカゴの街を見下ろすようにしてシカゴという大都市をとらえようとする試みだった。「生態学」とはドイツの医学者・生物学者のエルンスト・ヘッケル(Ernst Haeckel 一八三四–一九一九)がチャールズ・ダーウィンの進化論に基づき一八七〇年代に提唱した造語で、「閉鎖システムのなかの個体群による競争的協力の過程」という意味の言葉である。パークとバージェスは、シカゴという大都市においてもこうした「競争的協力の過程」が見られると考えた。

パークとバージェスの言葉を引用しよう。「外部からの侵入要因の到来によって、または生活史のごくふつうの成り行きとして、均衡がくずされたばあい、人間のコミュニティでは（植物群集や動物群集のばあいと同様に）、共同的な均衡を達成したり回復したりするために、競争作用が働く。こうして、急激な変動期の口火を切る危機はすべて、競争の激化を経て最終的には、多少なりとも安定的な均衡期と新しい分業へと移行する」（パーク一九八六）。

ちょっとごちゃごちゃしていて難解だが、要するにこういうことだ。大都市では移民が大量に流入してきたり、技術革新や組織改革などによって働き方が急に変わったり、景気が大きく変動したりすると、人びとの勢力図に変化（不均衡）が生じる。この時、よりよい生活チャンスを求めて人びとの間に競争がはじまる。この競争の結果、新たな勢力図（均衡）にいたる。シカゴというダイナミックな変化要因にさらされる続ける大都市では、ジャングルや草原、水辺などで昆虫や動物、植物が繰り広げるのにも似た生存競争と自然選択がおこなわれ、それによって人種や文化、階層などに基づいた一定の棲み分けがなされているのである。

パークとバージェスは、シカゴにおいてこの「棲み分け」（これはじつは日本の生物学者今西錦司〔いまにし・きんじ　一九〇二‐九二〕の言葉であり、パークとバージェスは用いていないのだが、理解しやすい日本語なのでここではあえて用いる）が、「同心円」の形でなされていると指摘した（図1参照）。同心円といっても東半分はミシガン湖なので実際は半円であるが、中心には地元でループ（環状線）と呼ばれる昔ながらの中心地帯があり、それを「推移地帯」が取り巻いている。推移地帯はある意味むき出しの競争がおこなわれる場所で、治安が悪く、さまざまな人種による棲み分けが細かくなされている。東京でいえば、先に見た新宿二丁目はこの地帯に位置すると考えられるだろう。それをさらに、「労働者居住地帯」「良質居住地帯」「通勤者居住地帯」が順に取り巻いている。

図1：同心円としてのシカゴ

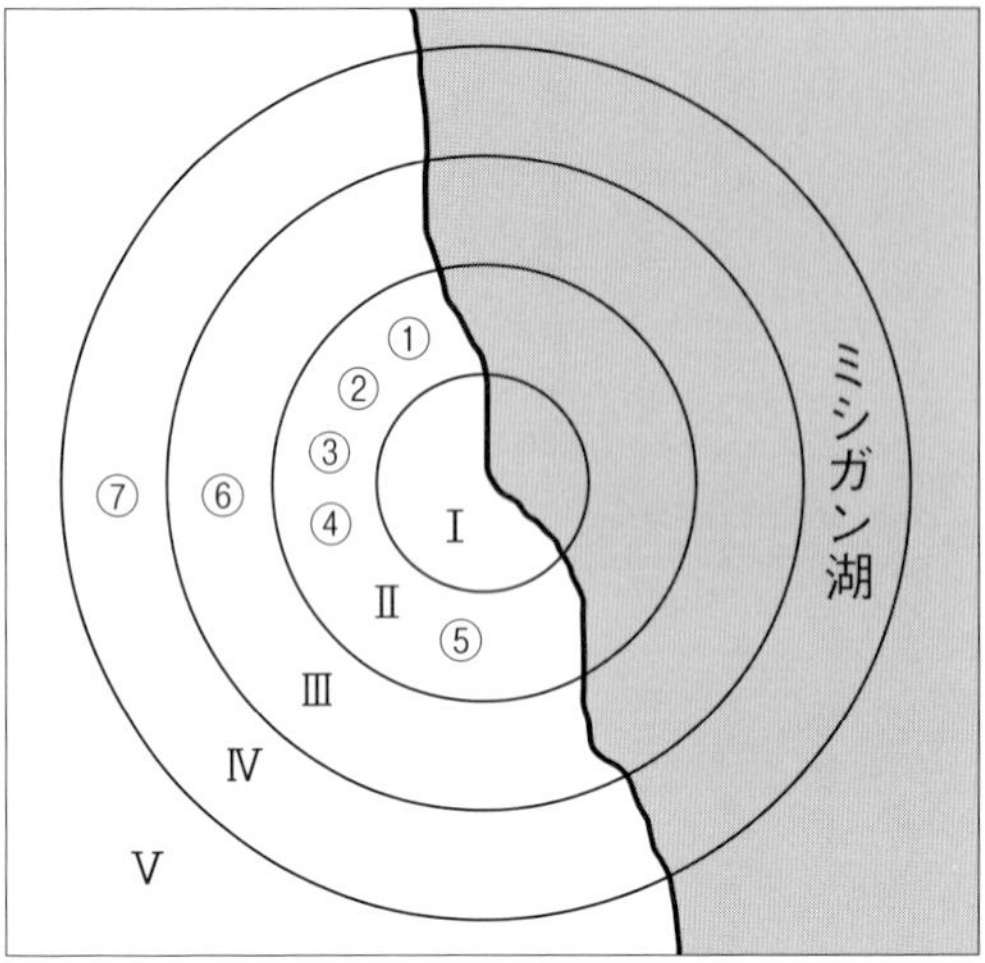

Ⅰ中心業務地帯（ループ）
政治・経済・文化の中心
Ⅱ推移地帯
都心周辺部。移民多い。
貧困・犯罪
Ⅲ労働者居住地帯
工場と労働者（ブルーカラー）
Ⅳ良質居住地帯
Ⅰに通勤する中間層
（ホワイトカラー）
Ⅴ通勤者居住地帯
ⅠやⅢに遠距離通勤する
郊外エリア

①暗黒街
②イタリア系（リトルシシリー）
③ゲットー
④中国系（チャイナタウン）
⑤アフリカ系
⑥ドイツ系
⑦白人専用住宅地

外側の地帯にいくほど治安はよくなり、とくに「良質居住地帯」には比較的裕福な層が暮らす傾向がある。このように見ると、たしかにわかりやすい同心円だ。だが重要なのは、これらの棲み分けが、行政による上からの都市計画によってなされたものではまったくないということである。それらは、ダーウィンの論じたような自然界における生存競争と自然選択にも似た「競争的協力の過程」がもたらしたものと、パークとバージェスは考えたのである。

さて、このようなシカゴ学派が記録した一世紀近く前の大都市シカゴの姿。それは、日本の都市を含む現代世界のさまざまな都市にも当てはまる面を示しているといってよい。シカゴという都市の歴史は、現代の都市のあり方をいち早く予告するひとつの実験室であったとともに、グローバリゼーションの波によってこれから増えてゆくであろう世界中の未来の都市の姿を予告する可能性を示している。

4　世界的都市と都市的世界

現代の大都市

世界の都市人口ランキングというものがある。これは、行政単位としての都市ではなく都市圏、たとえば東京圏を例にすると周辺の千葉や埼玉、神奈川などからの通勤・通学者などを含めた生活圏全体の人口を比較したものである。データの出典によって若干の違いがあったり、年によってある程度の変化はあるのだが、上位に入る都市の顔ぶれはおおむね決まっている。

上位の一〇都市を順に見てみよう。一位は東京（日本、三七二〇万人）である。以下、二位デリー（インド、三二九〇万人）、三位上海（中国、二九二〇万人）、四位ダッカ（バングラデシュ、二三二〇万人）、五位サンパウロ（ブラジル、二二六〇万人）、六位メキシコシティ（メキシコ、二二三〇万人）、七位カイロ（エジプト、二二二〇万人）、八位北京（中国、二一八〇万人）、九位ムンバイ（インド、二一三〇万人）、一〇位大阪（日本、一九〇〇万人）。この並びから何がわかるだろうか。

まず、この上位一〇の都市圏に欧米の都市が入っていないということである。ついわれわれは世界的に有名で大きな都市というと、先に見たロンドンやパリ、ニューヨークなどを連想してしまうが、人口の多さから見るとまったく違った顔ぶれとなるのである。内訳としては東京、大阪を含むアジアから七都市、残りは南米、中米、中東（ないし北アフリカ）の三都市である（欧米の都市は上位三〇位までにニューヨーク、ロサンゼルス、パリ、ロンドンの四都市が顔を出すにとどまる)。

もうひとつは、これらの都市の大半がいわゆる豊かな都市ではなく、いまだに途上国としての特色を色濃く残した都市だということである。もちろんダッカやデリーやサンパウロにも、とんでもない富裕層が暮らしているのはたしかだ。だが、それらはごく一部の特権層であって、人口の大多数は昔ながらの慎ましい、あるいは貧困ラインを下回る暮らしを続ける人びとなのである。ちなみに、国連の下部組織である国連開発計画(UNDP)が発表している「人間開発指数」(その国の所得、平均寿命、教育などを総合した実質的な暮らしの豊かさを示す数値)でこの上位一〇都市のある国の順位を見てみると、日本二四位、インド一三四位、中国七五位、バングラデシュ一二九位、ブラジル八九位、メキシコ七七位、エジプト一〇五位となっている(二〇二四年版)。

もうひとつ挙げると、これらの都市を擁する国がいずれも大量の人口を抱えていることである。一四億人を超えるインドと中国はもちろんだが、上位一〇位中、最も人口の少ないエジプトでも一億一千万人を超えている。これらの国には富裕層もいるとはいえ膨大な人口のほんのわずかを占めているに過ぎず、言いかえるといずれもが国内に深刻な格差の問題を抱えているのである。統計によって若干のズレはあるが、上位三〇位にまで目を向けるなら、ほかにも、たとえばカラチ(パキスタン)、マニラ(フィリピン)、ラゴス(ナイジェリア)、ジャカルタ(インドネシア)など欧米以外の都市が多く顔を出しているが、いずれも同じようなことが当てはまるだろう。世界都市人口ランキングの上位に入る都市の多くは、大量の人口を抱えているという点で「世界的都市」と呼べるかもしれないが、暮らしの豊かさという点で見ると「世界的都市」と呼ぶことは難しいといえるだろう。

二一世紀になり、世界の都市人口は農村人口を上回るようになったとされる。二〇世紀半ばにおける世界の農村人口は、都市人口の二倍であった。ところが、二〇世紀後半に都市人口の増加率は農村人口のそれを上回りはじめ、農村人口の伸びがほぼ頭打ちとなることで、形勢は逆転した。この傾向がこのまま続くと、二一世紀半ばには、世界の都市人口は農村人口の二倍近くになると予測されている。まさに、世界全体が都市化されていくのである。だが、そうやって世界各地に拡がっていく都市圏の多くは、暮らしの豊かさを享受できる場所ではない。

近代以降の都市の歴史を振り返るとわかるように、もともと都市は暮らしやすい場所ではなかった。たとえば一九世紀のロンドンは、犯罪や衛生、都市災害、疫病などさまざまなリスクをともなう場所であり、貧困層の平均寿命は農村部のそれを下回っていたとされる。本来、火災や疫病、飢えを逃れるためには、農村部で暮らす方がよかったのである。にもかかわらずロンドンには、農村部から多くの人口が流入していった。その理由は、ロンドンという都市が農村部の資源（食糧や労働力）の収奪と利用によって発展を続けたからである。土地を奪われ仕事をなくした大量の農村人口は、生活の糧と場所を求めて、ロンドンというリスクだらけの魔都に移り住まざるを得なかった。

かつてのロンドンやシカゴで起きていたことが、二一世紀において世界規模で進行しているということもできるだろう。増え続ける都市人口の大半は、先に見たようなアジア、中南米、アフリカなどのいわゆる発展途上地域に集中している。そこで膨張を続ける都市は、犯罪や疫病などのリスクに充ちている。またそこでは、都市計画などとは無関係の生存競争が日々おこなわれている。シカゴ学派の社会学者が残した民族誌のような世界（浮浪や犯罪、非行、売買春、薬物……）がそこにはある。まさに、現代における都市的世界がそこには拡がっているのである。

ジンメルの都市的世界論

ドイツの社会学者・哲学者のゲオルク・ジンメル（Georg Simmel 一八五八―一九一八）が、都市的世界をテーマに「大都市と精神生活」(一九〇三)という印象深いエッセイを書き残している。ジンメルは、ベルリンの裕福なユダヤ人家庭で生まれ育った。この小論が書かれた二〇世紀初め、ベルリンは一九〇万人の人口を擁するドイツ随一の大都市であり、喧噪のなか、多くの人が行き交う街路にはきらびやかなショーウインドウが連なり、そこにはさまざまな商品が誇らしげに並ぶようになっていた。そのベルリンに生きたジンメルはこのエッセイで、「喧噪や商品などが与える刺戟の急激な流れと精神の高揚こそが大都市の特徴である」と述べている。

このような「大都市の圧制」に対して、人びとはみずからを守るためにある種の没主観的な態度で対応していかざるを得ない。農村や田舎町の人びとが〝情〟によってゆったりとした日々を送っているのに対し、大都市の人間はいわば〝知〟によってそのせわしない日常を処理していく。刺激をそのつど〝情〟によって受けとめることは不可能だ。目にする多数の人びとやあふれる商品を、ひとつひとつ深く受けとめるのではなく、たんなる平板な情報としてやり過ごすしかないのである。ジンメルは、大都市における〝知〟のそうしたあり方が、貨幣によく似ているという。貨幣がおびただしい商品の群れを値段という尺度で淡々と並列させていくのと同じように、大都市に生きる人びとは、〝知〟によって無数の刺激をただの情報として表層的に受け流していく。それはジンメルによれば、人びとの「主体的な生の予防策」なのである。

この予防策はある種の無感覚、あるいは倦怠をもたらす。〝どうせすべてはお金で買える商品にすぎない〟という感覚である。重要なのは、大都市においてこの感覚が、〝どうせみんな他人なのだ〟という態度、つまり周囲の見知らぬ人びとへの無関心や冷淡、あるいは嫌悪にもつながることである。もちろん自分も周囲から無関心や冷淡、嫌悪の対象として、つまりただの他人として扱われている。どれもが商品にすぎないのと同じように、誰もがただの他人にすぎない。けれども、このことが「ある種の個人的自由」を人びとに与えるのだ、とジンメルはいう。大都市のなかで、われわれはただの他人であることによって、自由になることができるのだ。農村や田舎町と異なり、大都市ではよほどのことがない限り、各人の振る舞いはただの他人がやっている所業として黙認され、あるいは無視される。それが大都市の自由である。虚しさも感じさせる自由だ。実際にわれわれは、大都市の雑踏で孤独や寂しさにとらわれることがある。けれども、この自由はたんに消極的な何かではなく、歴史的なたたかいによって獲得されてきた、近代における「人間の普遍的あり方」という考え方、つまり移動や居住、職業選択の自由という積極的理念によって可能となったものなのである。

だが——と、ジンメルはさらにつけ加える——そもそも自由の本質とは、このかけがえのない自分という存在が、その本来のあり方を可能な限り実現することにあるはずだ。大都市においてただの他人でしかないわれわれは、そのような自由の本質から遠ざけられてしまっている。また、分業の進んだ現代の大都市では、自分の本来のあり方は断片化され、一面化され、萎縮させられている。かけがえのない存在であるべき自分は、ますます取るに足りないものになっており、その本来のあり方を実現することは困難となっている。そして、だからこそ、大都市ではかけがえのない自分を表現しようと、派手な振る舞いによって自己を誇示したり、目立とうとする者が出てくるのだ、と。「大都市の圧制」は、そのような街中にあふれる誇示がもたらすものでもあった。そして、ジンメルは結論づける。この「人間の普遍的あり方としての自由」と「かけがえのない自分」という二つの自由が葛藤し、和解するための場所、それこそが大都市である、と。

冒頭の新宿二丁目を思い出そう。親密な友愛の場を求め、そこにはさまざまな人びとが集まってくる。それを可能にしていたのは、「人間の普遍的あり方」としての移動、居住、職業選択などの自由である。さらにそこでは、異性愛主義社会のなかで抑圧されている「かけがえのない自分」本来のあり方、つまり、もうひとつの自由を求め、性的アイデンティティを同じくする者たち同士の親密なコミュニケーションが交わされる。ジンメルのいうように、二つの様式の自由がそこではたがいにぶつかり合い、一致を目指し、交渉し合う。こうして現代の大都市は、ジンメルが論じたような都市的世界であり続け、パークが見出したような実験室であり続けている。

文献

網野善彦『無縁・公界・楽――日本中世の自由と平和』平凡社ライブラリー、一九九六
マックス・ウェーバー『都市の類型学』世良晃志郎訳、創文社、一九六五
ゲオルク・ジンメル「大都市と精神生活」『ジンメル著作集12　橋と扉』居安正訳、白水社、一九七六
砂川秀樹『新宿二丁目の文化人類学――ゲイ・コミュニティから都市をまなざす』太郎次郎社エディタス、二〇一五
ロバート・E・パーク『実験室としての都市――パーク社会学論文選』町村敬志／好井裕明編訳、御茶の水書房、一九八六
藤田弘夫『都市の論理――権力はなぜ都市を必要とするか』中公新書、一九九五
吉見俊哉『都市のドラマトゥルギー――東京・盛り場の社会史』河出文庫、二〇〇八
若林幹夫『熱い都市 冷たい都市　増補版』青弓社、二〇一三
若林幹夫『都市の比較社会学――都市はなぜ都市であるのか』岩波書店、二〇〇〇

第3部　社会学と現代

二一世紀に入った現在、社会は大きな転換期を迎えているようである。マルクス、デュルケム、ウェーバーたちが想像もしなかったような変化が刻一刻と進行している。ここではテクノロジー、グローバリゼーション、主体と公共圏、社会運動とアソシエーションという四つのテーマについて考えてみる。近代と現代はどちらも「モダン」だが、現代という新しい「モダン」はどんな顔をしているのであろうか。

第1章　テクノロジーと社会——テクネーとメガマシーン

1　テクネーとメガマシーン

社会は時間のなかにある。川の流れのように、社会は常に変化している。社会をとらえることの難しさは、時間をとらえることの難しさと同じだ。現在というこの瞬間において、過去の社会はもうすでに存在せず、未来の社会はいまだに存在しない。過去の社会も未来の社会も、われわれ人間がそのつど頭のなかで構成する概念にすぎない。

では社会は、現在という瞬間だけに存在するあやふやなものなのか。それは違う。人間の社会では、過去につくられた法や宗教などが現在の社会を拘束し、さらには未来の社会のゆくえを規定する。法や宗教は、だから、社会を時間のなかにつなぎとめる、人間という種に特有の装置だ。そして法や宗教と並んで人間の社会を時間のなかにつなぎとめるもの、それが「テクノロジー」である。人は先行世代のつくり上げた過去のテクノロジーを用いて現在の社会生活を営む。さらに、現在の社会がつくり出したテクノロジーは未来の後続世代に引き継がれていく。

テクノロジーによって現在の社会は過去と未来につながっている(法や宗教もその意味ではテクノロジーなのだ)。

テクネー

もちろん、テクノロジーといっても難しく考える必要はない。スタンリー・キューブリック(Stanley Kubrick 一九二八－九九)の映画『2001年宇宙の旅』(一九六八)の冒頭を思い出そう。類人猿が空に投げ上げた棒のような何かの動物の骨。それが次のショットでは宇宙空間に音もなく浮かぶ宇宙船に変わっている。数十万年の時間を一瞬に飛び越える大胆なモンタージュだが、その間に人間が自然界に働きかけてつくり出してきたもの、さらにはその間さまざまに形を変えながら継承されてきたもの、それらすべてが「テクノロジー」だ。類人猿の手にする一本の骨は世代を超えて継承され、宇宙船にまでつながりながら、人間の社会を過去から未来へとつなぎとめている。

一本の骨と宇宙船に共通することは何だろう。まず第一に、目的に対する手段だということである。穴を掘るための手段として一本の骨があり、観測や実験をするための手段として宇宙船がある。第二に、人間が関与する事柄だということである。一本の骨も宇宙船も、人間が製作したり利用したりする。つまり、人間が道具を用いる存在であり、目的＝手段の連鎖をつねに意識しながら行動する存在である限り、そこには必ずテクノロジーがともなうのである。

「テクノロジー」や「技術」という言葉の語源は、古代ギリシア語の「テクネー」である。テクネーという言葉は、何かを制作する際に用いられる知識や技術を意味していた。テクネーより広い概念に「ポイエーシス」があった。ポイエーシスには詩作という意味もあったが、大きくは自然の世界も含めて何か混沌とした状態から秩序が生まれることを意味した。雲が湧き、花が咲き、仔が産まれる。詩をつくる、絵を描く、音楽を奏でる。こうした営みはすべてポイエーシスであった。そのようなポイエーシスにとくに人間が関わる時に用いられる知識や技術がテクネーであった。テクネーは、人間が道具を用いて自然を意のままにしようということではなく、隠れていた自然の本質や秩序が姿を現すための手助けを意味していた。自然の営みと人間の営みは、テクネーをとおして連続していた。だからテクノロジーはもともと、意識的存在としての人間が自然の世界に働きかけるための知識や技術の体系であるとともに、人間の世界と自然の世界を調和のとれた形でつなぐ、賢い仕掛けでもあったのである。

メガマシーン

だが、ここで考えてみないといけない。たしかに古代ギリシアの時代には、人間の営みは自然の営みのなかに包み込まれ、安定した秩序をなしていたように見える。ところが現代はどうか。原子力発電や遺伝子組み換えのように、テクノロジーは、自然の営みに真っ向から挑みかかる暴力性を孕むようになっている。

つまり、一本の骨と宇宙船の違いにも注目しなければいけないのである。アメリカの文明史家ルイス・マンフォード（Lewis Mumford 一八九五－一九九〇）は、古代文明に成立した王権が「メガマシーン」あるいは「巨大機械」とでも呼べるシステムを生み出したといっている。絶大なる宗教的権威を背景に、大規模な徴税と徴兵をおこなうことのできた古代の王権は、国土を防衛する城壁建設のために、あるいは大河の氾濫を制御する治水工事のために、あるいはみずからの権威を誇示する記念碑建設のために、無数の民衆を動員してきた。中国の万里の長城、チグリス・ユーフラテス川沿いの運河や貯水池、エジプトのピラミッドや神殿。近代的な機械装置のなかった時代に、これらを建設するには莫大な量の労働力が必要だった。マンフォードは、ここに人間部品からなる巨大な機械、すなわちメガマシーン（Megamachine）が作動していると指摘する。

マンフォードのいうメガマシーンは、ブルドーザーやクレーンのような機械ではない。そこにあるのは生身の人間と簡単な道具のみである。ひたすら人海戦術に頼り、何十年もかけながら巨大な建築物を営々とつくり上げていく。だがマンフォードにいわせるとそれは、長く広い時間と空間に分散した「見えない機械」であり、王や指揮官の命令の下に大規模で組織的な活動を展開する「労働機械」であり、破壊や攻撃にも利用される「戦争機械」であった。

現代社会は古代のような王権制ではない。しかし現代の巨大な国家や資本は、古代の王をはるかに超える権力を持っている。それらが動員する資源やエネルギー、労働力の量は、途方もない規模に及ぶ。宇宙船や原子力発電、遺伝子組み換えは、こうした現代的メガマシーンの産物である。これらのテクノロジーはもはや、自然のポイエーシスと調和を保っていたテクネーではない。それらは自然の世界に対する大きな脅威であり、さらには現在の社会と未来の社会を結びつけるどころか、ことによっては未来を消滅させる可能性をも孕んでいる。

そうしたことを念頭に置きながら、テクノロジーと社会の関係を考えていこう。宇宙開発も原発もバイオ・テクノロジーも重要だが、ここではとくに交通とメディアのテクノロジーを中心に考えてみたい。社会がコミュニケーション・システムであるなら、交通とメディアこそ、その柱だからである。

2　交通とテクノロジー

ゲーテの『イタリア紀行』

その昔、『ファウスト』や『若きウェルテルの悩み』などで知られる文豪ゲーテ(Johann Wolfgang von Goethe 一七四九－一八三二)がドイツのワイマールからイタリアまで旅をした。馬車や徒歩によるのんびりとした旅程だった。その長旅の日々を、ゲーテは紀行文に書き残している。たとえば、一七八六年九月一九日のヴィチェンツァでの記述はこんな具合だ。

ヴェロナからここへ来る道中は、非常に気持ちがよい。車は山並みに沿って北東へ進み、土砂、石灰、粘土、泥灰石から成っている先端の山々がしょっちゅう、左手に見える。その山々を形作っている丘陵の上には、村落、城郭、家屋が点在している。右手には広漠たる平野が横たわり、その上を車は進んで行くのである。(中略)道路はあらゆる種類の、そして職業の人たちでいっぱいだ。とりわけ面白かったのは、低い、お皿のような車輪のついた車である。それには四頭の牛が繋がれて、農園からぶどうの実を運び、かつ潰すための大きな桶を載せて往復するのである。馬子たちは桶が空なときにはその中に立っているが、それはさながらバッカスの凱旋行列そっくりである。並んでいるぶどうの樹のあいだの地面は、あらゆる種類の穀物、特に玉蜀黍と黍との栽培に利用されている。

(ゲーテ『イタリア紀行』)

ゲーテの書き記したこの牧歌的な光景の描写、それは、馬車でゆっくりとイタリアの風土のなかを進むゲーテが、周囲の植物や鉱物、人びと、家畜、建物、風などと取り結んだ関係の表現だった。高速の移動手段がまだなかった時代の人びとが自分の身のまわりの世界とつくり出していたこうした関係は、しかし、近代に入ると変容を余儀なくされる。鉄道が発明されるのである。

鉄道と「前景の消失」

鉄道は典型的なメガマシーンだ。レール、機関車、客車といった要素だけでなく、乗務員、乗客、沿線住民、さらには鉄道会社、地域社会、国家といった各レベルの団体、石炭や電気などエネルギー源の供給機関……という具合に、さまざまな要素が組み合わさって機能する巨大機械である。これだけのものを組み合わせ、それを円滑に運営するのは大仕事である。古代の王権など足元にも及ばぬ強大な権力がそこに作用していることがうかがえる。

鉄道が世界で初めて開通したのは、一九世紀初めのイギリスだった。木製のレールによる軌道はすでに一六世紀から鉱山などで用いられていたが、鉄道が本格的な高速輸送手段として脚光をあびるようになるのは、産業革命のさなかに蒸気機関が発明されてからである。最初に実用化されたのは、一八二九年にイギリスの技術者ジョージ・スティーブンソン（George Stephenson 一七八一－一八四八）がつくったロケット号という蒸気機関車だった。初期の鉄道は時速三〇キロから四〇キロ程度のスピードだったが、それでも従来の郵便馬車の三倍であり、人びとの生活と意識は大きく変わった。

イギリスでは、一八三〇年にマンチェスター／リヴァプール間で貨物と旅客をともに輸送する鉄道が開通して以来、国中に鉄道網が整備されていった。一定の高さを維持しながらまっすぐにレールを敷く必要があるため、自然の地形に次々と手が加えられ、鉄道周辺の景観は大きく変化した。切り通し、鉄道堤、トンネル、高架橋など、それまで見たこともない光景が車窓の両側に広がるようになった。そうした変化を、ドイツの文化史家ヴォルフガング・シヴェルブシュ（Wolfgang Schivelbusch 一九四一－二〇二三）は「前景の消失」と表現している。

先に見たゲーテの紀行文のように、かつては「前景」が旅人を風景に織り込んでおり、いわば旅人は風景のなかに生きていた。ところが、鉄道による高速移動で前景が消失し、旅人は「全体空間」から抜け落ちることになった。一方には、車窓を流れる「パノラマ」を観賞する主体としての旅客。他方には、「オーラ」を失った客体としての風景。人びとはあたかも、写真やテレビでも見るような感覚で風景を眺める。「観光旅行で遠い地方をわがものにすること、これは複製技術によってあらゆる物の一回性をわがものにする段階の前の段階であり、その準備である」（シヴェルブシュ 一九八二）。こうして鉄道は、人びとの外界に対する知覚を変えていったのである。

シヴェルブシュは、こんなこともいっている。鉄道という高速輸送機関は時間と空間を「廃棄」すると同時に「生産」する。どういうことか。それまで徒歩や馬車で何日もかかった旅路が、数時間に短縮される。それは時間と空間の廃棄だ。他方で、その数時間を過ごす列車の車内。それは新しく生産された時間であり、空間である。少し長くなるが、そして唐突なようであるが、夏目漱石（なつめ・そうせき 一八六七－一九一六）の『三四郎』（一九〇八）の冒頭を引用しよう。

うとうとして眼が覚めると女はいつの間にか、隣の爺さんと話を始めている。この爺さんはたしかに前の前の駅から乗った田舎者である。発車間際に頓狂な声を出して、馳け込んで来て、いきなり肌を抜いだと思ったら背中にお灸の痕がいっぱいあったので、三四郎の記憶に残っている。爺さんが汗を拭いて、肌を入れて、女の隣に腰を懸けたまでよく注意して見ていたくらいである。女とは京都からの相乗である。乗った時から三四郎の眼に着いた。第一色が黒い。三四郎は九州から山陽線に移って、だんだん京大阪へ近づいてくるうちに、女の色が次第に白くなるのでいつの間にか故郷を遠のくような憐れを感じていた。それでこの女が車室にはいって来た時は、何となく異性の味方を得た心持ちがした。この女の色は実際九州色であった。

（夏目漱石『三四郎』）

九州から上京しようとする三四郎の前に、初対面の旅客が入れ代わり立ち代わり乗り込んでくる。三四郎はそれを観察するともなく観察している。このような、赤の他人と何時間も対面しながらじっと過ごす空間。たしかにこれは、近代に入って新しく生産された時間・空間といってよい。近代以前の社会にはそうした場はなかったか、あってもきわめて稀だった。鉄道の車両は、匿名の関係のなかで視線が交錯する近代社会に特有の場である。そこはある種の都市空間であり、あるいは公共空間だ。そこでは視線の質が何よりも大事になる。凝視してはいけない。かといって、目の前の相手を完全に無視してもいけない。そうした微妙な視線が、このような場では要求される。他人に積極的に関与するでもなく、無視するでもない対人関係。それはまさに、大都市の路上ですれ違う歩行者たちの関係だ。列車の車内という新しい空間・時間は、こうして近代人の対人感覚をも知らぬ間に変容させていったのである。

鉄道と社会システム

鉄道が変えていったのはそれだけではない。鉄道によって、社会のしくみそのものが変わったともいえるのである。とくに重要なのは、社会システム全体が共通の時間に沿って営まれるようになったことだ。

鉄道網がスムーズに機能するために不可欠なのは何か。それは「時刻表」である。時刻表は鉄道が浸透する以前、駅馬車の時代から存在した。けれども、時刻表が人びとの生活のなかで大きな意味を持ちはじめるのは、鉄道の時刻表が広く使われるようになってからである。鉄道の時刻表により、人びとは共通の時間に従って行動するようになったともいえるのだ。それまで人びとは、共同体や職業ごとにばらばらの時間を生きていた。それぞれに固有の生活リズムがあったからである。ところが鉄道の利用が一般化するにつれ、時刻表を介して生活リズムが統合されるようになってきたのだ。

大げさな言い方になるが、そもそも時刻表とは何だろうか。それは、時間と空間を秩序づけ、社会生活を同期化する装置である。ある決まった時間に決まった場所に移動する、たとえば五月一日の午後四時に大阪に行くという行動。時刻表がないと、こうした当たり前の行動も不可能である。時刻表があるから、たとえば、札幌の人も鹿児島の人も同じように五月一日の午後四時に大阪へ移動できる。その日、その時刻に、大阪で会おうという約束もできる。時刻表によって札幌と鹿児島と大阪という三地点が共通の時間軸・空間軸の上で結びつけられる。こうして、商取引であれ、親戚づき合いであれ、観光であれ、社会生活が同期化されるのである。

ところで、旅行代理業の元祖として有名なイギリスのトマス・クック（Thomas Cook 一八〇八－一八九二）が「ヨーロッパ鉄道時刻表」を最初に売り出したのは一八七三年のことだった。つまり、その頃にようやくヨーロッパ各地の時間が同期化されたということである。それまでは、各地の時間はばらばらだった。フランスでは四つの地域時間が並立していたというし、アメリカでは一八七〇年まで八〇の異なる鉄道時間があったという。イギリスも同じような状況であり、その不都合を解決するために鉄道の時間が標準時として用いられていた。つまり、共通の時間を成立させるために鉄道が果たした役割はきわめて大きいのである。近代社会は、社会の各部分が共通の時間軸で作動し、その過程でヒト・モノ・情報の流動性が一気に高まるというしくみだった。鉄道と時刻表というテクノロジーは、そうしたしくみを生みだす大きな一因となったのである。

鉄道とコミュニケーション

鉄道についてもうひとつ、ぜひとも指摘しておくべきことがある。それはコミュニケーション、あるいは通信である。

鉄道にとって最も注意が必要なこと、それは事故の予防である。脱線はもちろんだが、何よりも恐ろしいのは衝突や追突だ。それを防ぐために、鉄道の歴史ではすでに初期の頃から、路線が複数の区間に分割され、区間ごとの視覚信号による発進の制御がおこなわれていた。当該区間に列車が走っていなければ青信号、走っていれば赤信号というようなしくみだ。この信号によって列車の運行をコントロールし、事故を予防した。ヨーロッパでは有線による電信システムがすでに一八〇〇年代初頭に発明されており、それが利用されたのである。

電信システムは、事故予防だけに用いられたわけではなかった。実際に事故が起きてしまった時の緊急連絡用にも電信は用いられた。やがてそれは、貨物や旅客の輸送に先立つ連絡手段としても利用されていく。いつ何時に貨物や旅客が到着するかを相手方に連絡した上で輸送がおこなわれるようになっていくのである。ヒト、モノ、情報の移動や輸送は、あらかじめの連絡がともなって初めて効率的におこなわれる。たとえばマンチェスターからリヴァプールに資材を輸送する場合、あらかじめそのことをマンチェスターからリヴァプールに伝えておいた方が好都合だ。そうすれば生産計画や販売計画がスムーズに実行されるからである。こうして電信システムの導入は、貨物輸送や旅客の移動にともなう効率性や計画性を格段に高めていった。

その利便性が認識されるや、電信システムはまたたく間に鉄道網全体をつないでいくことになった。ヨーロッパでは、一八四〇年代にこの電信システムが鉄道から他の産業へ波及し、電信による通信ネットワークが社会に多大の変化をもたらしていく。それは郵便制度の整備と並ぶ画期的なコミュニケーションの変革だった（イギリスでは全国均一料金制による近代的な郵便制度が一八四〇年に開始されている）。インターネットなどが登場する、はるか以前のことである。

では電信システムの普及は社会に何をもたらしたのか。それは輸送とコミュニケーションの分離である。電信システムがなければ、たとえば、マンチェスターからリヴァプールに資材が到着した時点で初めて、その資材が到着したという情報も届く。つまり輸送とコミュニケーションは同時である。それに対し、電信による連絡は、事前であれ事後であれ、現物の移動とは時間的な隔たりをともなってなされる。モノやヒトの移動とコミュニケーションが分離するのである。輸送とコミュニケーションの分離、それは、「コミュニケーション」が自立して独自の領域を構成していくことにほかならなかった。

3　メディアとテクノロジー

こうして「コミュニケーションの時代」が、一九世紀末から二〇世紀初めにかけてはじまる。それは、コミュニケーションを可能にする新しいメディアが次々と登場した時代でもあった。現代社会がその延長上にあるのはいうまでもないだろう。そこで現代社会との関わりを意識しながら、活字メディア、映像メディア、電波メディアの三つについてその歴史的背景を考えてみよう。

印刷と近代

活字メディアの歴史を語る時、必ずふれられるのが、一五世紀におけるドイツのヨハネス・グーテンベルク（Johannes Gutenberg 一三九八頃–一四六八）による金属活字の発明である。グーテンベルクのこの発明は、マルティン・ルターによるドイツ語訳聖書の印刷にも利用され、宗教改革を促したともいわれる。メディアの革新が歴史の革新につながった典型例だ。だが、注意しておきたい点がある。この活版印刷術はたしかに複製技術ではあったが、大量の印刷物を生産できなかったということだ。あくまで職人が手作業で一枚一枚刷っていたのである。活字メディアが文字どおりマス・メディアとして大量の印刷物を生産できるようになったのは、一九世紀、つまり近代社会のまっただなかに入ってからである。

大量印刷に不可欠なもの、それは機械の動力である。その動力を可能にしたのが一八世紀の産業革命による蒸気機関の発明だった。蒸気のエネルギーは回転運動に変換するとより効率的に利用できる。だから印刷も回転運動が好都合である。回転する印刷機械、すなわち輪転機のアイディアは一八世紀末にそんな風にして生まれた。初めはなかなか実用化までいたらなかったが、一九世紀の初め頃、ようやくドイツで動力装置を備えた輪転機が開発される。たちまち欧米各国に普及していった輪転機にさらに改良が加えられ、一八四一年には一時間二万枚の印刷能力を持つホー式輪転機が開発される。まさしく活字はマス・メディアになっていくのである。

高速印刷が可能となったため、一九世紀には大量の印刷物が流通するようになった。問題は、それを読める人がどれだけいるか、だった。読者がいなければ、それらはただの紙くずにすぎない。一九世紀はそれらを読める人が大量に登場してきた時代でもあった。この時代にヨーロッパ各国は公教育制度を導入し、国民の識字率は急上昇する。国語教育を通じて国内の言語が統一され、標準的な「英語」や「フランス語」や「ドイツ語」なるものが存在するという観念が浸透する。教科書に描かれた歴史物語を学ぶことで、自国には唯一無二の「歴史」があるという観念もまた浸透していく。つまり、近代の国民国家（Nation-state）の形成を可能にしたのは、大量の印刷物だったのである。

印刷と心

ところで、大量印刷はいわゆる「読書階層」と呼ばれる人びとを生んでいった。聖書や新聞を習慣的に読むだけでなく、それ以外にも楽しみのために本を読む人びとである。もちろん農民や労働者の多くは、そんな楽しみなど知らなかった。読書階層のほとんどは、都市に住む比較的裕福で高学歴の人びとだったといってよい。そうした人びとが好んで読んだのが小説だった。一九世紀は、「小説」というジャンルが新しく生まれた時代でもある。小説はそれまでのさまざまな文学ジャンル、たとえば神話、伝説、騎士道物語、宗教説話などが混淆したまったく新しいハイブリッド型の言説だ。その一見単純な姿からはわからないが、きわめて人工的で作為的な言葉の構築物である。

興味深いのは、そうした小説を読むことで、読む人のなかに「内面」の感覚が生まれていったことだ。ブロンテ姉妹やフローベールの小説に描かれた場面は、現実にはどこにも存在しない。しかしそれらの小説を読む時、ヒースの生い茂る北イングランドの光景や、逢い引きの場所に急ぐエンマ・ボヴァリーの姿が生々しい現実感をともなって見えてくる。その光景や姿はどこにあるのか。自分という読者の「内面」にしかないだろう。あるいは登場人物の感情や心の動きはどこにあるのか。これもまた、それを読んで共感なり感動している自分の「内面」や「心」のなかにしかないだろう。こんな風にして、読書をする人びとの内面や心が強調されるようになっていくのである。

そうした流れは次のような観念にもつながっていった。すなわち、「内面や心はひとりひとり違っている」「ひとりひとりの内面や心はそれぞれかけがえのない、世界にひとつしかない大切なものだ」という観念である。一九世紀に確立された近代教育学や犯罪学、心理学などは、個人の大切な内面や心をいかに育むか、矯正するか、ケアするか、といったことに朝から晩まで心を砕く領域だ。それらの学問領域は、小説のきょうだいともいえる。いずれにせよ、ひとりひとりの個性が何より大切にされる時代がはじまったのである。そして皮肉なことに、ひとりひとりの内面や心を尊重する時代のはじまりは、誰もが同じような心の動きをさせられてしまう時代のはじまりでもあった。

フランスで一八五一年に起きたルイ＝ナポレオンによるクー・デタ成功に、そうした時代の兆候を見て取ることができる。ルイ＝ナポレオン大統領はクー・デタに際して、パリの街中に大量の「公式文書」を貼りまくり、パリ市民の世論を誘導することに成功した。クー・デタ後、ルイ＝ナポレオンは大統領任期を一〇年に延長し、さらには皇帝に就任してしまう。こうした荒唐無稽な展開を導いたのは、大量印刷のテクノロジーによる大量の政治パンフレット、ビラ、壁新聞、ポスターを用いた大衆の煽動だった。誰もが特別な自分だけの心を持っているはずなのに、誰もが同じような方向に誘導されてしまう時代。状況は、二一世紀の現在になってもあまり変わっていない。それどころか、そうした傾向はむしろ強まっている。

映画と近代

大量印刷の時代は、映像の時代のはじまりでもあった。一八九一年にアメリカのトマス・エディソン（Thomas Edison 一八四七－一九三一）が「キネトグラフ」と「キネトスコープ」を、九五年にフランスのリュミエール兄弟（Auguste

Lumière 一八六二－一九五四、Louis Lumière 一八六四－一九四八）が「シネマトグラフ」をそれぞれ発明する。どちらの発明も重要だが、社会学的に興味深いのはリュミエール兄弟の方である。

リュミエール兄弟は、発明したシネマトグラフ・カメラを使い、屋外のテーブルで食事する赤ん坊、駅に到着する機関車、一日の仕事を終えて工場から出てくる労働者など、日常の何気ない光景を撮影し、それをパリのグラン・カフェの地下で観客に見せた。もちろん入場料を取って、である。駅のホームに入ってくる列車の映像に驚いた観客たちが逃げ出したという、まことしやかな伝聞が残されているが、どうも本当のことではなかったらしい。注目したいのは、カメラのレンズをとおして撮影され、白いスクリーンに映し出されるそれらの何気ない日常の一コマが、きわめて新鮮で刺激的に見えたこと、そしてその映像が観客の心を揺さぶる力を持っていたことである。

リュミエール兄弟の映像はショットのつなぎもないシンプルなものだったが、彼らの発明した映画はやがてフランスのメリエス（Georges Méliès 一八六一－一九三八）、アメリカのグリフィス（D. W. Griffith 一八七五－一九四八）、ソヴィエトのエイゼンシュテイン（Sergei Eisenstein 一八九八－一九四八）らをはじめ、世界中の映画作家に継承されていく。その過程で、新しいさまざまな技法が考案されていった。とりわけ、ズームやパン、俯瞰、鳥瞰といったショットの工夫に加え、それらのショットを切ったりつないだりする「編集」という技法が、それまで誰も見たことがない新しい「現実」をつくりだすようになる。

いや、「誰も見たことがない」という言い方は正しくないかもしれない。映画は誰もが毎晩視る「夢」に似ているからである。時間や空間が伸縮したり、順番が唐突に入れ替わったりする点で、あるいはそれを視ている自分が登場人物にも観客にもなり得る点で、映画と夢はよく似ている。映像は現実を写したものとされているが、カメラによって切り取られた現実は、ショットや編集の工夫によっていわば「夢」へと変換されるのである。リュミエール兄弟が撮った一見シンプルな映像も、ある特定の空間を一定の時間、一定の視点からフィルムにおさめているという点で、すでに編集されたものといってよかった。

加工され、編集された現実としての映像。映画というテクノロジーが映し出す現実は、「現実」の顔をして観客の心を揺さぶる「夢」である。だから映像は、観客に一時的な「現実逃避」を約束するとともに、それを視る者を「現実誤認」に陥れる危険性を持つ。この危険性は、一九二〇年代にトーキー映画が、さらには三〇年代に本格的カラー映画が開発されたことでさらに高まった。映像は、より「本当らしい音」、より「本当らしい色彩」を素材に構成されるようになり、きらびやかな王室の婚礼儀式から戦場の塹壕《ざんごう》に折り重なる死体まで、アルプスの山頂から南太平洋の海底まで、さまざまな「現実」が人びとの前に提示されていった。それらの映像はまさに「夢」であった。二〇世紀に各国であれだけ多くの戦意高揚映画やプロパガンダ映画がつくられたのは、映画というテクノロジーに、現実と夢の境を曖昧にさせるそうした特性があったからでもあろう。

視ることへの欲望

ところで、映画は人びとに「何かを視たい」という強い欲望を植えつける。単純にそれを「視ることへの欲望」と呼んでもいいだろう。何かを視ることで充たされる欲望、それは近代以前にもあった。絵画であれ、彫刻であれ、演劇であれ、昔から存在した。しかし、暗闇のなかでじっとスクリーンを凝視する映画が喚起する欲望は、それらとは異なるように思える。むしろ見世物の世界である。

リュミエール兄弟の地元フランスでは、写真の生みの親として有名なダゲール（Louis Jacques Mandé Daguerre 一七八七―一八五一）が、一八二二年に「ジオラマ」と呼ばれる見世物を公開していた。ジオラマというのは、回転席に座った観客の目の前をピサの斜塔やピラミッドといった観光名所を描いた絵が横切っていく装置である。遠近法や照明の工夫によって、あたかも本物の世界旅行をしているような感覚を体験できる見世物であり、各地で人気を博していた。つまり「覗き視る」ことの快楽を、都市住民たちはすでに教えられていたのである。視ることへの欲望と快楽の時代。それはちょうど、パリやロンドンに百貨店がつくられ、ショーウインドウに陳列されたきらびやかな商品群を人びとが快楽とともに眺めるようになった時代でもあった。映画はまさに、この「覗き視る」という快楽をより刺激的に与えてくれるテクノロジーだった。

映画がもたらした新しい知覚の世界では、加工され編集された疑似現実によって生活領域の大部分が覆いつくされ、そこでわれわれは、夢を覗き視ながら日々の生活を送る。映像作家のジャン＝リュック・ゴダール（Jean-Luc Godard 一九三〇－二〇二二）は、クロースアップ（close-up）という技法こそが映画俳優や政治家といった「スター」をつくり出すのだと断言する。「なにかをスターに仕立てあげるものは、光の束なのです。だから、クロースアップは映画によって発明されたのです。そしてそのクロースアップから派生したスターとスター・システムの歴史は、そのあと、政治にまで波及しました。なぜなら、テレビは政治の俳優たちにとっての主要な媒体だからです……」（ゴダール 二〇一二）。スターを覗き視たい、という欲望が先にあってスターが生まれるのではない。クロースアップというテクノロジーがまず先にあり、スターを視たいという欲望を事後的にかき立てるのである。

ラジオと国民国家

二〇世紀に入ると、音や映像は遠隔地から送られるようになった。いうまでもなく、ラジオやテレビという電波メディアによってである。電波メディアの原理はすでに一九世紀に発見されていた。イギリスの物理学者ジェームズ・クラーク・マクスウェル（James Clerk Maxwell 一八三一‐七九）が一八六四年に電磁波の存在を指摘し、一八九五年にはイタリアの電気技術者グリエルモ・マルコーニ（Guglielmo Marconi 一八七四‐一九三七）が電磁波を用いた通信装置を発明していたのである。しかしそれらの発見や発明がラジオやテレビとして実用化されるのは新しい世紀になってからだった。ラジオの実験放送はアメリカで一九二〇年に、テレビの実験放送はイギリスで一九二九年にはじまる。

先に実用化され、浸透していったのはラジオの方だった。意外に思えるかもしれないが、もともと無線通信の装置としてスタートしたラジオは、当初、マス・メディアというよりむしろパーソナル・メディアであった。アメリカでは二〇世紀初め頃、アマチュア無線が一大ブームになり、それがいつの間にか大規模なネットワークを形成するようになっていた。そうしたなかで、ある専門技師が無線による定期放送を開始する。一九一八年のことだ。その後、一九二〇年にウェスティングハウス社による広域向けの本格的なラジオ放送がスタートする。一対一の通信手段であったラジオが、こうして次第にマス・コミュニケーションの手段として用いられるようになっていくのである。どこか今のインターネットの発展と似たところが感じられるだろう。

ラジオというメディアの特徴とそれが社会に与えた影響については、いろいろなことが挙げられる。とりあえず指摘しておくべきなのは、〈共時性〉〈日常性〉〈煽動力〉の三点だろう。

〈共時性〉について。ラジオは、情報を瞬時にして共同体全体に行き渡らせる。ローカル放送であれ全国放送であれ、電波の届くところではどこでも同一の情報を同一の時刻に受け取ることができる。これは言いかえると、「共通の時間」がそこに出現するということだ。時計というテクノロジーは大昔からあった。しかし、時計はそれが設置された場所の時間しか表現できない。たとえば、二つの時計がそれぞれニューヨークとシカゴにあっても、その二つの時計が同じ時刻を指しているかどうかは誰にもわからない。ところが、ラジオの伝える時報、これはどこにいても(ほぼ)同じ瞬間に聞こえる。各地の時間の統一性は通信装置の発明によって初めて保証されることになった。ラジオをとおして二〇世紀の人びとは、「共通の時間」という感覚を身につけていった。

〈日常性〉について。ラジオは、聴覚コミュニケーションの装置であるため、目の前に障害物があろうが、仕事の最中であろうが、ラジオの受信機が置かれた場所であれば、いつでも、どこでも聞こえてくる。通勤電車や自動車のなか、会社のオフィス、受験生の机の上、近所の魚屋さんの店先……という具合に、ラジオはわれわれの日常生活の細部に入り込んでくる。このようにラジオは――テレビ以上に――日常性をそなえたメディアである。この日常性が、小型化とポータブル化の技術革新によって大きく進んだことはいうまでもない。すでにエディソンが一八七七年に発明していた蓄音機の技術とともに、ラジオは、「今、ここ」にない無数の音や声を生活空間のなかに溶け込ませていった。こうして、われわれの日常は、いわば「幻聴」に彩られたものになっていく。

〈煽動力〉について。ラジオの持つ煽動力は、時として映像メディアを上回ることがある。次のようなエピソードを知っているだろうか。一九三八年に、アメリカのあるラジオドラマが引き起こしたパニックのことだ。オーソン・ウェルズ(Orson Welles 一九一五-八五)が制作した『火星からの侵入者』というラジオドラマのなかで、火星人が円盤でアメリカの都市を襲うシーンがあり、それを本当の出来事と思い込んだ人たちが大パニックに陥ったという話である。一部の地域では都市機能がマヒするほどだったらしい。じつはこのエピソードは、現在ではつくり話だったとされているのだが、かつては社会心理学などでデマや流言の影響力を説明する際によく使われていた。だが、ことの真偽はさておき、ラジオは映像や視覚コミュニケーションが優勢になった現代社会のなかで、むしろ「音しか聞こえない」ことにより、人びとを一定の方向に向けて一気に煽動していく力を持つことに注意したい(試しに一度スポーツ中継をラジオでじっくり聴いてみるとよい)。

ラジオの持つこれらの共時性、日常性、煽動力が、近代国民国家の形成に果たした役割は果てしなく大きい。日本のラジオ放送の開始は一九二五(大正一四)年である。当初は、東京、名古屋、大阪の放送局が、ほぼ同時に、独立した局としてスタートした。だが一九二六(大正一五)年にこの三局は統合され、「社団法人日本放送協会」が発足する。一元的に全国をカバーする放送網が整備され、そこを飛び交う電波は逓信省《ていしん》の管理下に置かれることになる。全国津々浦々ラジオ受信機のあるところならどこでも響き渡る、国家管理された音と声。これらの音や声は、聴く者に「日本」という国土空間の存在を感覚的に認識させる格好の素材となった。

日本中の人が、今、この音を聴いているという実感。「日本」という国土空間が存在し「日本人」という国民が「日本語」という国語を話し、聴いているという感覚。こうした新しい感覚をラジオはもたらしていった。たとえばラジオ体操。逓信省の簡易保険局が国民の健康増進と保険思想の普及を目的に実施しはじめたラジオ体操だが、その放送開始は一九二八(昭和三)年であり、日本のラジオ放送開始のわずか数年後であった。音楽と号令に合わせ、日本中の村や町で皆が同じ時刻に同じ動作をする。こうした光景は、ラジオが普及する以前には見られなかった。

あるいは玉音放送。一九四五(昭和二〇)年八月一五日、それまで放送することはタブーとされてきた昭和天皇(しょうわてんのう 一九〇一-八九)の声が、ラジオから聞こえてくる。初めて聴く天皇の声。敗戦の日まで、ラジオのなかにその声はあってはならなかった。その「声の不在」によって逆説的に意識させられてきた天皇、すなわち「国体」の観念は、ラジオをはじめとするメディア・テクノロジーによって支えられてきたともいえるのである。

4　テクノロジーと現代社会

テクノロジーは正義か悪か、という論争が昔からある。交通事故や環境破壊など、テクノロジーが発達したせいで生まれたさまざまな害悪を知らない人はいない。それらはすべてテクノロジーそのものに本来そなわる悪い本質に原因があるのだ、という立場の議論と、いや、テクノロジーそのものは悪くない、それを悪用する人間が悪いのだ、という立場の議論が対立してきたのである。

だが、こうした問題の立て方には問題がある。単純化していうと、これらはみな、テクノロジーと社会を別々に考えているのである。つまり、テクノロジーが悪いのか、それを利用する社会が悪いのか、という図式。けれども、ここまで紹介してきた事例からわかるように、テクノロジーと社会を分けて考えることはできない。両者はいわば互いに編み込まれているのである。どちらかを取り出して、その善悪を論じてもあまり意味がないのだ。

漱石の『三四郎』を思い出そう。この小説が発表されたのは一九〇八（明治四一）年。その二年前の〇六（明治三九）年に「鉄道国有法」が成立している。政府は日露戦争のあと、北海道から九州までの鉄道を国有化し、一元的に管理する必要を痛感していた。資本主義と軍国主義の発展にとり、国内市場の統一と軍事輸送の効率を高める鉄道網の一元的管理は不可欠だったからだ。国有化された鉄道は、経済および軍事上の理由から、日本という国民国家の端から端までを一気につないでいった。三四郎が九州から東京まで鉄道で長旅を続けられたのは、日本社会のそうした変貌が背景にあったからである。当時の日本社会において、鉄道はまさにマンフォードのいう「労働機械」であり、「戦争機械」であった。テクノロジーと社会はそんな風にして互いに編み込まれているのである。

さて、現代のテクノロジーはまさに日進月歩であり、その姿をとらえるのはきわめて難しい。ひとつひとつをフォローしようとしても、あっという間に新しいテクノロジーが登場してくるからだ。ただ、ひとつだけいえるのは、交通とメディアのさらなるグローバル化と高速化である。たとえば、世界の定期航空旅客数は一九八一年時点で六億四〇〇〇万人だったが、二〇一九年には四四億八六〇〇万人へと増加している。また、世界全体のインターネット利用者数は二〇〇一年の四億九五〇〇万人から二〇一六年の三四億八八〇〇万人に、携帯電話加入数は同じく九億六二〇〇万件から七三億七七〇〇万件へと、それぞれ飛躍的な伸びを示している。

このグローバル化と高速化は、メディアのデジタル化による「モードの融合」をともなっている。つまり文字も音も映像も、すべてがデジタル情報化され、一元化されるようになってきたのである。さらには、ヒトゲノムの解読プロジェクトが成功し、生命さえデジタル情報化されるようになっている。それらのデジタル情報は、グローバル市場と軍事ブロックという現代のメガマシーンのなかに瞬時に投入され、流通し、消費され、廃棄されていく。いわば地球全体がひとつの「労働機械」「戦争機械」になってきたのである。そして、このメガマシーンは、生成系AIとも呼ばれる人工知能の登場によって、もはや人間の手では制御不能になる可能性を孕むようになっている。

マンフォードはかつて、現代社会においてはアートの破産と機械の過大評価が同時に進行していると述べた。「私たちは機械の囚人ではありませんが、かりに囚人だとしても、私たちが獄舎を建て、獄内規則を作り、私たち自身を看守に任命したのです。そうです、この陰惨な監禁の場所での終身刑を私たち自身に言い渡したのです」（マンフォード 一九九七）。現代社会の陰惨なメガマシーンをどうしたらテクネーに、さらにはポイエーシスに変えていくことができるのか。そこでマンフォードは、アートに大きな期待を寄せる。みずからの内側の声に耳を傾け、「人間の奥深い体験」をともに感じることがアートであるとマンフォードはいう。メガマシーンの変革は、その声や体験との対話からはじまるのだろう。

文献

ベネディクト・アンダーソン『定本・想像の共同体』白石さや／白石隆訳、書籍工房早山、二〇〇七
フリードリヒ・キットラー『グラモフォン フィルム タイプライター（上・下）』石光泰夫／石光輝子訳、ちくま学芸文庫、二〇〇六
アンソニー・ギデンズ『国民国家と暴力』松尾精文／小幡正敏訳、而立書房、一九九九
ゲーテ『イタリア紀行（上）』相良守峯訳、岩波文庫、一九六〇
ジャン＝リュック・ゴダール『ゴダール 映画史（全）』奥村昭夫訳、ちくま学芸文庫、二〇一二
ヴォルフガング・シヴェルブシュ『鉄道旅行の歴史』加藤二郎訳、法政大学出版局、一九八一
夏目漱石『夏目漱石全集5（三四郎／それから）』ちくま文庫、一九八八
マルティン・ハイデガー『技術とは何だろうか――三つの講演』森一郎編訳、講談社学術文庫、二〇一九
ヴァルター・ベンヤミン「複製技術時代における芸術」『ボードレール 他五編』野村修編訳、岩波文庫、一九九四
ルイス・マンフォード『機械の神話――技術と人類の発達』樋口清訳、河出書房新社、一九七一
ルイス・マンフォード『現代文明を考える――芸術と技術』生田勉／山下泉訳、講談社学術文庫、一九九七
吉見俊哉『「声」の資本主義――電話・ラジオ・蓄音機の社会史』河出文庫、二〇一六

第2章　グローバリゼーションと現代社会——マクドナルド、貧困、内戦

前世紀の話になるが、一九九九年一一月、アメリカ合衆国のシアトルでＷＴＯ（世界貿易機関）の閣僚会議が開かれた。農産物の自由化交渉を目的に開催されたこの国際会議に、世界が注目した。そのわけは、会議の趣旨に反対する人びとが世界中からシアトルに結集したからである。彼らは街のあちこちでデモ行進をおこない、集会を開いた。インターネットをとおして連絡を取り合い、会議に合わせて続々と集まってきたその数は七万人ともいわれた。シアトルの街は大混乱に陥り、結局、議事を進行できず、閣僚会議は失敗に終わった。

二〇〇一年七月、イタリアのジェノバで開かれたサミット（主要先進国首脳会議）で、やはり世界中から一五万人におよぶ人びとがジェノバの街に押し寄せ、反対運動を繰り広げた。サミットの開催に反対して抗議行動を繰り返すデモ参加者を、イタリアの警備隊が鎮圧しようとした。一部暴徒化したデモ参加者の抗議行動は次第にエスカレートし、ついにはデモ隊と警備隊が衝突した。この衝突では、デモ参加者のひとりが銃で撃たれて死亡している。

シアトルやジェノバで、なぜそのような混乱や衝突が起きたのか。これらの国際会議に反対して世界中から集まってきた人びとは、いったい何を主張しようとしたのか。それは、ひと言でいうと「反自由化」「反グローバリゼーション」である。自由貿易の障壁を極力撤廃し、グローバルな商業活動を促進することこそ、世界各国が

共存共栄できる道であると主張するＷＴＯや先進国に対し、これらの反グローバリゼーション運動の担い手たちは「ノー」という言葉を投げつけた。グローバリゼーションによる共存共栄などまやかしに過ぎない。グローバリゼーションは、一部の富裕国や超国家企業をますます肥え太らせるだけであり、世界中の多くの人びとに災いや不幸をもたらすものでしかない。そう主張したのである。

はたしてグローバリゼーションは、わたしたちを幸福にするのか、それとも不幸にするのか。そもそも、グローバリゼーションとはいったい何なのか。そうしたことについて、いろいろと考えてみよう。

1　グローバリゼーションはいつはじまったのか

グローバリゼーション（globalization）とは何か。それは、ヒト・モノ・情報が、グローブ（globe）、つまり地球規模で移動・流通・浸透していくことである。そう考えた場合、グローバリゼーションの歴史は意外と古い。結論から先にいっておこう。グローバリゼーションは、一六世紀の西欧にはじまる長い歴史的過程である。二一世紀に生きるわたしたちは、その長い過程のなかにいまだにとらわれている。それを見ていくために、まずはこんなことを考えてみよう。

グローバリゼーションと病原体

最初にグローバル化したのはヒトだろうか、モノだろうか、それとも情報だろうか。答えは、そのどれでもない。

あるいは、そのどれでもある。どういうことだろうか。そう、最初にグローバル化したのは、ヒトでもあり、モノでもあり、情報でもある何か、つまり病原体なのである。病原体は「ヒト」に感染する「モノ」であり、感染の過程で複製を大量に増殖させていく「情報」でもある。病原体は、ヒト、モノ、情報の特性をすべて兼ねそなえることにより、猛烈なスピードでグローバル化していったのだ。

具体例を考えよう。病原体のグローバリゼーション。その最も早い例であり、また、最も大規模な例として挙げられるのが「梅毒」である。クリストファー・コロンブス（Christopher Columbus 一四五一-一五〇六）が最初の航海で西インド諸島に到達したのが一四九二年。コロンブス一行が旧大陸に持ち帰った梅毒の病原体は、またたく間にヨーロッパ中に広まり、ついには日本にまでやってくる。ちなみに、日本で最初に梅毒の症例が見つかったのは一五一二（永正九）年のことらしい。ポルトガル人が種子島に流れ着くより三〇年以上も早く、梅毒の病原体は地球の裏側からやってきていたのである。グローバリゼーションが一六世紀にはじまるというのは、そういう意味である。

梅毒がそのような速さでグローバル化していったのには、いくつか理由があったと考えられる。とりあえず挙げておく必要があるのは、〈交易〉〈戦争〉〈日常性〉の三点だろう。

まず〈交易〉。梅毒は、交易のネットワークをとおして感染経路を拡げていった。アメリカの歴史社会学者イマニュエル・ウォーラーステイン（Immanuel Wallerstein 一九三〇-二〇一九）は、西欧社会において、すでに一六世紀の時点で「ヨーロッパ世界経済」とでも呼べる広大な交易のネットワークが成立していたと述べる。絶対王政（王に絶対的な権力を集中させる中央集権的統治のやり方）と重商主義（貿易によって国富を増やそうとするやり方）により、西欧に君臨しはじめたフランスやイギリスなどの「中核国」は、ポーランドのような「辺境国」やスペインのような「半辺境国」との間に密接な交易関係をつくり上げていった。穀物や織物など多くの商品や産物が、国境を越え、数百キロの距離を運ばれるようになっていたのである。「ヨーロッパ世界経済」は、スペインやポルトガルがアジアや新大陸に築いた貿易拠点や植民地とつながり、さらにはロシアやオスマン・トルコ帝国の経済を包み込むことによって、巨大な「世界経済」のネットワークを形成しようとしていた。梅毒の病原体はそうしたなかで、穀物や織物、香辛料などと一緒に世界中に運ばれていったのである。

〈戦争〉も、梅毒のグローバリゼーションにとって大きな意味を持っていた。コロンブスによる新大陸の発見が、西洋人による先住民迫害の歴史の幕開けでもあったことは、誰でも知っているだろう。コロンブス一行は梅毒を持ち帰るのと引き換えに、「天然痘」を新大陸への置き土産にした。これで多くの先住民が命を落としたといわれる。つまり、戦闘や占領は病原体を一気に移動させたり、流通させるのである。梅毒は、ヨーロッパに伝わってすぐの一四九五年、イタリアのナポリで大流行する。原因は、ナポリに攻め込んだフランスのシャルル八世（Charles VIII 一四七〇－九八）の軍隊が持ち込んだ病原体だった（ちなみにナポリ人はこの病をフランス病と呼び、フランス人はナポリ病と呼んだ）。この戦闘を契機に、梅毒はヨーロッパ中に拡がっていくことになる。

梅毒は性感染症である。性という、きわめて日常的で私的な営みが感染の契機となる。〈日常性〉というのは、そういう意味だ。そもそも梅毒の世界的流行の発端は、コロンブス一行の誰かが現地の人びとと性関係を持ったことにある。しかも、梅毒がヨーロッパに伝わった当時、それが性行為によって感染していくことを誰も知らなかった。そのため、梅毒は、性行為という日常的営みをとおして、野放し状態で拡がっていったのである。

梅毒の例が教えてくれること。それは、グローバリゼーションが「越境性」と「日常性」の両方をそなえた現象だということだ。商業と戦争という「越境的」な営みが契機となり、性という「日常」の一コマをとおして進行する。それがグローバリゼーションである。そう考えた場合、グローバリゼーションはどんな時代や社会にも見られる現象であったともいえる。なぜなら、越境性と日常性は、太古の昔からどんな人間にもそなわった普遍的な生の様式だからである。だが先に見たように、グローバリゼーションは一六世紀の西欧という特定の時代と社会ではじまった。それはなぜなのか。

2　何がグローバリゼーションを推し進めたか

何がグローバリゼーションを可能にしたのだろうか。ここでも商業と戦争を考えてみよう。そもそも、グローバリゼーションの発端となる商業と戦争は、何によって可能になるのだろうか。

商業と戦争

まず、商業を営むのに不可欠なものは何か。それは文字と貨幣である。大昔の時代からあった物々交換を別にすれば、少なくとも商業と呼べるような幅広い交換活動は、文字と貨幣があって初めて可能だった。文字による記録があるから、過去に契約した商品を現在や未来の時点で納入することができるし、現時点で納入されていない商品を過去にさかのぼって請求することができる。貨幣も同じだ。貨幣があるから、日本にいてブラジルのコーヒー豆を買うことができるし、日本の自動車をアメリカに売ることができる。文字と貨幣がなかったら、時間や空間を超えた売買は不可能である。

文字と貨幣は、会話や物々交換のような対面的で時間と空間の限定された人間関係を変質させる。デュルケムやウェーバーとほぼ同時代に生きたドイツの社会学者・哲学者ゲオルク・ジンメル（第2部第4章参照）は、一九〇〇年の著作『貨幣の哲学』のなかで、貨幣には「遠隔作用」があり、所有物と所有者が分離するのを可能にすると述べている。物々交換や会話は「今、ここ」の人間関係だ。ジンメルのいうように、貨幣や文字は、そうした対面的人間関係にともなう時間・空間の制限を撤廃していく。

ジンメルは、こんなこともいっている。会話や物々交換はパーソナルな対人的関係だ。物々交換を例にとろう。イワシを持ってきた女Aと、サクランボを持ってきた男Bが対面する。それはイワシとサクランボというモノとモノの関係であるとともに、女Aと男Bの関係でもある。少し難しくいうと、ここでは所有と人格がまだ融合している。ところが、貨幣を用いてイワシやサクランボを買う、という関係になるとどうか。貨幣を持っている人が誰であれ、また、イワシやサクランボを持っている人が誰であれ、交換関係には何の影響もなくなる。貨幣があれば、いつでも、どこでも、誰でも売買ができる。つまり、貨幣によって所有と人格が分離するのだ。ヒト・モノ・情報が分離するといってもよい。貨幣経済の浸透によってヒト・モノ・情報が分離したこと。一六世紀西欧におけるグローバリゼーションのはじまりはそこにある。

では、戦争はどうだろう。戦争の遂行を可能にするもの、それは、移動距離と移動速度、伝達手段と輸送経路である。古代ギリシアの重装歩兵から現代のジェット戦闘機やミサイルにいたるまで、いかに迅速に、巧妙に目的地まで移動するか、さらには、前線まで兵士や武器、物資の輸送をいかに確実におこなうか、それが戦争の勝敗を決める重要な要因となる。こうした移動と輸送の技術を軍事用語で「兵站《へいたん》 logistics」と呼ぶ。この「ロジスティクス」は現代の物流業界で重要な営業戦略になっているが、そこからもわかるように、戦争も商業も、いかに速く、遠くまで、確実に、ヒト・モノ・情報を運ぶかで勝敗が決まるのである。商業と戦争の歴史が明らかにするように、グローバリゼーションの原点は文字と貨幣であり、速度と伝達だった。つまり一六世紀までにメディアと交通が発達したことが、グローバリゼーションを推し進めた要因なのである。

だが、それだけでは説明として不十分である。なぜなら、メディアと交通は一六世紀以前のはるか昔から人類社会に存在したからである。たしかにグローバリゼーションの土台に、メディアと交通、あるいは言いかえるとコミュニケーションと移動という、種としての人類を特徴づける普遍的な行動様式があったことは間違いない。だがその一方で人類社会は、コミュニケーションと移動をローカルな領域に限定し、境界線を閉じようとする傾向をも示してきた。家族や親族集団、共同体、国家などがそれである。そうした集団の境界をこじ開けてまで進んでいくグローバリゼーションがはじまるためには、メディアと交通の発達以外にもうひとつ、重要な条件をつけ加えなければならない。

「資本」とグローバリゼーション

先に紹介したウォーラーステインは、一六世紀にグローバリゼーションがはじまった理由として、「史的システムとしての資本主義 historical capitalism」の成立を挙げている。ウォーラーステインによれば、一四、五世紀のヨーロッパは衰退の危機に瀕していた。封建領主は互いに抗争を繰り返し、封建制の基盤である土地制度は崩れはじめ、社会を統合していたカトリック信仰もゆらぐようになっていた。そうした歴史的状況のなかで、偶然に形成されてきたのが「史的システムとしての資本主義」という新しいシステムだった。ここでの「史的システム」とは、さまざまな歴史的要因が結びついて成立した一回性のシステムという意味である。

このシステムの特徴は、「資本」が繰り返し投資される点にある。たんに貨幣や原料や機械を所有しているだけでは「資本」とはいえない。それらを、さらなる資本の蓄積に向けてつねに用いていくこと。投資を繰り返すことで、資本が自己増殖しながら蓄積されていくこと。それが「史的システムとしての資本主義」のあり方である。「そこでは、ひとはより多くの資本蓄積を行うために、資本を蓄積する。資本家は、いわばくるくる回る踏み車を踏まされている白ネズミのようなもので、よりいっそう速く走るためにつねに必死で走っているのだ」(ウォーラーステイン 二〇二二)。一万円が一万五〇〇〇円に、一万五〇〇〇円が二万円に……。この繰り返しへの強迫的なつながしが「資本」にほかならない。

一六世紀に成立したこのシステムは、家族や親族、共同体、国家の境界を壊すことに血道を上げていった。資本家同士の競争に勝ち抜くには少しでも生産コストを下げなければならない。そのためには、少しでも安い原材料、労働力が、そしてまた、少しでも規制がゆるやかで税金の安い市場が必要である。親族集団であれ国家であれ、もろもろの境界が、そうした原材料・労働力・市場の調達を妨げるのであれば、資本はそれらの境界を容赦なくなぎ倒していく。そうしないと競争に負けてしまうからである。

こうして一六世紀以降、資本は、家族や親族の絆を解体しながら、人びとをばらばらの労働力という個人に変えていった。農村と都市の境界が崩れ、ばらばらの個人は農村から都市へ移動しはじめた。その流れはさらに国境を越え、ハンガリーからドイツへ、コートジボワールからフランスへ、アイルランドからアメリカへという具合に、グローバルな労働力移動をもたらしていった。資本のあるところならどこへでも労働力は移動した。資本じたいも、安価で好都合な原材料・労働力を求めて世界中どこへでも移動していくようになった。こうして世界中の地域が結びつき、そこに「世界経済」ないし「世界システム」と呼ぶべき巨大なネットワークが形成されていったのである。

家族と国家

そのことと矛盾するようだが、同時にこの「史的システムとしての資本主義」は、家族や親族の境界を巧妙に利用していった。たとえば、東南アジアで養殖したエビを日本に輸入して儲けている業者を考えよう。この業者にとって、現地労働者の低い賃金は魅力である。ただし、現地の労働者が、完全な「プロレタリアート」、つまり経営者からもらう賃金だけで暮らしている場合と、「半プロレタリアート」、つまりわずかばかりの賃金に加えて農業や漁業などで世帯が自給自足的に生計を立てている場合とでは、賃金の水準が違ってくる。いうまでもなく、前者に比べて後者の方が低くてすむ。つまり、エビの養殖・輸入業者からすると、完全なプロレタリアートよりも、養殖場のある地域で暮らす家族や親族の相互扶助慣行を残した半プロレタリアートの方が、低賃金で使いやすいのである。

グローバリゼーションの過程で、中核国や都市の労働者はプロレタリアート化し、辺境国や農村の労働者は半プロレタリアート化した。安価な労働力を確保するため、資本は農村や辺境国において家族や親族の境界をあえて残存させた。いや、より精確にいうと、グローバリゼーションのあり方に合わせ、そのつど資本に好都合なように再編成していった。

資本は国家をも最大限に利用した。たとえば、国家は自国の資本にとって好都合なように国境を管理してきた。国家は、自国の産業を守るためには保護貿易（政府が干渉して他国の製品や農産物などが安価に輸入できないようにするやり方）を、他国の市場を侵略するためには自由貿易（関税や貿易の規制をできる限りなくして自国の製品や農産物などを積極的に売りつけるやり方）を推進し、国境を資本の利益に沿うように開いたり閉じたりしてきたのである。

国家はまた、国民に莫大な額の税を課すことで、道路や港湾など、個別の資本ではまかなえない産業基盤（これを社会資本と呼ぶこともある）を整備してきた。さらには、「国民の生命と財産を守る」という名目で軍隊と警察を設立し、資本を保護してきた。国家の提供する軍事力なしでは石油タンカーがペルシャ湾を安心して航行できないし、警察力なしでは労働運動が過激化して産業活動に支障をきたす、というわけである。いずれにせよ、資本がグローバル化していく上で、国家は時には邪魔な存在であり、時には大切な道具であったのだ。

整理しよう。グローバリゼーションは一六世紀の西ヨーロッパにはじまり、現在、地球全体にまで拡がるようになった現象である。最初のきっかけは商業と戦争であり、食や性などの日常生活がその舞台となった。推進力となったのは、利潤獲得を目的とする資本の運動だった。利潤を求めてどこまでも拡大しようとする資本のあり方は、家族や親族、国家といった共同体の境界を次々と乗り越えていった。と同時に、資本は、より効率的な蓄積を求め、家族や親族、国家などの共同体を利用し、再編成していった。

3　現代世界とグローバリゼーションの風景

では、現在、グローバリゼーションはどのような形で進んでいるのだろうか。おそらく、そこには明るい風景と暗い風景がある。

マクドナルドとディズニー

まずは明るい風景から見てみよう。たとえば、世界中のいたるところに見られる「McDonald's」の看板だ。二〇二二年時点における世界のマクドナルド店舗数は約四万店。国別に見るともちろんアメリカが圧倒的に多く、約一万三五〇〇店。次に多いのが中国で約四五〇〇店だ（香港を含む）。日本は約二九〇〇店で三位。マクドナルド・グループのなかで日本はアジア太平洋地域に分類されるが、たとえばこの地域だけを例にとり、店舗のある国名・地域名を列挙してみよう。オーストラリア、ブルネイ、中国、フィジー、香港、インド、インドネシア、タイ、ヴェトナム、日本、マカオ、マレーシア、ニューカレドニア、ニュージーランド、フィリピン、シンガポール、韓国、タヒチ、台湾、西サモア……。とにかく、どこにでもある。世界全体だと、およそ一一〇を超える国に出店しているらしい。海外旅行で食事に困り、マックですませたことがある人もいるだろう。一九三七年、アメリカ・カリフォルニアの郊外にマック（モーリス）とディック（リチャード）のマクドナルド兄弟（Maurice James "Mac" McDonald 一九〇二－七一、Richard James "Dick" McDonald 一九〇九－九八）が開いたドライブイン方式の大衆レストラン。それが今では、地球のいたるところに出店する巨大フランチャイズ・チェーンとなっている。たしかにこれは、現代のグローバリゼーションの風景のひとつだろう。

もうひとつ、ある意味ではマクドナルド以上にグローバル化した商品の例として挙げられるのが、「ディズニー」である。ロイとウォルトのディズニー兄弟（Roy Oliver Disney 一八九三－一九七一、Walt Disney 一九〇一－六六）が一九二三年につくった小さなアニメ製作会社「ディズニー・ブラザーズ・スタジオ」。それは現在、「ウォルト・ディズニー・カンパニー」として、映画の製作・配給だけでなく、テーマパーク事業から、キャラクターグッズの販売、さらにはテレビ放送やネット配信にまで手を拡げることで、「メディア帝国」とさえ呼ばれるようになっている。ちなみに、二〇二二年の年間売上げはおよそ八八〇億ドルと莫大である。

ミッキーマウスが初めて登場するアニメーション映画『蒸気船ウィリー』が制作されたのは、世界恐慌の前年の一九二八年。その後、恐慌のせいで失業者があふれたこともあり、アニメーション制作という重労働でも、誰も文句をいわずに従ったといわれる。ディズニーはそうやって労働集約型のきつい作業をアニメーターに課し、作品の「質」を着々と向上させていった。ミッキーマウスやドナルドダック、クマのプーさん、グーフィーといった有名キャラクター、『白雪姫』『シンデレラ』『眠れる森の美女』の「ヒロイン三部作」を代表とする、いわゆる一連の「ディズニー・クラシック」。これらは、第二次世界大戦後、世界中の国に受け容れられていくことになる。

もちろんその一方で、そこに描かれた女性や人種のイメージには明らかにアメリカの白人男性を中心に置く自民族・自文化中心主義的な偏見があり、したがって、これらの商品を世界で売りまくるのは「文化帝国主義」以外の何ものでもない、といった批判もたくさんある。しかし、そうした批判がむなしく感じられるほど、ディズニー商品は、そしてもちろんマクドナルドのハンバーガーは、売れに売れているのである。

貧困と内戦

こうした一見明るい風景の裏で、絶望的なまでに暗い風景が広がっていることを忘れてはいけない。まず知っておきたいのは、世界経済のグローバリゼーションとともに、世界の富裕国と貧困国の格差がますます拡大しているという事実である。国際連合の下部組織、国連開発計画（ＵＮＤＰ）が出している報告書によれば、グローバリゼーションが進めば進むほど富裕国と貧困国の格差は拡大する傾向があり、しかもその傾向はこの二世紀の間ずっと続いてきた。最も豊かな国に住む人びとが世界人口のおよそ五分の一、最も貧しい国に住む人びとが同じく世界人口の五分の一とした時、前者と後者の経済格差は一八二〇年の時点で三対一だった。それが、一八七〇年には七対一、一九一三年には一一対一となった。これで驚いてはいけない。この傾向は、二〇世紀の後半になってもとどまるところを知らず、一九六〇年で三〇対一、一九九〇年で六〇対一、一九九七年で七四対一、二〇一四年には一〇八対一にまで拡大しているというのだ（『人間開発報告書』国連開発計画二〇一五年版）。

国連開発計画では毎年、平均寿命や就学年数、ひとり当たり国民総所得などに基づいて世界各国の開発水準を順位づけている。たとえば、二〇二一年の第一位スイスは平均寿命が八四歳、平均就学年数が一三・九年、ひとり当たりの国民総所得が六万七〇〇〇ドルである。これに対して、最も下位の第一九一位となった南スーダンはそれぞれ五五歳、五・七年、七六八ドルとなっている。ちなみに、一九位の日本はそれぞれ八四・八歳、一三・四年、四万二七〇〇ドルだ。

南スーダン共和国は、二〇一一年にスーダン共和国から独立してできた新しい国だ。もともとスーダンの北部はエジプト、南部はイギリスによって統治されていた。第二次世界大戦後、南北は統合されてスーダン共和国となったが、その後も南北間で内戦が続き、住民投票を経て二〇一一年に南スーダンが分離独立をしたわけである。現在、一千万人を超える人口を有する南スーダン国内では、国民の多くが食糧難による飢餓と栄養不良に苦しんでおり、さらに、多くの者が政府軍と反政府軍の内戦を避けて隣国に難民として逃げ込んでいる。

南スーダンのような国はアフリカ大陸に数多く見られる。たとえば、同じ二〇二一年のデータで南スーダンと同じように下位に位置している国の名前を下から順に挙げるなら、チャド（フランス）、ニジェール（フランス）、中央アフリカ（フランス）、ブルンジ（ベルギー）、マリ（フランス）、モザンビーク（ポルトガル）、ブルキナファソ（フランス）、イエメン（イギリス）、ギニア（フランス）、シエラレオネ（イギリス）……となる（かっこの中は旧宗主国）。

アラビア半島にあるイエメンを除き、すべてがアフリカの、とくにサハラ砂漠の南に位置する国々である。国連開発計画は世界各国の開発水準を上から下まで四つのグループに分けているが、これらの国を含むいちばん下の人間開発低位グループ三二カ国のうち、二七カ国がサハラ以南地域の国々だ。そして、これらの国のいずれもが西洋列強国による被支配の歴史を持つとともに、その大半が、南スーダンと同じような飢餓や内戦を経験している。また、いうまでもなく、これらの国でマクドナルドやディズニーの商品に接することができる者はほとんどいない。

これらサハラ以南地域の国々が経済、医療、教育といった領域でなかなか発展できない、あるいは後退していく大きな理由は、二つ考えられる。ひとつはこれらの国がかつての植民地支配時代以来、宗主国から徹底した経済的搾取を受けてきたことである。一九一九年時点で、世界人口一八億人のうち一二億人が「植民地、半植民地、自治領」の住民であったわけだが、これらの地域では、宗主国が「世界市場」で儲けるためのプランテーション（多額の資本・広範囲の土地・大量で安価な労働力）による単一作物の大量栽培がおこなわれてきた。たとえばインドの綿花、ブラジルのサトウキビやコーヒー、コートジボワールのカカオなどである。これらのモノカルチャー（単一栽培）による一次産品は、輸出先である先進国の資本によって安く買いたたかれたり、国際市場における価格の変動によって暴落したりする。これによって、植民地支配下にある国々はずっと低開発（underdevelopment）を強いられてきたのである。

もうひとつの理由は、やはり内戦や政情不安だ。サハラ以南地域では、ルワンダ、アンゴラ、ブルンジ、シエラレオネ、コンゴなどの多くの国が、部族間の対立や軍事クー・デタなどを原因とする陰惨な内戦を長年続けてきた。多くの若者や少年が駆り出され、暴力と憎悪の応酬をくり返す。数十万、時には数百万人もの難民が生まれ、過酷なキャンプ生活を余儀なくされる。難民たちは飢餓と感染症の危険に直接さらされ、死と隣り合わせの日々を送る。

そうした「むき出しの生」が、さらに新しい暴力と憎悪の温床となるのである。

こうした状況は、経済、医療、教育の水準を間違いなく低下させる。というより、破壊する。人びとはまさに「むき出しの生」として路上に放置されるのだ。

具体例としてルワンダの内戦を取り上げてみよう。一九九四年、東アフリカのルワンダで「ルワンダ大虐殺」と呼ばれる大量殺人が起きた。数カ月の間に、国民の一割に相当する一〇〇万人もの人びとが虐殺され、隣国のザイール（現コンゴ民主共和国）やブルンジ、ウガンダに二〇〇万人を超える人びとが難民として越境避難した。原因はツチ族とフツ族という二大部族同士の対立とされるが、その背景にはかつての植民地支配の歴史があった。ルワンダは第一次世界大戦まではドイツ領だったが、ドイツの敗北によりベルギーの委任統治領となった。ベルギーの統治者は、白色人種の優越性を説いたアルテュール・ド・ゴビノー（Althur de Gobineau 一八一六－八二）の人種理論に基づいてツチ族を優遇し、フツ族を冷遇した。理由はなんと、フツ族よりツチ族の方が額が高く鼻筋が通っているから、というものであった。これによって人口の二割にすぎないツチ族が官職を独占し、八割を占めるフツ族は首長にはなれないことになった。ベルギーの支配者は、ツチ族を利用してルワンダを統治しようとしたのだ。ところが、一九五九年にツチ族との関係を悪化させたベルギーは、今度はフツ族を支援するようになった。そして、一九六二年にルワンダ共和国として独立したあとは、フツ族がツチ族の弾圧を開始する。

しかし、一九九〇年代に入るまでは激しい衝突は抑えられていた。開発独裁の手法により、コーヒーの輸出を中心に経済はある程度発展し、ルワンダは「アフリカの模範生」とも呼ばれるようになった。ところが、一九八七年の国際コーヒー価格暴落によって貧富の差が一気に拡大し、フツ族とツチ族の対立が再燃することになった。当時、ルワンダの輸出の八割はコーヒーと茶によって占められており、過度の一次産品依存の状態だったことが災いしたのである。ツチ族による反政府組織ルワンダ愛国戦線とフツ族の過激派の対立が過熱するなか、一九九四年にフツ族によるツチ族の大量虐殺が起きてしまったのだ。フツ族系政府の大統領の乗る飛行機が何者かによって撃墜されたことをきっかけに、フツ族の過激勢力はルワンダからすべてのツチ族を抹殺しようと計画することになった。そこでおこなわれたのが「ジェノサイド（皆殺し）」とも呼ばれる犯罪行為だった。

このように見てみると、ルワンダ内戦の悲劇にはグローバリゼーションの歴史と現在が大きく影響していることがわかる。つまり、外部の支配者によってつくられた部族対立と、外部の国際市場によってもたらされた経済の混乱である。農業を営むフツ族と牧畜を営むツチ族はもともと文化や言語を同じくし、互いに婚姻もおこなう良好な関係を保ちながら共存していたという。そこに、イギリスとフランスによる植民地獲得競争に割り込む形でアフリカ大陸に進出してきたドイツとベルギーの侵略者が持ち込んだ誤った人種主義（racism）により、部族対立がつくられてしまった。同様に、コーヒーという世界商品のモノカルチャーを押しつけられた上、コーヒーの最大生産国ブラジルの天候と、ニューヨークとロンドンのコーヒー先物市場における投機家の行動次第で乱高下する国際価格変動により、経済の悪化と格差拡大が進んでしまった。その結果引き起こされた悲劇だったのである。ルワンダ内戦は年内には終結したが、その後も不安定な政情はしばらく続いた。ここには、グローバリゼーションがもたらした最悪の事態があった。

4　グローバリズムと反グローバリズム

グローバリゼーションとグローバリズム

今、進行中のグローバリゼーションの正体は何か。それを考えるためには若干の概念整理が必要だ。現代ドイツの社会学者ウルリッヒ・ベック（Ulrich Beck 一九四四－二〇一五）は、グローバリゼーションとグローバリズムを区別するべきだと主張する。ベックによれば、グローバリゼーションとは、多国籍企業や国際ＮＧＯのような「超国家的な行為主体」によって国民国家が力を弱められ、逆に「超国家的な行為主体」が国境を越えて横断的に結合していくプロセスである。

それに対してグローバリズムとは、「世界市場によって政治的行動が制圧され、世界市場が政治の地位を奪うべきだとする考え方、言いかえると、世界市場支配のイデオロギーであり、ネオリベラリズムのイデオロギーである。（中略）グローバリズムは、ものごとを経済という単一の因果関係だけで判断する。グローバリゼーションの持つ多元性を、単線的にとらえられた経済的次元に還元する。さらには経済以外の次元――生態系、文化、政治、市民社会などの次元におけるグローバリゼーション――をすべて、世界市場システムの支配という想定だけにもとづいて表現する」（ベック 二〇〇五）。グローバリズムとは、要するに「経済帝国主義」にほかならない。

環境も教育もコミュニティ生活もアートも、とにかく何でも「市場メカニズム」で処理しようという考え方。国家や共同体による規制をできるだけ少なくし、生産者と消費者の意思と選択に直接委ねた方がうまくいくという考え方。こういう「自由放任」の思想は一八世紀から一九世紀にかけて「リベラリズム」と呼ばれ、とくにアングロサクソン系の国で影響力を持っていた。だが一九世紀の終わりから二〇世紀の半ばにかけ、市場を自由放任にすると世界恐慌や貧富の差の拡大といった弊害が生じるからよくない、という考え方が一般化し、リベラリズムはいったん下火になる。社会主義国の計画経済（市場ではなく国家が生産と消費の計画をするやり方）や資本主義国のケインズ主義（政府や公共機関の介入によって経済を制御するやり方）などはその時代の思想である。

ところが、一九六〇年代の終わりくらいから、計画経済もケインズ主義経済もうまくいかなくなってくる。それと並行して、経済が駄目になったのは、国家が経済に規制を設け過ぎたからだという議論が登場してくる。とにかく規制は緩和して自由貿易でいくべきだ。リスクはともなうが、当事者が自己責任でやっていく方が白黒はっきりしていい。そうやってみんなが努力して競争していけば、結果的に市場は均衡する。そうした考え方が優勢になってくるのである。それを旧来のリベラリズムに対して「ネオリベラリズム」と呼ぶ。今、進行しているグローバリゼーションの核心にあるグローバリズムの正体は、このネオリベラリズムの思想である。

グローバリズムの考え方

シアトルやジェノバに集結した人たちは、グローバリゼーションそのものを批判したのではない。彼らが敵視したのは、このネオリベラリズムの思想に立つグローバリズムのあり方なのである。ＷＴＯやＩＭＦ（国際通貨基金）、世界銀行などの国際機関は、基本的にネオリベラリズム型のグローバリゼーションを推進する立場にある。その言い分はおそらくこうだ。グローバリゼーションが進むと、①世界中の資源と労働力が理想的な形で配分され、市場は均衡し、②世界中の国が切磋琢磨して競争することで、どの国も進歩し、③世界中に自由主義と民主主義が広まる。

①について見ると、たとえば自動車をつくるＡ国、鉄鉱石が採れるＢ国、エビ養殖をするＣ国というような国

際的な分業体制があれば、A国には自国で採れない鉄鉱石やエビが、B国には自動車とエビが、C国には自動車と鉄鉱石が供給される。また、A国は賃金の安いB国やC国に工場を移転して安価な自動車を生産でき、逆にB国やC国は鉄鉱石やエビを高い値段でA国に買ってもらえる。どの国も損はしない。共存共栄である。

②についてはこうだ。グローバリゼーションと経済成長によって、そのうちB国もC国も自動車を生産できる条件が整うかもしれない。各国が生産競争をすることで自動車の質が向上し、価格も下がる。それは消費者の利益である。消費者の評判が上がれば自動車の売れ行きも上がり、生産者も利益を得られる。ここでも共存共栄だ。

③についても同じようなことが想定されている。自動車やマクドナルドやディズニーの輸出は、それを生産する国の文化や価値観の輸出でもある。つまりアメリカを頂点とする産業諸国から、自由主義と民主主義の文化や価値観が世界中に広まっていくことである。自由で公正な貿易により、遅れた独裁制の国は「文明化」することができる、というわけである。

グローバリゼーションには、たしかにこうした利点があるように見える。だが、あまりにも話がうますぎるように感じないだろうか。グローバリゼーションによって何でもうまくいくのであれば、たとえば、先に見たようなサハラ以南地域の悲惨な状況は改善されていくはずなのに、一向にその気配はないばかりか、状況はさらに悪化すらしている。

反グローバリズムの考え方

だから、ネオリベラリズム型グローバリゼーション推進論者とは逆の想定も必要なのである。すなわち、ネオリベラリズムによるグローバリゼーションが進むと、①世界中の資源と労働力が不均等に配分され、貧富の差はますます拡大する、②世界中の国が熾烈な競争に巻き込まれ、「勝ち組」と「負け組」が固定する、③世界中にアメリカ型の競争原理と消費主義が広まる、という想定である。

まず①について。超国家企業の資本は開発途上国の境界を易々とくぐり抜けていく。たとえば、ガーナのカカオが良質で安価であれば、巨額の資本が投入される。ところが、コートジボワールのカカオの方がさらに良質で安価だということになれば、資本はあっという間にそちらに逃げていく。ほかにも内戦やクー・デタで企業活動に支障が出たり、先進国の消費者の嗜好が変わったりと、さまざまな要因で資本は動いていく。残されるのは、仕事を失った地元民と荒れ果てた大規模農場の跡地だけだ。

②も同じことなのだが、そもそも世界各国が自由で公正な競争をおこなえる条件が整うことは現状では不可能に近い。先進国はその時代の最先端の商品やサービスを開発し、世界市場で次から次へと儲けを上げていく。これに対して、開発途上国の生産物は農産物や鉱物などの「一次産品」が大半であり、国際価格はつねに大きく変動する。そのたびに開発途上国は利用されたり見捨てられたりすることになる。そこで繰り広げられているのは、あらかじめ勝敗のきまったゲームであり、勝者はつねに勝者、敗者はつねに敗者となる。

③についてもよく考えなければならない。アメリカ最大の産業は、自動車でも航空でもなくエンターテインメント産業だといわれる。テレビドラマやハリウッド映画、音楽、ディズニーやワーナーのキャラクター商品などがその主力商品だが、それらは近年、インターネット配信を中心としたコンテンツ産業としてさらなる発展を遂げている。たとえば、二〇二〇年の時点でアメリカは国外に向けた映画配給・放送サービス、映像ソフト販売、映像配信によって年間一三〇億ドルを超える収入を得ている。それらの文化商品がつくりだす、アメリカ的な価値観が色濃く反映された世界は「マック・ワールド」とも呼ばれ、世界の文化はそれによって単一化されつつある。マック・

ワールドのなかで、マクドナルドのハンバーガーやディズニーのキャラクター商品は、われわれの無意識に向けてこう語りかける。「この商品を買いなさい」。

マック・ワールドは、すべてが商品化された世界だ。グローバリゼーションによって広まるのは、自由主義と民主主義というよりむしろ、消費主義である。シアトルやジェノバでは、デモ隊と警察の衝突が起きただけではない。そこでは、デモ参加者によるさまざまな路上パフォーマンスや街頭劇、音楽、討論会などもおこなわれた(なかにはマクドナルドの店舗を破壊するという過激行動に出た者もいたが……)。それらが表現していたのは、グローバリズムの孕む消費主義や環境破壊、文化の同質化、市民的公共圏の無視といった弊害への抵抗だった。

文字と貨幣を廃棄するくらいのことをしない限り、グローバリゼーションを押しとどめるのは不可能だろう。けれども、今、進みつつあるグローバリズムと反グローバリズムの動きを両方視野に入れながら、グローバリゼーションの行方を見守ることが何よりも大事である。その作業は決して難しくない。自分の日常生活をゆっくりと眺めればよいのだ。バナナやチョコレート。スニーカーやTシャツ。パソコンや携帯電話。考える材料はそこいら中にある。グローバリゼーションは、あなたの身体を舞台に進行している。

文献

有馬哲夫『ディズニーとは何か』NTT出版、二〇〇一

ポール・ヴィリリオ『速度と政治』市田良彦訳、平凡社ライブラリー、二〇〇一

イマニュエル・ウォーラーステイン『史的システムとしての資本主義』川北稔訳、岩波文庫、二〇二二

国連開発計画『人間開発報告書二〇一五 人間開発のための仕事』CCCメディアハウス、二〇一六

スーザン・ジョージ『これは誰の危機か、未来は誰のものか――なぜ1％にも満たない富裕層が世界を支配するのか』荒井雅子訳、岩波書店、二〇一一
ゲオルク・ジンメル『貨幣の哲学（新訳版）』居安正訳、白水社、二〇一六
鶴見良行『バナナと日本人――フィリピン農園と食卓のあいだ』岩波新書、一九八二
能登路雅子『ディズニーランドという聖地』岩波新書、一九九〇
ウルリッヒ・ベック『グローバル化の社会学』木前利秋／中村健吾監訳、国文社、二〇〇五
村井吉敬『エビと日本人』岩波新書、一九八八

第3章　女性、クィア、マイノリティ——新しい主体

まずは、こんな文章から。

まこ、貴方のお手紙をぬすみ読みしたとしたら、私達どう思われるかしら？　どんな深い間柄なんだろうと、きっと思われてよ。でもいいわ。肉体的に結ばれていなくても、心は固く結ばれているんですもの。（中略）あの時、貴方が私の全てを望んだとしたら、「ノー」と言えたかどうか。でも貴方は求めなかった。今、その事がとっても嬉しい様な切ないような不思議な気持ちです。私達はやっぱり子供でいいわ。純粋な汚れのない気持ちでいる方が、ずうっと幸せでいいわ。

（河野実・大島みち子『愛と死をみつめて』、［藤井 一九九四］より引用）

次は、こんな文章。

ヨーロッパでは未婚の女性の最高の栄誉と貴さは、貞操であり、またその純潔が犯されない貞潔さである。日

本の女性は処女の純潔を少しも重んじない。それを欠いても、名誉も失わなければ、結婚もできる。（中略）ヨーロッパでは財産は夫婦の間で共有である。日本では各人が自分の分を所有している。時には妻が夫に高利で貸し付ける。（中略）ヨーロッパでは娘や処女を閉じ込めておくことはきわめて大事なことで、厳格におこなわれる。日本では娘たちは両親にことわりもしないで一日でも幾日でも、ひとりで好きな所へ出かける。

（ルイス・フロイス『ヨーロッパ文化と日本文化』）

前者は、不治の病床にある女子大学生が一九六三（昭和三八）年に恋人に宛てて書いた手紙文の一節（これを含む書簡集は当時『愛と死をみつめて』のタイトルで大ベストセラーとなった）。後者は、イエズス会の宣教師として一六世紀に日本にやってきたポルトガル人、ルイス・フロイス（Louis Frois 一五三二頃－九七）が日本女性について書き残した紀行文である。フロイスの紀行文についてはほかにもいろいろと面白い記述があるのだが、このくらいにしておこう。前者と後者の間には、四〇〇年ほどの隔たりがある。

言いたいのは、どんな時代にも普遍的に当てはまる「日本女性」なる「本質」はないということだ。「日本女性」は時代と社会状況の変化のなかで、そのつど「構成」されてきたのである。フロイスの見た女性たち（九州や西日本の女性だけだったが）は、当時の日本社会（西日本社会）の政治・経済・文化的状況が構成した主体だった。また『愛と死をみつめて』の女子大生が書いた手紙にも、高度成長期前半の日本社会における政治・経済・文化的状況が色濃く反映されている。

前章まで見てきたように、今、メディアと交通のテクノロジーが飛躍的に進展し、グローバリゼーションが進むなか、社会のあり方は大きく変わりつつある。それに応じて、主体のあり方も大きく変わってきているはずである。そのことを、女性、同性愛者、エスニック・マイノリティを例にしながら考えていこう。

1　女性

ヴィクトリア時代と第一波フェミニズム

人類の半分は女性だ。女性は長い間、男性による支配を受けてきた。そのようなしくみを変え、女性という主体を解放しなければならない——そうした思想や運動のことを「フェミニズム feminism」という。今ではよく知られるようになった言葉だが、そうなるまでには長い歴史があった。

女性解放の歴史には大きな波が二つあった。最初の波は一九世紀の中頃から二〇世紀の前半にかけイギリスやアメリカを中心に展開した運動で、第一波フェミニズムと呼ばれる。それに続く第二波フェミニズムと呼ばれる波は、二〇世紀後半、とりわけ一九六八年以後に世界中の先進産業諸国に拡がっていった運動で、フェミニズムという呼び名は第二波フェミニズムの頃から使われるようになった。

まず第一波フェミニズムから見ていこう。第一波フェミニズムが目指したのは女性参政権の実現だった。イギリスの市民革命、アメリカの独立革命、フランス革命を経て、一九世紀中頃の西欧社会には、「法の下において万人が平等であるべきだ」という思想が広まっていた。女性参政権運動はその流れのなかで登場した。なぜ男性にだけ参政権があるのか。万人が平等なら、女性にも参政権が与えられるべきではないか。こうした意識とともに、女性参政権運動は、公娼制廃止運動とも連動しつつ、アメリカやイギリスで大きな波となる。一九〇二年には国際女性参政権連合が結成されるなど、国際的な拡がりを見せるようになっていく。だが現実に女性参政権はなかなか実現しなかった。ようやく女性の参政権が認められるようになったのは、イギリスが一九一八年、アメリカが一九二〇年である（ちなみにフランスと日本は一九四五年）。それまで女性は「市民」ではなかった。あくまで「市民」は徴税と徴兵の対象となる成人男性だけだった。

第一波フェミニズムが高揚した一九世紀中頃から二〇世紀初頭にかけての時代（まさに社会学が確立された時代だが）を——当時のイギリス・ヴィクトリア女王（Victoria 一八一九–一九〇一）の治世時代ということで——ヴィクトリア時代と呼ぶ。そのヴィクトリア時代、イギリスやアメリカなどの産業諸国では「家父長制的資本主義」と呼ばれる体制が確立された。「家父長制」とは、男性が女性を支配するさまざまな性差別のシステムのことであり、古今東西、各種のヴァリエーションが見られる。「家父長制的資本主義」とは、そうした家父長制による性支配が、近代資本主義のもたらす階級支配と合体し、女性を心理的、経済的、政治的、社会的に不利な位置に恒久的に押しとどめようとする体制のことをいう。

ヴィクトリア時代に、イギリスやアメリカを中心とする先進諸国の産業構造は、農業や家内制手工業中心から鉱工業中心へと変化した。賃金労働が次第に主流となっていき、それとともに労働市場は成人男性に独占されるようになる。それと並行して、女性と子どもは労働市場から追い出され、家庭内に閉じ込められることになった。その結果、女性は、家事労働に従事し、夫と子どものケアを専門に担当する「主婦」という役割を強制されていった。経済資源は男性に独占され、女性は男性に依存して生きるべき存在、すなわち「市民」以下の存在に貶《おとし》められた。だから、女性参政権運動は、女性が「市民」になるためにどうしても必要なことだったのだ。

ところで、一般にヴィクトリア時代といえば、厳格で抑圧的な性道徳が広まった時代として知られている。女性はおしとやかで、性的欲望もひかえめで、ひたすら夫と子どものためにつくす良き妻、良き母であるはずだ——こうした良妻賢母のイメージが女性に付着していった時代である。その一方でヴィクトリア時代は、買売春やポルノグラフィが秘かに蔓延していった時代でもあった。そうした社会のなかで、女性の一部は、男性の性的欲望にとってひたすら都合のよい対象として利用されていくことになる。つまりこの時代に女性は、母性と貞潔というプラスの記号を付与された女性と、娼婦性と汚れというマイナスの記号を付与された女性に二分されていったのである。どちらの側の女性も、まともな経済資源の獲得チャンスを奪われ、男性のケアを一方的に要求され続ける存在でしかなかった。男性は、自分の妻や娘には母性と貞潔を要求し、その一方で買春やポルノグラフィをとおして女性の娼婦性を享楽した。こうした「性の二重基準」のなかで、女性は階級支配と性支配の両方に苦しめられ続けた。残念ながら、女性が参政権を得て「市民」になっても、そのような状況に大きな変化はなかったのである。

第二波フェミニズムとジェンダー

幸福な家庭の主婦として毎日を送っているはずなのに、なぜか苛立ちや空しさから逃れられない。「市民」ではあっても、男性による階級支配と性支配からは脱却できない。第二波フェミニズムは、そんな状況に対して先進諸国の女性たちが「ノー」の声を上げることからはじまった。発端となったのは一九六〇年代のアメリカである。

第二次世界大戦の勝利後、一九五〇年代を迎えたアメリカ社会は未曾有の繁栄を謳歌していた。郊外に購入した庭つきの一戸建て住宅、部屋には数々の電化製品、あふれるばかりの食糧、愛する子にかける教育費、年に何回かの家族旅行。何の不満も不自由もないはずの生活。だが、そうした生活が隠し持つ残酷さや自己欺瞞の匂いに一部の女性たちが気づきはじめる。自分たちは結局のところ、職場から締め出されて家庭に監禁され、「女らしさ」

を強制的に演じさせられているだけではないか。家父長制的資本主義の体制はまったく変わっておらず、むしろ強化されているのではないか。一九六〇年代に入り、そうした主張とともに盛り上がっていったのが、第二波フェミニズムであった。

第二波フェミニズムが目指したのは、文字どおり家父長制的資本主義の打破、つまり性支配と階級支配の廃絶だった。だが最初の頃はまだそのような言い方ではなく、もう少し漠然とした問題提起がなされていた。第二波フェミニズムの火つけ役となったのは、アメリカのジャーナリスト・作家ベティ・フリーダン（Betty Friedan 一九二一－二〇〇六）が一九六三年に出した『女らしさの神話』だとされる。そのなかでフリーダンは、アメリカの中産階級の主婦が日々の生活のなかで感じる苛立ちや空しさを「名前のない問題」と呼んだ。豊かな社会のなかで「女らしさ」を演じさせられることにともなう苦痛。これは本当のわたしではないという感覚。その後、フリーダンは、家庭への閉じ込め、家事と育児の一方的押しつけ、「女らしさ」の強制からの解放を目指して、一九六六年にＮＯＷ（全米女性機構）という全国組織を結成する。いわゆる「ウーマン・リブ」（リブはリベレーション［解放］の略）の運動がここからはじまるのである。

「女らしさ」は作為的につくられた「神話」でしかないという考え方。それはやがて「ジェンダー」という概念につながっていった。たんに身体のつくりが女性や男性であることを「セックス sex」と呼ぶのにたいし、「女らしさ」や「男らしさ」のような性役割や性イメージのことを「ジェンダー gender」と呼ぶ。ジェンダーという考え方は、フェミニズムにとってだけでなく、人間や社会というものを根底から考える上でとても重要である。その理由は、①ジェンダーのあり方が歴史や文化によって多様であること、②男女のジェンダーが非対称的であること、③ジェンダーが根本的にアイデンティティの問題であること、にある。順番に見ていこう。

まず①についてだが、第二波フェミニズムの前から、文化人類学や社会学の研究により、「女らしさ」や「男らしさ」のあり方が社会によってさまざまであることが知られていた。たとえば男が狩猟に行く社会もあれば、女が行く社会もあることからわかるように、ジェンダーのあり方は生物学的基盤によってではなく、社会のあり方によって決まってくるのである。第二波フェミニズムの思想的源泉のひとりであったフランスの作家・思想家シモーヌ・ド・ボーヴォワール（Simone de Beauvoir 一九〇八－八六）は、一九四九年の著作『第二の性』のなかで、「人は女に生まれるのではない。女になるのだ」というとても有名な言葉を残している。まさにそのようにジェンダーは「本質」ではなく、社会や文化による「構成物」なのである。

また、②については、ジェンダーは抽象的な人格概念ではなく、現実の権力関係のなかで構成されるものである。たしかに現代社会では、男女はいずれも法的に平等の人格、すなわち「市民」である。だが、たとえば、英語やフランス語で「人」のことを「man」や「homme」、つまり「男」と表現することからわかるように、主体となるのはもっぱら男性のジェンダーであり、女性のジェンダーは客体だったり、たんなる他者だったりする。つまり男女のジェンダーは非対称的かつ階層的に構成されているのである。

さらに、③については、たしかにジェンダーは社会や文化によって構成されたものではあるが、いったん出来上がると固定されがちである。女であれ男であれ、人はそのジェンダーとともに生きていくことを強いられる。「自分は何者か」「自分の居場所はこの社会のどこにあるのか」という問題、すなわち「アイデンティティ」の問題を考える上で、ジェンダーはとても重要な意味を持っている。しかし、たとえば同性愛者や性同一性障害者が社会に受け容れられない場合、その人のジェンダー・アイデンティティは、その人の生きる社会のあり方とねじれた関係を強いられていることになる。つまり、その人から「本当の意味で生きていく場所」が奪われてしまうのだ。

このように、ジェンダーは人間と社会を考える上で不可欠の概念である。そうした視点を、第二波フェミニズムはもたらした。フリーダンのほかにも、『性の政治学』を一九七〇年に書き、女性に対する暴力や抑圧を父権制的な性支配として分析したアメリカのケイト・ミレット（Kate Millett 一九三四－二〇一七）。一九七四年に出した『精神分析と女性の解放』のなかで、マルクス主義による階級支配の分析が見落とした「家庭」に目を向け、フロイトの精神分析の手法を用いて家父長制による性支配とその抑圧構造を分析しようとしたイギリスのジュリエット・ミッチェル（Juliet Mitchell 一九四〇－）。彼女らの立場は「ラディカル・フェミニズム」と呼ばれ、階級支配と性支配を同時に廃絶するためのヒントを多くの者に与えていった。

日本の場合

日本でもフェミニズム運動の歴史は長い。明治・大正時代を日本のヴィクトリア時代とみなすことができるが、その時代に、平塚らいてう（ひらつか・らいちょう 一八八六－一九七一）の有名な言葉「元始、女性は太陽であった」を創刊の辞とする文芸雑誌『青鞜《せいとう》』が出版される。そこでは、貞操、堕胎、公娼制といったヴィクトリア時代的な性道徳をめぐる論争が活発に繰り広げられた。このうねりは、市川房枝（いちかわ・ふさえ 一八九三－一九八一）による女性参政権運動や廃娼運動、伊藤野枝（いとう・のえ 一八九五－一九二三）による労働運動、高群逸枝（たかむれ・いつえ 一八九四－一九六四）による女性史研究などにつながっていく。日本の第一波フェミニズムといってよいだろう。

日本の第二波フェミニズムは、一九七〇年代にはじまる「ウーマン・リブ」の運動である。日本における「ウーマン・リブ」として挙げられるのは、七〇年に田中美津（たなか・みつ 一九四三－二〇二四）を中心に結成された

「ぐるーぷ・闘うおんな」をはじめとする数々の女性解放運動グループの活動である。平塚らによるかつての第一波フェミニズムが雑誌媒体中心であったのに対し、六〇年代後半の学生運動や労働運動の余波を受ける形で登場した七〇年代のウーマン・リブは、ラディカルなスローガンを掲げてデモや集会を積極的におこなった点に特徴がある。そうした運動のなかで、「産む・産まない」や「抱く・抱かれる」といった一見私的な行為をめぐる女性の自己決定権が、公の問題として初めて取り上げられていった。その精神は、「個人的なことは、政治的である」というスローガンに集約される。

ただ、七〇年代当時、男性たちの多くは（そして大半の女性も）ウーマン・リブを冷ややかな目で見ていた。たとえば、ピンクのヘルメットに覆面といういでたちで街頭行進をする「中絶禁止法に反対しピル解禁を要求する女性解放連合」（略して「中ピ連」）はマスコミの格好の報道対象となり、「女だてらに」とか「ただのヒステリーだ」とか「売名行為だ」といった侮蔑的なもの言いが横行した。残念ながら、ウーマン・リブはたんなる流行や風俗としてやり過ごされてしまった部分もあった。

だが、八〇年代になって状況は変わっていく。外国のフェミニズム思想や運動の本格的な研究・紹介がなされるようになるとともに、それまである種、侮蔑的なニュアンスでマスコミに用いられていたウーマン・リブに代わり、フェミニズムという言葉が使われるようになる。六〇年代、七〇年代の運動が再評価され、明治・大正時代の婦人解放運動についても体系的なとらえ直しがおこなわれるようになる。さらに九〇年代になると、内容も多様化し、マルクス主義フェミニズム、エコフェミニズム、レズビアン・フェミニズム、ポストコロニアル・フェミニズムというように、さまざまな思想と運動が展開されるようになるのである。それらの多様な立場に共通するのは、かつてと同じ「個人的なことは、政治的である」という考え方である。その考え方は、あとで見るように、同性愛解放運動や、在日外国人の解放運動などにも大きな影響を与えていくのである。

2 クィア

同性愛者差別

一九九〇(平成二)年二月、同性愛者支援団体「動くゲイとレズビアンの会」(通称アカー occur、一九八六(昭和六一)年設立)が東京都府中青年の家で合宿をおこなった。ほかにもいくつかの団体が宿泊しており、施設の規則として、各団体のリーダーが顔を合わせるリーダー会が開かれた。そこで、アカーのリーダーは自分たちが同性愛者支援団体であり、同性愛差別の撤廃を目標に活動していることを述べた。その後、それを聞いたほかの利用客がアカーのメンバーに露骨な嫌がらせをはじめる。アカー側は抗議し、施設職員をまじえて臨時の話し合いが持たれたが、和解にいたらず、さらには、揉め事が再び起きては困るとの理由で、次回の利用申請も施設所長から拒否されてしまう。

その後、アカーは東京都教育委員会に事情を伝え、次回の利用申請をおこなう。だが都教育委員会は申請を受理しなかった。理由は、①青年の家には健全利用のために「男女別室」のルールがある、②同性愛者を同室にした場合、性行為におよぶ可能性がある、だった。アカーは東京地裁に提訴し、結局、第一審、二審ともに勝訴する。裁判が終結したのは一九九七(平成九)年。争点は「男女別室の原則」「同性愛者有害論」「同性愛者にたいする無知」などだった。アカー側勝訴の要因として最も重要だったのは、異性愛者についての常識や規則をそのまま同性愛者に適用するのが理不尽であると裁判所が認めたことであった。

この例からわかるように、同性愛者に対する無知や偏見、差別の根は深い。その傾向は日本よりもむしろ西欧社会において顕著だ。アメリカの歴史学者ジョン・ボズウェル（John Boswell 一九四七-九四）は、西欧社会における同性愛差別が一三世紀くらいからはじまったことを、膨大な史料によって論証している。西欧社会では一般に、ユダヤ教やキリスト教が古くから同性愛を悪徳視してきたと理解されている。その根拠は、同性愛がはびこるソドムの町に神罰が下されたという、旧約聖書のなかのエピソードだ。欧米の各国には「ソドミー法」といって、男性間の同性愛行為を違法とする法律がつい最近まで存在した。だがボズウェルによると、キリスト教社会でも一二世紀くらいまでは同性愛を――全面的に肯定はしないものの――寛容に扱っていたという。不寛容がはじまったのは一三世紀から一四世紀にかけてだった。

不寛容は近代に入るとさらに強まる。あとで見るように「同性愛」という言葉がつくられるのは一九世紀後半だが、その頃になると、同性愛者は「生殖から遠ざけられた」「不自然で」「危険な」存在だという認識が定着する。ボズウェルは、そのような認識が偏見以外の何ものでもないことを、さまざまな史料・資料をとおして示していくのだが、とりあえずここで重要なのは、それらの偏見が定着したのが、やはりヴィクトリア時代であったことである。

先に見た女性のジェンダーと同じように、同性愛というカテゴリーもこのヴィクトリア時代に固定され、マイナスの記号を付与されていった。この時代の男性は、母性と娼婦性に分裂した女性のジェンダーを利用し、支配したと先に述べた。そのような権力者である自分のアイデンティティを男性はどこに求めるか。ただ男性であるというだけでは駄目である。それは「女性ではない」という記号にすぎないからだ。優位に立つジェンダーであるためには、「生殖能力のある」（経済的な生産力の持ち主である）、「自然な」（キリスト教の教義や生物世界の法則に反しない）、

「安全な」（他人の性的嗜好や自由を侵さない）存在であることを示さねばならない。つまり、劣った、病的で、危険な存在としての「同性愛者」とは違う、優れた、健康で、安全な存在としての「異性愛者」であることを。

ヴィクトリア時代に同性愛者に対する差別や偏見がつくられていったのには、そうした背景があった。ジェンダーと同じように、ある意味で同性愛者のセクシュアリティも、その人の「本質」というより、社会と文化による「構成物」としての側面が大きいのである。注意したいのは、異性愛者のセクシュアリティもまた「構成物」であることだ。つまり、同性愛者と異性愛者というカテゴリーは同時につくられたのである。そして、男性／女性というジェンダー・カテゴリーの持つ非対称性と格闘していったフェミニズム運動と同じように、異性愛者／同性愛者というカテゴリーの非対称性をいかにして対称性へと変えていくか、あるいはこうしたカテゴリーそのものをいかにして壊していくかが、同性愛解放運動の目指すところとなった。

同性愛解放運動

老女愛、レズビアン、心理的異性傾向、獣姦（動物性愛）、露出症、フェティシズム、むち打ち、老人性愛、両性具有、ホモセクシュアル、近親姦、少年愛、屍姦、快楽殺人、口唇性交、マゾヒズム、女性虐待、肛門性交、サディズム、窃視症……。人によっては胸が悪くなるような言葉の並びかもしれないが、少しがまんしてほしい。これは、オーストリアの法医学者・性科学者リヒャルト・フォン・クラフト＝エビング（Richard von Krafft-Ebing 一八四〇－一九〇二）が、一八八六年の著作『性の精神病質』のなかで取り上げた「性倒錯」のほんの一部である。クラフト＝エビングはダーウィンの進化論の影響を受け、「性倒錯」や「変態」の詳細な分類学を確立しようとした。サディズムやマゾヒズムという言葉をつくったことで有名だが、「変態 perversion」という言葉を概念としてきちんと提示したことでも知られている。

もう一度この変態リストを見てみよう。この本の初版から百数十年たった現在、相変わらず変態扱いされる嗜好や性犯罪とされるおこないもある。逆に、二〇世紀に進展した性の解放や性革命の過程で、もはや変態ではなくノーマルな行為とみなされるようになったおこないもある。性道徳や性規範は、時代とともに大きく変わるからである。ただ、そのなかで、レズビアンとホモセクシュアルだけはつねに難しい場所に置かれてきた。

クラフト＝エビングは同性愛を変態とみなした。それは、同性愛を「病気」とみなしたということである。同性愛の成因については生来説と後天説があり、クラフト＝エビングは前者の生来説を支持していた。つまり、生まれつきの症状ということである。病気であるということは、治療の対象であり、制裁の対象ではないということだ。その一方、当時ヨーロッパのいくつかの国では、同性愛行為を刑罰の対象にしようとする法案が検討されていた。その考えに従えば、同性愛は処罰される行為、つまり「犯罪」である。そもそも「同性愛 homosexuality」という言葉が一八六八年にハンガリーの作家・人権活動家カール＝マリア・ケートベニー（Karl-Maria Kerbeny 一八二四－一八八二）によって考案された時、ケートベニーは、同性愛者の身を保護するために、同性愛を「病気」のカテゴリーに囲い込もうとしたといわれる。クラフト＝エビングも、そのような考え方に立ったのである。

クラフト＝エビング以降、同性愛に対する認識は犯罪から病気へと改められ、対応は処罰から治療へと変わっていった。だが、同性愛はあくまで変態であり、病気であった。二〇世紀に入っても、同性愛者は社会生活においてさまざまな差別や迫害を経験し続けた。男性による性支配の下にあった女性と同じように、同性愛者は階級支配と性支配の犠牲者として生きることを余儀なくされたのである。だがそうした状況に対し、二〇世紀後半になると、アメリカ合衆国を中心に同性愛解放運動が徐々に拡がりはじめる。最初は低調だった。当時、多くの同性愛者がそのことをひた隠しにして生きていたため、差別の事実そのものが明らかにならなかったからである。その意味で、同性愛解放運動の状況はフェミニズム運動以上に暗かった。同性愛者は「クローゼット（押し入れ）」のなかに隠れていたのである。

同性愛差別が「問題」として浮上するひとつの大きなきっかけとなったといわれるのが、アメリカで起きた「ストーンウォール暴動」である。一九六九年の六月、ニューヨークのゲイバー「ストーンウォール・イン」に警察が容疑の曖昧なまま手入れに踏み込み、客のレズビアン女性を連行した。正当性を欠く警察のやり方に怒った客たちは、店に立てこもり、三日間にわたって警察と攻防戦を繰り広げた。この騒動は、全米で大きな注目を集めることになった。これによって同性愛差別が公の問題として認知されるようになる。この出来事をきっかけに、問題そのものを白日の下にさらさないかぎり、何もはじまらないことが自覚されていくのである。その後、ゲイやレズビアンによる集会やパレードが同性愛解放運動の重要な戦略となっていくが、その出発点は、ゲイやレズビアン、ドラアグクインなど「変態」と蔑まれてきた者たちがこの三日間で爆発させた、押しとどめようのない怒りだった。どんな問題であれ、問題は可視化するべきなのである。

そうした集合行動に加えて、同性愛解放運動にとって重要な戦略となっていったのが、カミングアウト（coming out of the closet〔クローゼットから出る〕の略。同性愛者であることを公に表明すること）である。府中青年の家事件に見るように、カミングアウトは同性愛者差別の構造を白日の下にさらす。同時にまたカミングアウトは、カミングアウトする人間にみずからのアイデンティティを確認する機会を与える。自分はいったい何者なのか。自分はどういう差別の構造に閉じ込められているのか。カミングアウトにより、自分と社会の関係が可視化するのである。「カミングアウトとは必然的に公のものと私秘的なものとの境界線を再定義することであり、その再定義の過程においてこそゲイの主体というものが出現するのである。そして面白いことに、異性愛者の男性の性的アイデンティティというものもまた、その過程においてはじめて言語化され得るのである」（ヴィンセント／風間／河口一九九七）。ふつう、異性愛者はわざわざカミングアウトをする必要がないと思われている。つまり、異性愛者のセクシュアリティは、あらためて公にするまでもない「自明」な事柄とされる。その自明性の構造こそが同性愛者への差別と偏見をもたらしているのである。同性愛者によるカミングアウトは、そのような自明性に揺さぶりをかける。あれ？　おれは（わたしは）異性愛のはずだけど、異性愛ってそもそも何だ？　異性愛が当たり前と思っていたけれど、そのことと社会のしくみとの間にはどんな関係があるんだ？　もしかすると人間って――性のことだけにとどまらず――ものすごく多様なのでは？　カミングアウトは、異性愛者にこうした問いかけをうながすのである。

ともあれ、こうして可視化されていった同性愛という性のあり方と、先に見たジェンダーのあり方には共通する点が多い。①同性愛者という存在もまた歴史や文化のなかで「構成」されてきたのであり、②異性愛者と同性愛者の関係は非対称的、すなわち前者が「正常」で後者が「異常」とみなされてきた歴史があり、③同性愛者は同性愛差別のなかでみずからのアイデンティティをめぐって苦悩するとともに、カミングアウトによって新たなアイデンティティを獲得する。また、ゲイやレズビアンのなかにも男女のジェンダー差をめぐる権力構造や差別の問題があり、逆に、男性のジェンダーと女性のジェンダーのなかにもそれぞれ同性愛者／異性愛者という権力構造や差別の問題が含まれている。両者は密接に関連してもいるのである。そうしたこともあって、ジェンダー研究とゲイ／レズビアン研究、フェミニズム運動と同性愛解放運動は、互いに影響を与え合いながら発展してきた。

クィア

それらの研究や運動が共通して目指すところ、それは、異質な他者との共生の可能性である。互いに異質であることを、どれだけ深い水準で受けとめることができるのか。それを受けとめた上で、互いを尊重し合いながらどうやって共生していくことができるのか。きれい事に聞こえるかもしれないが、ただのきれい事ではない。近年、ゲイ／レズビアン研究や同性愛解放運動では「クィア queer」という言葉がよく使われるようになってきた。クィアとは英語で「変態」とか「オカマ」を指し、もともとゲイの男性に対する蔑称として用いられてきた言葉である。最近、日本でも日常的に口にされるようになってきたLGBTQのQ（queer または questioning）にも相当する。

クィア。日本語のカタカナで書くと何となくかっこいいが、英語ではただの変態やオカマである。それをあえて自称することで、自分たちが異質な存在であることを意図的に公にしようとする。同性愛に限らず、バイセクシュアル（両性愛）、トランスセクシュアル（性転換）、トランスジェンダー（性同一性障害や異性装）など、かつては性的な逸脱とみなされてきたあり方を総称する呼び名としてクィアを用いるのである。「ノーマル」な異性愛者がそれらに好感を持てというのではない。たしかに自分たちは「クィア」だが、だったらあなたがたも「ノーマル」とは何か一度問い直してほしい。そういう問いかけがクィアという言葉にはある。

クラフト＝エビングの時代にマイナスの価値を帯びていた「変態」という言葉。それが「クィア」という言い方で、さまざまな可能性を孕んだプラスの色彩を帯びるようになってきた。いや、プラスというより、プラス／マイナスの価値尺度そのものを揺さぶるために、クィアという言葉は使われるようになっている。「自己と他者の間に、また自己の内部にも無数に存在する差異に目を向けること、そしてそうした差異にセンシティヴになり、一貫性や正常性から自らが脱していくこと」、それがクィアである（河口 二〇〇三）。なぜ、「一貫性や正常性」から脱していく必要があるのか。それは、社会のなかで当たり前のものとして通用している「一貫性や正常性」（つまり「ノーマル」

とされるもの)が、時としてきわめて抑圧的に機能することがあるからだ。女性や同性愛者にたいする差別の多くが、そうした社会の「一貫性や正常性」によってもたらされたものだ。「おまえ男だろ」「あなた女でしょ」という言葉。それが暗黙に前提する正常/異常、常識/非常識の境界を揺るがすためにも、クィアという概念は用いられるのである。

異質な他者との共生、と言葉にするのは簡単だが、実際は多くの困難が待ち受けている。人はなかなか異質な存在に対して寛容になれないからだ。アウシュヴィッツの強制収容所でおよそ六〇〇万人を虐殺したといわれるナチス・ドイツのホロコースト(ユダヤ人大虐殺)を思い出そう。ガス室に送られていったユダヤ人たちや、社会主義者、同性愛者。人はいつの間にか、自分が異質と思い込んだ存在を排除してしまう。どうすれば寛容であれるか。いや、たんなる「心がけ」の問題にしてしまってはいけない。共生のための「物質的基礎」が不可欠なのである。たとえば教育、賃金、有給休暇、年金、医療保険などの政治・経済的条件。あるいは、身体やジェンダー、セクシュアリティについての文化的条件。差別と偏見からの解放を目指す運動は、広範囲にわたる自然科学、人文科学、社会科学と連動していかないかぎり、実効性を持たない。勉強というのは、そのために必要なのだ。

3 マイノリティと公共圏

人種

フェミニズム運動と同性愛解放運動にはもうひとつ重要な共通点がある。それは、どちらも人種差別撤廃運動をモデルにしていたことだ。第一波フェミニズムは一九世紀の奴隷制反対運動を、第二波フェミニズムは一九五〇年代から六〇年代にかけての黒人による公民権運動を原点としていた。同性愛解放運動が異性愛者という性的マジョリティに対する性的マイノリティとして同性愛者をとらえる時、モデルとなったのは、白人というマジョリティに対するマイノリティとしての人種集団の解放運動だった。

「人種」とは人間集団の違いを示す客観的な特徴であると思い込んでいる人は多い。だが、少し考えるとわかるように、人種はきわめてとらえどころのない観念である。たとえば、黄色人種、黒色人種、白色人種といった「肌の色」による分類がある。日本人、韓国人、インド人といった国名による分類がある。マレー人種、コーカサス人種、モンゴリア人種といった地理的分布による分類がある。だが、いずれの分類も、どこで線を引くかは、線を引く人次第である。たとえば、黄と黒と白の境目はどこにあるのか。それは、線を引く人(当事者であれ第三者であれ)の判断によって変わってくる。同じことが国名による分類や地理的分類についてもいえる。つまり人種とは客観的特徴というよりも主観的な線引きなのである。人種もまた、ジェンダーや同性愛と同じように社会のなかで複雑に構成されたカテゴリーなのだ。

人種が構成される仕方は、先にジェンダーと同性愛について見たのと似ている。①人種の観念は歴史や文化によって多様であり、②人種間の関係は非対称的であり、③人種の観念はアイデンティティに関わる、からである。

①、②、③のそれぞれについて考える時、忘れてならないのは、前章で言及した一九世紀フランスの外交官アルテュール・ド・ゴビノーだろう。一九世紀の中頃(これもまたヴィクトリア時代だ)、ゴビノーは『人種不平等論』(一八五三—五五)なる著作を発表し、黄色人種、黒人、白人のなかで最も優れているのは白人であり、さらに白人のなかで最も優れているのはアーリア人だと述べた。この人種差別主義的な考え方は二〇世紀に入り、ナチス・ド

イツにも影響を与え、ユダヤ人の大量殺戮につながることになる。人種という観念はこのように、線を引こうとする者が最上位にくる非対称性を持つ。線引きをする者は自分の優越したアイデンティティを確認し、それ以外の者には劣ったアイデンティティを割り振るのである。

西欧諸国の多くは植民地主義によって世界の多くの地域を侵略した。そんなことができた根拠のひとつは、この人種差別主義にある。あるいはアメリカ大陸で移民たちが先住民を駆逐したのも同じ根拠による（これを内国植民地という）。そうやって植民地化された地域の人びと、あるいは奴隷として植民地に連れてこられた人びと（そのほとんどはアフリカ大陸の黒人だ）は、西洋人の支配下に置かれ、つねに「劣った存在」として扱われてきた。問題は、そうした人種差別主義による偏見と差別が、皮膚や髪の色、骨格、血液といった、一見すると「科学的」な特質を根拠にしていることだ。ゴビノーも自分の説が科学的で客観的であることを確信していた。その確信が怖いのである。

マイノリティ

さすがに現代社会になると、人種の違いによって人に優劣をつけるような考え方は間違いとされるようになってきた。近年では、人種という観念に代わって「エスニシティ ethnicity」という考え方が主流になってきている。エスニシティとは、ある一定の人びとが共有する文化や歴史的背景のことをいい、そのような人びとが形成するコミュニティないし集団を「エスニック・グループ」という。たとえば、日系ブラジル人、韓国系アメリカ人、ジャマイカ系イギリス人などである。少し前の日系ブラジル人を例にとると、日本食を食べ、天皇家の家族写真を居間に飾り、日本の〇〇県に親戚があり、というような文化や歴史で彩られた人びとの集合である。

だが、このエスニシティもまた、偏見と差別の対象になることは容易に理解されるだろう。あいつらあんなもの食ってる、あいつら臭い、あいつら変な宗教信じてる、という具合に。ここでも人種の場合と同じように、「こちら」と「あちら」を区別することで「こちら」を優位に置き、「あちら」との違いを利用して「こちら」のアイデンティティをつくりだすという一石二鳥的なメカニズムが働いている。劣位に置かれ、差別的に扱われたエスニック・グループを「エスニック・マイノリティ」と呼ぶ。

そうしたエスニック・マイノリティの典型として挙げられるのが、アフリカ系アメリカ人である。アメリカ合衆国総人口のおよそ一二%を占める黒人は、古くからさまざまな差別を受けてきた。そうした差別に抗議する黒人やその他のエスニック・マイノリティが、白人と同等の権利を要求して一九六〇年代に「公民権運動」を展開する。その結果、雇用や教育などの領域でエスニック・マイノリティは多くの権利を獲得していった。先に見たように、第二波フェミニズム運動やレズビアン／ゲイ解放運動が学んだのは、黒人たちのそうした闘いにおける知恵と勇気だった。アメリカの公民権運動が果たした役割は大きい。

公民権運動の時代以降、アフリカ系アメリカ人の暮らしぶりは——平均寿命、教育、所得、政治参加などの面で——徐々に改善されていった。また、スポーツや音楽、映画などの分野で世界的人気を誇るスターも数多く登場した。二〇〇八年にはバラク・オバマ（Barack Hussein Obama II　一九六一–）が初めてのアフリカ系アメリカ人として大統領に就任するまでになった。だが、今になっても白人に比べて一般的な黒人の生活水準は、まだまだ高いとはいえない。たとえば二〇一九年の時点で、白人世帯（非ヒスパニック系）の純資産中央値が一八万八千ドルであったのに対し、黒人世帯のそれは二万四千ドルであった。貧困率も前者が七・三%なのに対し、後者は一八・八%となっている。

生活水準の格差に劣らず深刻なのが、昔から続く人種差別意識だ。二〇二〇年五月、ミネソタ州で白人警察官から不当な暴力を受けた黒人男性が死亡した。この事件の前にも数年の内に、同様の白人警察官による黒人への暴力や殺人が報告されていた。このミネソタ州の事件を受け、黒人への暴力や差別の撤廃を求めるデモ行進が全米各地で展開した。「Black Lives Matter（黒人の生命・生活・人生を軽んじるな）運動」と呼ばれたこの動きは世界にも拡がった。こうした運動が必要とされるほど、まだまだアメリカの人種差別は深刻である。言いかえれば、アメリカ合衆国にはいまだに「内国植民地」が存在するのである。

遠い海の向こうの話だと思ってはいけない。日本も同じ人種差別的な面を持った国である。日本は一八九五（明治二八）年に台湾を、一九一〇（明治四三）年に朝鮮を支配下に置いた。そうやって併合された台湾と朝鮮の人びとは、大日本帝国のなかでエスニック・マイノリティ化されていった。何といっても日本は、軍事力によって植民地を獲得していった西洋以外で唯一の国なのだ。日本のそうした植民地主義の背景には、「日本人はアジアのなかで飛び抜けて優れた民族である！」という人種差別主義の思い込みがあった。それだけではない。明治維新直後の一八六九（明治二）年に政府は北海道開拓使をつくって、アイヌの人びとが暮らす北の大地を「北海道」の名で植民地化し、さらには一八七九（明治一二）年に「沖縄県」の名で琉球を植民地化した（これを「琉球処分」と呼ぶ）。ちなみに、「ボーイズ・ビー・アンビシャス」で有名なクラーク博士（William Smith Clark 一八二六－八六）は、植民地経営の専門家として、アメリカから札幌農学校（現・北海道大学）に招かれた。日本は、植民地と内国植民地を同時につくっていたのだ。こうした歴史により、われわれ日本人のなかには、アジア近隣諸国への優越意識と西欧諸国への劣等意識の混合のようなものが堆積していくことになった。その意識が、いまだに残存していることは否定できないだろう。

公共圏

アイデンティティはマイノリティだけの問題ではない。今、テクノロジーの変容とグローバリゼーションというねりのなかで、多くの人びとのアイデンティティが融解しはじめている。隣人とはほとんど顔を合わせないのに、数千キロ離れた未知の人物とはデジタル・メディアをとおして毎日やり取りする自分。メディアが流すさまざまな情報にそのつど一喜一憂する自分。現代人は、時間と場所が変わるのに応じて千変万化する「自分」を抱えて生きている。

これから必要なのは、そのような万人が、新たな「関わり合いの場所」をつくっていくことである。そこを、かりに「公共圏」と呼んでおこう。公共圏とは、一八世紀から一九世紀にかけて西欧の大都市に生まれた、人びとが寄り集い、ああでもない、こうでもない、と意見を交換する場所のことである。「圏 sphere」というのは、文字どおり自分の身のまわりすべてという意味である。具体的にいえば、当時の公共圏は、都市に点在するさまざまなバーやカフェ、サロン、あるいは流通しはじめた各種の印刷物などであった。西欧の「市民社会」はそうした公共圏があって初めて維持されたのである。もちろんそこは、いいことばかりではなく、いかがわしいことや怪しいことや不道徳なことが語られ、やり取りされた場所でもあった。だが、少なくともそれらは公の場で語られ、やり取りされたのである。

そうした公共圏が、今や、かつての公共性を失いつつあるように見える。マイノリティの声を聞こえなくさせ、あるいはかき消そうとする巨大マス・メディアが一方にあり、他方で、マイノリティが私秘的なつぶやきを口にしながら自閉していくだけの、島宇宙的なパーソナル・メディアが無数にはびこっている。だからこそ、わたしたちは新しい公共圏をつくる必要があるのである。

新しい公共圏。そこは、自分のアイデンティティにさまざまな顔があることをみずから確認でき、また、さまざまな顔をして立ち現れてくる無数の他者と向き合うことのできる場所である。ジェンダーやセクシュアリティ、エスニシティの多様性を確認し合い、共生の道を探る場所。もちろんそこには、必ず軋轢《あつれき》や葛藤がともなうだろう。そうしたトラブルをも含めて人と人が関わり合う場所、それが新しい公共圏である。

文献

キース・ヴィンセント／風間孝／河口和也『ゲイ・スタディーズ』青土社、一九九七
上野千鶴子『家父長制と資本制――マルクス主義フェミニズムの地平』岩波現代文庫、二〇〇九
風間孝／河口和也『同性愛と異性愛』岩波新書、二〇一〇
河口和也『クイア・スタディーズ』岩波書店、二〇〇三
小森陽一『ポストコロニアル』岩波書店、二〇〇一
砂川秀樹『カミングアウト』朝日新書、二〇一八
竹村和子『フェミニズム』岩波書店、二〇〇〇
藤井淑禎『純愛の精神誌――昭和三十年代の青春を読む』新潮社、一九九四
ベティ・フリーダン『女らしさの神話（上・下）』荻野美穂訳、岩波文庫、二〇二四
ルイス・フロイス『ヨーロッパ文化と日本文化』岡田章雄訳注、岩波文庫、一九九一
ジョン・ボズウェル『キリスト教と同性愛』大越愛子／下田立行訳、国文社、一九九〇

堀江有里『レズビアン・アイデンティティーズ』洛北出版、二〇一五
ケイト・ミレット『性の政治学』藤枝澪子訳、ドメス出版、一九八五
クロード・レヴィ＝ストロース『人種と歴史』荒川幾男訳、みすず書房、一九七〇

第4章　社会運動とアソシエーション

日ごとに複雑さを増しながら、規模を拡大させていく現代社会。その変化のうねりに、わたしたちはもてあそばれるかのようである。そのような流れのなかで、息苦しさや生きづらさ、あるいは憤りや怒りのようなものを覚えることもある。けれども、マックス・ウェーバー（第1部第2章参照）が「鉄の檻」と呼んだような、巨大で見通しのきかない現代社会において、そうした感覚をただやり過ごすのではなく、そのうねりや流れに対して行動を起こそうとする人びとは必ずいる。最後にこの章では、「社会運動」と「アソシエーション」を例に、そうした行動の歴史と現状について考えてみることにしよう。

1　アート・デザインと社会運動

ウィリアム・モリス

一九世紀後半のイギリスに生まれた「アーツ・アンド・クラフツ運動」は、近代デザインのはじまりを告げる出来事としてよく知られている。産業革命の結果、機械による大量生産システムが一気に広まるようになった当時のイギリスで、安っぽくて質の悪い工業製品の代わりに、職人の熟練技術による良心的な手工芸品を現代的な形で復興させ、労働者や消費者の生活の質を改善していこうという運動である。その中心にいたのがウィリアム・モリス（William Morris 一八三四－九六）であった。

モリスは周知のとおり、のちのアール・ヌーヴォーなどにも影響を与えた著名な工芸美術家であり、「近代デザインの父」ともいわれる人物である。だがモリスはそれにとどまらず、詩人であり、文筆家であり、経営者であり、社会運動家でもあった。とくに後半生においてはみずから「社会主義者」であることを公言しつつ、精力的に多くの啓蒙的文章を書き、講演をおこなった。たとえば、一九八五年から八六年にかけては、年間に一二〇回におよぶ講演をおこなったという。

「社会主義者」モリスに影響を与えたのは、カール・マルクスの思想だった。モリスは一八八三年、社会主義者の団体である「民主連盟」（翌年に「社会民主連盟」に改称）に加盟し、執行部として活動する。「民主連盟」には、マルクスの末娘エリノア・マルクス（Jenny Julia Eleanor Marx 一八五五－九八）がいた。同じ年、モリスは当時まだ英語版のなかったマルクスの『資本論』をフランス語版で読んでいる。さらに一八九三年には盟友アーネスト・ベルフォート・バックス（Ernest Belfort Bax 一八五四－一九二六）とともに『社会主義――その成長と帰結』という本を出版している。

モリスの考える社会主義は、のちのソヴィエト型共産主義に見られたような、一部の先鋭的な活動家が史的唯物論の公式に基づいて暴力による革命を遂行し、革命後は中央の権力者が独裁的支配をおこなう、というようなものではなかった。モリスは精魂を傾けて執筆や講演をおこなったが、それらは権力奪取を目的とした活動ではなく、それらの活動を通して民衆とくに労働者の「教育」を目指そうとするものだった。もちろん「教育」といっても、教科書に書かれたことを権威主義的に詰め込もうとしたり、理想や信念を無理やり刷り込んだりするようなやり方ではなかった。モリスは、産業革命後の工業生産システムと産業資本によって機械の歯車のように働かされ、生活の質を著しく劣化させていった労働者たちが、再び生き生きと働き、暮らせるようになることを目指した。

そのためにモリスが念頭に置いたのが、近代以前のヨーロッパの自治都市に見られた手工業者の団体「ギルド」である。産業革命後の工場生産のような分業がまだなかった前近代の職人（クラフツマン）たちは、それぞれが作業工程の全体を熟知し、それぞれの創意工夫を活かすことができた。そうした職人たちの自由意思による相互扶助団体がギルドであり、都市の自治はそれによって支えられていた。モリスは、ギルドが、それまでの貴族による支配に対し職人たちが団結してたたかうことで生まれた点を強調する。このたたかいはたんなる権力奪取ではなく、労働と生産を通した新しい生活世界の構築を目指すものだった。もちろんギルドには排他的で保守的な面があり、多くのギルドは近代に入ると衰退するが、モリスはギルドのあり方に、労働者の生活の質を高めるための現代的な可能性を見出したのである。

モリスは、そうしたみずからの考えを文章や講演で伝えていっただけでなく、デザイナー・経営者としての自身の活動によって実践しようとしていた。モリスは二七歳になった一八六一年、知人たちとともに室内装飾や家具などの製作をおこなう「モリス・マーシャル・フォークナー商会」を設立している。そこでは、教会用の壁面装飾やステンド・グラスから住宅用の壁紙、家具、ガラス器具、刺繍まで、さまざまな製作物が注文に応じて専門の職人たちの手でつくられた。それは、現代によみがえったギルドだった。この商会が一八七五年に解散したあと、モリスは新しく「モリス商会」を設立し、さらに六年後、ロンドン郊外に工場を移転する。そこでもまた、ステンド・

グラス、タイル、壁紙、さらにはカーペット、絹織物まで、さまざまな製作物がつくられた。職人の長時間労働は避けられ、賃金は割高に設定されていたという。さらに、工場のまわりにはポプラの樹や花が植えられ、さながら庭園のようであったという。

若きモリスがおこなったこれらの試みはいずれも、労働者の生活の質を高めるためのものであった。庭園のような工場で、労働者は職人としてみずからの技能《クラフト》を思うがままに発揮し、質のよい工芸品《クラフトワーク》をつくり上げる。それら心を込めてつくられた工芸品は、購入した人びとの生活を快適で美しいものにする。こうして、消費者と生産者双方の生活の質が高められることになる。一八八六年におこなわれたある講演で、モリスは次のようにいっている。「私たちは、生活における装飾――心にとっても身体にとっても喜びであり、科学的にも、芸術的にも、社会的にも、個人的にも味わえる喜び――を、もう一度構築し始めなければならない。それは、自分も隣人も恩恵を受けていることを自覚した労働、いそいそと陽気におこなわれる労働を基礎にして、構築されていく」（モリス　二〇一九）。モリスはこのような労働を、工場制と資本制の下で歯車となった「無意味な労苦」とは異なる、「意味のある労働」と呼んでいる。ちなみにこの講演のおこなわれた年、モリスはエリノア・マルクスらとともに社会民主連盟を脱退し、新たに社会主義者同盟を結成している。

『ユートピアだより』

モリスは亡くなる少し前の一八九一年に、未来社会を舞台とした『ユートピアだより』という名高い物語を発表している。そこに描かれた「ユートピア」は次のような世界だ。モリスを思わせる一九世紀生まれの男が、なぜか二二世紀のロンドンに迷い込む。そこは、のちの二〇世紀の空想科学小説が盛んに描いたような、驚くべきテクノロジーに彩られたきらびやかな未来都市ではなかった。人びとは一九世紀とさほど変わらぬ建築に囲まれて暮らし、徒歩や馬車で移動し（鉄道はあったが）、手仕事に精を出していた。都市の内外には樹木や草花が満ちあふれ、人びとはおだやかで、空気は清浄だった。

モリスの描いた二二世紀の社会は、上辺だけ見るとむしろ一九世紀以前の社会のようであった。だが、一九世紀からやってきたこの男は驚きを隠せなかった。なぜなら、そこでは一九世紀のイギリス社会で当たり前とされたものごとの多くが消え去っていたからである。たとえば、スラムや牢獄、刑罰、学校など。さらには国家や貨幣、私有財産の制度すら、なくなっていた。そのような環境で人びとは長生きをし、清潔に暮らしていた。性差別もなく、精神の自由は当たり前のこととして認められていた。

そんなユートピア的世界がけっして簡単に実現したわけではなかったことを、主人公の男は教えられる。一〇〇年以上にわたる長いたたかいにより、それらは勝ち取られたのだった。初めは、内戦による暴力的衝突もあった。だが、たたかいは次第に姿を変え、労働者側がゼネラルストライキ（全国の労働者が一斉にストライキをおこなうこと）によって支配階級を追い詰めるというやり方が取られるようになる。そのような息の長いたたかいの結果、このユートピアは実現したわけである。そして、この新しい世界で、人びとはひとつのつらい仕事に縛りつけられることなく、それぞれの技能《クラフト》を活かしながら複数の手仕事にいそしむようになった。もう国家や資本の言いなりになることはなかった。人びとは、先に見た「心にとっても身体にとっても喜びであり、科学的にも、芸術的にも、社会的にも、個人的にも味わえる喜び」とともに生きるようになったのである。

『ユートピアだより』で描かれたようなモリスの理想社会のイメージは、のちに二〇世紀初めのイギリスで生まれた「ギルド社会主義」にも影響を与えた。ギルド社会主義とは、労働者が産業別にギルドをつくり、労働者みずからが生産管理をおこないながら自治を目指すという思想と運動である。国家や資本に対して距離を置きながら理想的な社会づくりを志向するというその姿勢は、まさにモリスの考えの延長上にあった。モリスの考えでは、そうした理想社会において、アートやデザインもまた少数の特権層向けの贅沢品ではなく、人びとの生活を豊かにするためのものであらねばならなかった。それはまた、天賦の才能に恵まれたアーティストやデザイナーが、みずからのインスピレーションを表現するための自己満足的手段であってはならず、したがって「芸術のための芸術」といった芸術至上主義からもモリスは距離を置いていた。労働にせよアートやデザインにせよ、人びとの豊かな生活のためにこそ存在すべきものだったのである。

だが、アーツ・アンド・クラフツ運動にせよギルド社会主義にせよ、残念ながら二一世紀の現代社会においては過去のものになったという感は否めない。モリスのデザインした工芸作品は、今や、富裕層向けの贅沢品ともなってしまったし、装丁や活字、組版に心を砕きながら美しい本づくりを目指したモリスの著作の一部は、電子書籍としてウェッブ上に流通するようになっている。また、モリスの志を継承したギルド社会主義もまた、その影響力を長く保つことはできなかった。資本と国家のあり方が変わってしまったのである。そうした流れがはじまったのは、一九二〇年代から三〇年代にかけてだったといえるだろう。第一次世界大戦により、ヨーロッパを中心に多くの人命と富が失われた。モリスが評価していた古き良き世界も過去のものとなった。これをきっかけに、資本と国家は再編成をせまられることになった。一九二九年の世界恐慌が、それに追い打ちをかけた。資本主義は、それまでの自由主義的なもの、あるいは自由競争にすべてを委ねるものから、組織されたものへと変化していったのである。そうした資本の組織化を国家が手助けし、国家と資本の結びつきはますます強くなっていった。

アーツ・アンド・クラフツ運動もギルド社会主義運動も、こうした変化に対応できなくなった。ほかにもたとえば、ドイツのヴァルター・グロピウス（Walter Gropius 一八八三－一九六九）がモリスの影響の下、一九一九年に設立したデザインと建築の実験的学校「バウハウス」は、職人による生活のためのデザインや建築というモリス的理念を二〇世紀に実現するための運動であった。だが、一九三三年に政権を掌握したナチス・ドイツによって、バウハウスは廃校に追い込まれる。社会主義的なユートピア思想に染まっている、というのがその理由だった。

2　社会運動とは何か

社会運動とは

そもそも、社会運動（social movements）とはどのようなものなのか。たとえばよく知られた日本語辞典のひとつである『広辞苑』を見ると、社会運動とは「社会問題を解決するために組織された集団的行動。狭義には、現存の社会制度を変革するための運動」（『広辞苑（第七版）』二〇一八）とある。では、社会問題とは何か。たとえば性差別や賃金格差、過疎問題など、社会のしくみがもたらす矛盾や制度の欠陥がそれに当たるといえるだろう。社会運動とは、そうした問題を解決するために、あるいは、そうした問題をもたらす社会を変えるために、複数の人びとが集まり、組織や集団としてまとまった行動を展開していくことである。

では、社会運動が社会を変えるための運動であるとするなら、それは「革命」とどう違うのか。再び『広辞苑』を引こう。革命とは「従来の被支配階級が支配階級から国家権力を奪い、社会組織を急激に変革すること」とある。本来、革命において権力の奪取は社会を変えるための手段なのだが、時としてそれは目的ともなる。フランス革命やロシア革命の例がそれを示しているだろう。一度革命が成功したあと、権力をめぐる熾烈な闘争が今度は革命勢力の内部に生まれることが少なくない。もともと革命は、革命勢力による国家へのテロリズムという面も有していたのだが、権力奪取のあと、たとえばロベスピエールやスターリンのような独裁者が恐怖政治をおこないがちなのである。これに対して社会運動は、暴力による国家権力奪取を目的としない。もちろん社会運動においても、デモなどの際に警備側と衝突したりすることはある。だが、少なくとも社会運動はあくまで社会問題の解決を目指すのである。とはいえ、じつは、革命と社会運動を截然《せつぜん》と分けることは難しいのだが。

もともと、社会問題という考え方は一九世紀に生まれた。社会問題という考えが出てくるためには、われわれがまぎれもなく「社会」のなかで生きている、という認識が必要である。そうした認識は、第2部第2章（「社会保障――生活をどうやって支えるのか」）で述べたような、たとえば貧困が個人の責任ではなく社会の責任、とくに資本主義による自由競争がもたらすものだという考えが定着して、初めて可能になる。そうした考え方が現れたのが一九世紀だったということである。ただ、一九世紀から二〇世紀半ばまで、社会問題は労働者の貧困や過酷な労働環境、健康被害など、狭義の労働問題を意味していた。それが、他のさまざまな領域――公害・環境問題、マイノリティ差別、都市問題など――に拡がるのは第二次世界大戦後のことである。

戦後になって新しく登場してきたそれらの社会運動のなかで、最初に大きなうねりとなったのはいうまでもなく平和運動であった。世界全体で軍人・民間人合わせて四〇〇〇万人もの犠牲者を出したとされる悲惨な戦争のあと、人びとの平和を希求する気持ちは切実だった。ひとつの例を示そう。

砂川闘争

一九五〇年代の後半、東京を舞台にある大規模な反戦運動が起こった。「砂川闘争」と呼ばれている。東京都の西側に位置する立川市に戦前からあった陸軍多摩飛行場が、戦後米軍に接収され、当時、在日米軍立川飛行場となっていた。米軍は極東地域の軍事力強化のため飛行場の拡張を決定する。一九五五(昭和三〇)年五月、日本政府はそれにともなう周辺住民の土地買収および強制収用を受諾する。ターゲットとなったのは、基地の北側にある砂川《すながわ》町《まち》(現・立川市砂川町)の農地であった。住民たちはすぐさま「砂川基地拡張反対同盟」を結成し、土地収用認定の撤回を求めるとともに、拡張予定地の測量を阻止しようとした。

だが政府側は、収用のための測量を強行しようとする。これに対し住民側も実力行使で応じるが、政府側は手を緩めることはなかった。一九五六(昭和三一)年、反対同盟は全学連(全日本学生自治会総連合)の現地導入を決定する。全学連とは、初めての学生の連合組織として一九四八(昭和二三)年に結成された全国規模の団体(結成当時一四五校、三〇万人)で、学問・学生生活の自由、民主主義の擁護、ファシズム反対を掲げ、主として理事会批判や学費値上げ反対の運動などを展開していた。その後、六〇年安保で果敢にたたかったことでも知られている。

全学連は多数の学生を連日動員し、地元住民(大半は農民)とともに政府側(機動隊)とやりあった。多くの負傷者を出すことになった「流血の砂川」とも呼ばれる衝突などもあり、政府は測量中止を決定する。その後、買収に応じる住民も出るなど紆余曲折を経たあと、六八年に米軍は基地拡張計画放棄を発表し、政府は収用認定を取り下げた。

砂川闘争には、地元住民や学生だけでなく米軍と政府のやり方に異議を唱える労働者なども参加し、また全国各地からの資金カンパなどもあった。だが主力となったのは、現地で測量を阻止しようとたたかった学生たちであった。サンフランシスコ平和条約による独立後も日米安保体制の下で国内に米軍が駐留し、さらには住民の土地収用を政府が受諾するという矛盾。有無をいわせず、地元農民たちから先祖伝来の土地を取り上げる。自由と民主主義を擁護しファシズムに反対する全学連の学生たちは、この矛盾を何とか解決しよう、あるいは変えようとした。時として激烈な武装衝突をともないつつも、これは社会運動のひとつの形を示したものといえるだろう。砂川闘争は、のちの一九六〇年代から七〇年代初めにかけての日本の学生運動におけるモデルとなった。

暴力と革命

だが、ことはそう簡単ではない。やはり、この砂川闘争に暴力がともなったことにも目を向けねばならないだろう。フランスの社会主義者・思想家ジョルジュ・ソレル（Georges Sorel 一八四七－一九二二）は一九〇八年の著作『暴力論』のなかで、強制力（force）と暴力（violence）を区別し、こういっている。「強制力は、少数派によって統治される、ある社会秩序の組織を強制することを目的とするが、他方、暴力はこの秩序の破壊をめざすものだと言えるだろう。ブルジョワジーは、近代初頭以来、強制力を行使してきたが、プロレタリアートは、今や、ブルジョワジーにたいして、そして国家にたいして暴力で反撃している」。つまり、少数者（＝権力者）は自分たちが勝手につくり上げた秩序を保つため上から強制力を行使し、多数者（＝民衆）はその秩序を打破するため草の根レベルでの暴力を用いる。そしてソレルは、後者のプロレタリアートによる暴力は英雄的行為であり、正しいと断言する。

具体的にソレルが考えたプロレタリアートの暴力は、労働組合がゼネスト（ゼネラルストライキの略）によって権力者（ブルジョワジーや資本家）の抑圧と搾取に対抗することを意味していた。けれども、権力者への民衆の反撃という意味で、砂川闘争もまた強制力（米軍、政府側）に対する暴力（住民、学生）の行使であったといえるだろう。地元住民や学生たちはソレルのいうように権力に対して英雄的にたたかった。だが注意したい。晩年のソレルは、ロシア革命とファシズムに大きな関心を寄せていたという。イタリアのファシスト党を率いたベニート・ムッソリーニは、ソレルの『暴力論』に影響を受けていた。本来民衆が権力に抵抗するためのものであった暴力が、革命や民族という大義のために堂々と用いられる。そのような危険性を、暴力はつねに秘めている。全学連にはじまる戦後日本の学生運動においてもまた、一九六〇年代末くらいから、暴力も辞さず革命を起こそうとする若者たちによって武装闘争が志向されるようになった。だが、七〇年代になると運動はさまざまな分派《セクト》へと枝分かれし、さらに暴力は身内に向けられるようになる。分派は互いに内輪の抗争を繰り返し、多くの犠牲者を出しながら退潮していった。

社会運動の歴史

ここで社会運動の歴史を見ておこう。世界の社会運動はこれまで二つの段階をたどってきた。まず、その第一段階は一九世紀から二〇世紀半ばにかけてである。この当時、社会運動は社会主義運動とほぼ同義であった。先に見たようにその中心は労働運動であり、それは時として革命運動へとつながる可能性もあった。担い手は労働者たちであった。

これらの労働運動は、一九世紀に熾烈さを増しはじめた資本主義のしくみへの抵抗だったといえる。主な思想的支柱はマルクス主義だった。そこで信奉されていた思想を単純にいえば、プロレタリアートが政治権力を握ってブルジョワジーによる階級支配を廃絶し、生産手段の共有を通した自由な生産者の共同社会をつくり上げることである。マルクス主義に加え、国家権力そのものを否定し、個人の自発性を重要視するアナーキズムの思想も影響力があった。また、マルクス主義やアナーキズムに影響された思想として、サンディカリズムやアナルコ・サンディカリズムもまた労働運動の支柱となった。これらは労働組合《サンディカ》を運動の主体としつつ、労働者が生産現場で直接的に資本家と対決することで、自主的で自治的な共同社会をつくることを目指した。ソレルの思想はおおむねこれに当たる。

続く第二段階は、第二次世界大戦後の一時期である。この時期に中心となったのは民族解放運動であった。アジアのヴェトナムやインドネシア、フィリピン、インドなど、やや遅れてアフリカのリビアやスーダン、モロッコ、アルジェリアなど、それまで植民地として従属させられてきた国々が戦後次々と独立していった。その背景には、現地における植民地支配との闘争の歴史があった。それらの運動は、民族（nation）によって担われた。

たとえば、一九一〇（明治四三）年の「韓国併合に関する条約」により大日本帝国に併合された韓国（当時は大韓帝国）は、四五（昭和二〇）年の日本降伏後、一時的に連合国軍（アメリカ合衆国とソ連）による占領行政期を経て、四八（昭和二三）年、大韓民国として（朝鮮民主主義人民共和国とともに）独立を果たした。それまでの日本統治時代に朝鮮半島の人びとは、創氏改名をはじめとするさまざまな日本側の強制に従い続けざるを得なかったが、その間も、一九一九（大正八）年の三・一独立運動などによって人びとは抵抗した。三・一独立運動では、朝鮮半島各地でデモ行進や独立宣言の朗読などがおこなわれ、その動きは、中国やアメリカなど国外にまで及んだという。だが参加人員二〇〇万人以上ともいわれるこの運動を、日本側は武力によって弾圧した。こうした運動は、日本の降伏の時期まで続いたとされる。韓国同様、その他の旧植民地諸国も独立を果たしたのは戦後になってからだが、その背後にはこうした民族解放運動の歴史があることを忘れてはならない。

そして第三段階が一九六〇年代以降、現代まで続く時期であり、そこで現れるようになったさまざまな運動は

「新しい社会運動」と呼ばれている。これらの運動は、さまざまな主体によって担われた。たとえば、地域住民や学生、女性、マイノリティなどである。具体的な運動としては、学生運動、公民権運動、反公害運動、エコロジー運動、フェミニズム運動、平和運動、LGBTQ解放運動など、枚挙に暇がない。こうして、時代とともに社会運動は変容し多様化してきた。これら「新しい社会運動」については、次節で見ることにしよう。

警告・可視化・歯止め

社会運動は国家権力の奪取を目指す革命とは区別される。では、社会運動にはどんな働きがあるのだろうか。ひと言でいえばそれは、警告と可視化と歯止めということになるだろう。

まず社会運動は、将来起こり得る害や災厄にたいして事前に警告をおこなう。たとえば日本では、かなり以前から反原発運動が展開されてきた。古くは一九六四（昭和三九）年の三重県芦浜原発反対運動、六六（昭和四一）年の茨城県東海原発反対運動、六七（昭和四二）年の石川県志賀原発反対運動、六九（昭和四四）年の宮城県女川原発反対運動などである。白紙撤回となった芦浜原発以外は運転開始を阻止できなかったが、これらの運動は一九七九（昭和五四）年のスリーマイル島原発事故、八六（昭和六一）年のチェルノブイリ原発事故、二〇一一（平成二三）年の福島第一原発事故などに対する警告でもあったといえる。もちろん、当時の運動参加者がそれらの事故を予知する能力を有していたわけではないが、そしてまた「後知恵にすぎない」といわれればそれまでであるが、深刻な事故が起きてしまったこと自体を警告とみなすのではなく、あらかじめ何らかの警告がなされることは社会にとってとても重要である。

社会運動は、問題解決に向けてなされるだけでなく、何らかの問題があるという事実をわれわれに気づかせてくれる。言いかえると、それまで見えていなかった問題を可視化させる。たとえば、前章で見た「第二派フェミニズム運動」には、そうした意味があった。繰り返しになるが、一九六〇年代のアメリカで中産階級の一見幸せそうな女性たちが抱えていた息苦しさや生きづらさを、ベティ・フリーダン（前章参照）はまさに「名前のない問題」と名づけた。「名前のない」とは、そうした問題があることがまわりにも、また当事者自身にも見えていなかったということである。フリーダンはその問題の存在を、ウーマン・リブという社会運動によって可視化していったのである。こうした可視化の働きは、さらに、抑圧されてきた人びとへの承認をもたらすことにもつながる。これも前章で見た日本の「動くゲイとレズビアンの会」による活動は、裁判や啓蒙活動を通してＬＧＢＴＱという存在を可視化させただけでなく、人権に対する意識の変化を社会に要請することで、みずからの存在の承認を少しずつ勝ち取っていったのである。

社会運動には、歯止めという働きもある。革命と異なり、社会運動は権力の奪取を目的とするわけではない。そのため、いくら問題を可視化し警告を繰り返しても、国家や資本の側は相変わらず原発を廃絶せず、性差別やマイノリティ差別を巧妙に続けていくかもしれない。そうした現実に無力感を覚え、運動を取りやめてしまえば、問題は残存し、さらには悪化していくこともあり得るだろう。そうした事態を避けるためにも、社会運動は歯止めとして重要な意味を持っている。

たとえば沖縄では、戦後、先に見た砂川町の例をはるかに超える規模で米軍による土地の強制収用などがおこなわれ、現在でもそのままになっている。戦争末期の戦闘で、県民の四分の一ともいわれる犠牲者を出したのみならず、戦後に土地を奪われ軍用地とされた沖縄では、当然それに抵抗する運動が展開されてきた。そうしたなか、本土復帰前の一九七一（昭和四六）年に反戦地主会（「権利と財産を守る軍用地主会」）が発足する。翌一九七二（昭和四七）年の復帰とともに米軍は軍用地の強制使用ができなくなるため、代わりに地主たちと賃貸契約を結ぶことになっていたが、反戦地主会はこれを拒んで全面返還を要求したのである。こうして、多くの地主たちが返還を求めるたたかいを継続したが、日本政府は土地の使用料値上げなどによって運動を抑えようとした。これによって会員は減少していったが、この流れに対して一九八二（昭和五七）年に「一坪反戦地主会」が発足する。基地内にある反戦地主の土地を、賛同者が共同で購入して反戦地主を支えるとともに、さらなる強制使用認定に歯止めをかけることが目的だった。歯止めとしての社会運動は、最後の生命線ともいえるのである。

3　新しい社会運動――コモンズとアソシエーション

先に見たように、一九六〇年代になる頃から「新しい社会運動 New Social Movement」と呼ばれる社会運動の形態が現れるようになった。それまでの労働運動中心の社会運動が取り上げてこなかった新しい社会問題の発見と解決をテーマに、人種やジェンダー、環境、原発などをめぐり、多様な主体（住民、女性、学生、マイノリティなど）が運動を展開するようになったのである。

運動のスタイルも時代とともに変化してきている。かつてのようなストライキやサボタージュ、集会、ビラまきといったやり方に加え、華やかなパレードや、音楽などをともなうライブイベント、ウェッブ上でのやり取りなど、新しい形が考案されてきている。たとえば近年の例でいうと、セクシュアルハラスメントや性暴力の被害を受けながら泣き寝入りさせられてきた者たちが、「自分も被害者だ」という意味の「Me Too」にハッシュタグを付してSNS上に被害の実態を周知させていく「Me Too 運動」も、そうした新しいやり方のひとつである。

緑の党

新しい社会運動の初期の例として、西ドイツ（当時）におけるエコロジー運動を取り上げてみよう。日本と同じ第二次世界大戦の敗戦国であるドイツは戦後、連合国による分割統治を経て、一九四九年にドイツ連邦共和国（西ドイツ）とドイツ民主共和国（東ドイツ）に分裂する。エコロジー運動が盛んとなったのは、一九七〇年代の西ドイツであった。日本と同様、戦後「奇跡の経済復興」を遂げた西ドイツは、経済発展にともなっていくつもの社会問題を抱えるようになっていた。なかでも注目されていたのは、環境問題である。森の国ともいわれるドイツで、大気汚染と酸性雨による森林被害が目立つようになり、工場排水によるライン川などの水質汚濁が報告されるようになった。こうした公害や環境の問題は、旧来の労働運動では争点にされることはなかった。そうしたなか、これらの問題に目を向ける市民たちの運動が生まれていくことになった。ドイツ環境・自然保護同盟、グリーンピース（国際的に連携して環境問題に取り組むNGO）のドイツ支部、原発建設反対グループなどである。エコロジー大国として知られるドイツのイメージは、この頃出来上がったといってよいだろう。

やがて一九七〇年代の終わり頃、西ドイツには「緑の党」（ドイツ語で Die Grünen。「緑の人びと」という意味）という名の運動グループが誕生する。戦後の経済復興の流れのなかで経済成長路線をひたすら走ってきたこの国のやり方に異を唱え、政治のなかに環境保護という争点を持ち込むことで、緑の党は国民に新鮮な衝撃を与えた。緑の党は、ただ環境保護を訴えただけでなく、社会的公正（人びとができる限り平等であること）と底辺民主主義（トップの指導者でなく一般の人びとの意思を尊重すること）を基本原則に掲げていた。緑の党は、一九七九年に州議会、八三年には国政の場である連邦議会に進出する。支持したのは、旧来の政党や政治に不満を抱く若者たちであった。なぜ当時の若者たちは緑の党を支持したのか。それは、この党の掲げる「環境保護・社会的公正・底辺民主主義」という基本原則が、若者たちの心をとらえたからである。この三つの原則は、それまでの資本主義のやり方ともソヴィエト型共産主義のやり方とも一線を画すものだった。西ドイツの若者たちは、そのどちらにもうんざりしていたのである。

環境保護の原則は、ただたんに「自然を守ろう」ということだけでなく、それまでの経済成長路線を疑い、「エコロジーに適合する消費・生産スタイル」（坪郷 一九八九）を目指すという新たな可能性を示していた。また社会的公正の原則は、性別や人種などによる仕事や賃金の不平等の是正を意味し、そのことによって他の新しい社会運動――フェミニズム運動やマイノリティ差別撤廃運動など――とも響き合う面を有していた。そして底辺民主主義の原則は、政治の場にせよ労働の場にせよ、意思決定は上から一方的になされるのでなく、あくまで共同でなされるべきこと、それによって自分たちの生活をできる限り自主的な意思決定に委ねていくことを意味した。これらの可能性は、当時、冷戦状態にあった資本主義と共産主義のどちらにも欠けているものだったのである。

以上からわかるように、当時の緑の党が示した可能性は、かつてモリスが描いた理想社会のあり方とも共通する面を持っていた。その後、緑の党は合併によって「同盟90／緑の党」となり、現在も、循環型社会を目指す環境政党としての重要な役割を果たしている。また、他のヨーロッパ諸国やアメリカ、日本などをはじめ、各国に緑の党を名乗る運動グループが生まれ、それらは「グローバル・グリーンズ」と呼ばれる国際ネットワークを形成するようになっている。

石けん運動

日本における環境保護運動の例を見てみよう。日本では、一九六〇年代から七〇年代にかけて公害問題が深刻化した。とくに河川や湖沼の水質汚濁は、生活に深く関わる問題として注目された。日本一の広さを持つ滋賀県の琵琶湖もまた、水質汚濁の問題を抱えていた。

琵琶湖では一九七〇年代に入り、赤潮の大量発生が深刻になっていた。原因は家庭から出る大量の排水が琵琶湖に流入し続けたことだった。下水道の設備がまだまだ不十分であった当時、家庭排水はそのまま川へ、川から琵琶湖へと流れ込むままにされていた。その結果、家庭から出る石けんや洗濯排水に含まれるリンによって琵琶湖の水が富栄養化し、それが大量の赤潮をもたらしたのである。

この問題に対し、地元の生活協同組合である「湖南生協」が取り組みを開始する。もともと湖南生協は、合成洗剤による琵琶湖の泡公害をめぐり、合成洗剤追放の運動をはじめていた。琵琶湖にとって合成洗剤はよくない。しかし、では、合成洗剤を使わないとして、何がその代用となり得るのか。それにふさわしい洗剤や石けんを探していた湖南生協は、家庭から出る廃食油のリサイクルによる粉石けんが安全であることを知る。ここから同生協は、各家庭を回って廃食油を回収し、リサイクルに回す運動をはじめる。この運動は「びわ湖を守る粉石けん使用推進県民運動」として拡がっていった。こうした流れを受けて、一九七九（昭和五四）年に滋賀県は「琵琶湖富栄養化防止条例」を制定する。工場から出るリンや窒素の排出規制、リンを含む家庭用合成洗剤の禁止などがこの条例によって定められた。また、合成洗剤追放運動は全国に拡がっていき、一九八四（昭和五九）年には「湖沼水質保全特別措置法」が全国レベルで制定されることになるのである。

従来の労働運動の枠内では、こうした問題をめぐる運動は成り立たなかっただろう。たとえば、琵琶湖周辺の工場労働者は自分たちの賃金や労働時間の問題については真剣に取り組んだかもしれないが、自分たちの工場から流れ出る排水の問題はあまり眼中になかったのではないだろうか。言いかえると、生産者や労働者は環境問題に目を向けにくい、という難点を抱えているのである。石けん運動の例が示すように、そこを生活の場として暮らしている人びと、とくに生活協同組合という消費者の立場に身を置いた人びとだからこそ、琵琶湖の水質汚濁に敏感に反応できたのだ。

石けん運動の担い手となったのは、生活協同組合だった。そのような生協による運動の先駆けとして、東京都世田谷区に設立された「世田谷生活クラブ」の運動を挙げることができる。世田谷生活クラブは生活協同組合として、一九六五(昭和四〇)年に活動を開始している。参加者の多くは、家庭の主婦であった。家族に安心できる牛乳を飲ませたいという目的で牛乳の共同購入と配達からはじめたこの運動は、一九七五(昭和五〇)年になると組合員による自主運営、自主管理の運動へと成長し、一九七九年には自前の牛乳工場設立、八三(昭和五八)年には野菜の共同購入、二〇一六(平成二八)年には電気の共同購入までおこなうようになる。無添加・無農薬食材の供給、生産原価保障方式(生産原価に従い生活クラブと生産者が話し合って価格を決める)の導入、産消連携(生産者と消費者の直接的連携による農産物のやり取り)の推進など、この運動は、生活クラブ生協運動として知られるようになったのである。

コモンズとアソシエーション

新しい社会運動には、その名称とは対照的に、前近代との共通点を見出すことができる。たとえば緑の党の主張する環境保護も琵琶湖の石けん運動も、ドイツの森林や日本の琵琶湖が国家や資本の所有物でなく、そこに暮らす人びとの共有財産である、という考えを前提としていた。それらの森や湖は、人びとが協力しながら長く守り続けてきたかけがえのない宝だった。そのような共有財産を「コモンズ commons」と呼ぶ。

　コモンズとは、地域の人びとが伝統的に共同管理してきた森や野原、河川、湖沼などの総称である。たいてい、それらの利用には厳しいルールがあり、一部の人間が好き勝手に利用したり独占したりすることはタブーとされた。日本の農山村にも昔から入会《いりあい》地《ち》と呼ばれるコモンズがあり、村人はそこでルールに従い肥料や燃料、木材などを調達した。琵琶湖でも、魚介類だけでなく水草や藻、あるいはそれらを求めてやってくる鳥類などがコモンズとされてきた。それら貴重なコモンズが枯渇しないよう、湖辺に暮らす人びとは定期的に共同清掃をはじめとした世話や手入れをしてきたのである。新しい社会運動としての環境保護運動は、そのようなコモンズを現代において守るための運動だともいえる。身近な河川から地球まで、さまざまなレベルのコモンズを守ることが現代の大きな課題となっている。

　緑の党、琵琶湖の湖南生協、世田谷生活クラブは、ある意味でそうした伝統的な社会とつながっている。いずれも、われわれの共同生活を成り立たせてきたコモンズを大切にしようとしているからだ。だが、前者と後者には違いもある。伝統的な社会でコモンズを共同管理していた人びとの多くは、同じ共同体に属していた。言いかえるなら、血縁や地縁のつながりに基づくコミュニティがそこにはあった。けれども、現代の緑の党や生協のメンバーになっている人びとの間に、そうしたつながりはほとんどないといえる。それは、たまたま同じ目的を共有することで集まってきた人びとにすぎない。そのような集まりを、コミュニティに対して「アソシエーション association」と呼ぶ（第1部第4章参照）。コミュニティが家族や親族のように、その人が生まれた時点ですでに所属が決まっている、つまり自分で選ぶことのできない運命のようなつながりであるのに対し、アソシエーションは参加するかしないかをその人が自分の選択で決められるつながりである。一般に、前近代から近代に入るにしたがい、人びとのつながりはコミュニティ中心からアソシエーション中心に移行するとされる。だが、アソシエーションの萌芽はすでに伝統的な社会のなかにあったともいえる。

エミール・デュルケム（第1部第2章参照）は『自殺論』（一八九七）の最後の方で、近代社会のアノミー状況（無際限な欲望の肥大）をどう克服するかについて触れながら、次のようなことをいっている。今の社会にアノミーのような深刻な欠陥があるからといって、前近代の宗教や家族や伝統的国家に戻ることは不可能だ。一方、革命のような近代的なやり方もうまくない。では、どうすればよいか。デュルケムはいう。「必要なことは、過去のなかにふくまれていた新しい生命の萌芽をさぐりだし、その成長をうながすこと」だ、と。ここでデュルケムがいう「過去のなかにふくまれていた新しい生命の萌芽」。それこそ、アソシエーションだった。

デュルケムが具体的に期待を寄せたのは、「同種類のすべての労働者、あるいは同じ職能のすべての仲間がむすびついて形成する職業集団ないしは同業組合」だった。かつてフランスには、「職人組合」と呼ばれる職人仲間たちのアソシエーションがあった。それらは職人たちの相互扶助組織であるとともに、相互教育機関でもあった。職人たちはそれらの同業組合に参加することで国家から距離を置きつつ、独自の連帯関係を維持していた。だが、そのような職人組合の多くが、フランス革命の動乱によって弱体化してしまう。デュルケムはいう。これにより、「国家に相対する存在としては、無数のちりぢりの不安定な個人だけがのこされたのである」。その結果が、アノミー状況であった。だがデュルケムは、失われた同業組合というアソシエーションを、現代社会のなかに新たな形で復活させることに望みを託したのだった。

現代の新しい社会運動は、そのようなデュルケムの考えを想起させる。もちろん、新しい社会運動はかつての同業組合とは異なる。消費者団体である湖南生協も世田谷生活クラブも、「生産者の団体である同業組合」とはいえない。だが、琵琶湖周辺に暮らす消費者の団体である湖南生協が廃食油リサイクルをおこなう石けん業者と連帯したように、また、世田谷生活クラブが産消連携によって農産物の生産者と消費者の連帯を目指したように、新しい連帯の形がそこには見られるのである。こうした形が、デュルケムのイメージしたものと同じであったかどうかはわからない。だが、現代の新しい社会運動が、デュルケムのいう「ちりぢりになった不安定な個人」が新たな連帯を求めて自主的に構築するアソシエーションであることはまちがいない。この新しいアソシエーションは、失われようとするコモンズを守るために、あるいは新しいコモンズをつくるために協同して活動を続けていく。そこには、アートやデザインを軸とする社会運動を通して、労働者・消費者双方の生活の質を改善していこうとしたモリスの理念が形を変えながら息づいているのである。

文献

大内秀明『ウィリアム・モリスのマルクス主義──アーツ&クラフツ運動を支えた思想』平凡社新書、二〇一二
大畑裕嗣／成元哲／道場親信／樋口直人編『社会運動の社会学』有斐閣選書、二〇〇四
小野二郎『ウィリアム・モリス──ラディカル・デザインの思想（改版）』中公文庫、二〇一一
ジョルジュ・ソレル『暴力論』今村仁司／塚原史訳、岩波文庫、二〇〇七
坪郷實『新しい社会運動と緑の党──福祉国家のゆらぎの中で』九州大学出版会、一九八九
道場親信『抵抗の同時代史──軍事化とネオリベラリズムに抗して』人文書院、二〇〇八
宮岡政雄『砂川闘争の記録』御茶の水書房、二〇〇五

ウィリアム・モリス『ユートピアだより』川端康雄訳、岩波文庫、二〇一三
ウィリアム・モリス『素朴で平等な社会のために――ウィリアム・モリスが語る労働・芸術・社会・自然』城下真知子訳、せせらぎ出版、二〇一九
ウィリアム・モリス／E・B・バックス『社会主義――その成長と帰結』大内秀明監修、川端康雄監訳、晶文社、二〇一四

あとがき

「はじめに」でも付記したとおり、本書は二〇〇四年に出した『社会学のまなざし』を増補改訂し、書名を改めたものである。

旧著の出版からおよそ二〇年が過ぎた。当然ながら、その間に世界は変化した。たとえば、二〇〇四年に六五億人弱だった世界人口は二〇二四年には八二億人にせまるようになった。インターネット普及率の世界平均は〇四年に六・二%だったのが二四年には六七・一%へと大きく増加し、さらにはAIをはじめとする新しいテクノロジーが世界を大きく変えようとしている。日本社会はどうか。たとえば、大学等進学率は〇四年の四五・三%から二四年の六一・八%へと増加した。一方で、非正規雇用労働者の割合もまた〇四年の三一・四%から二四年の三七・一%へと増加した。出生率は〇四年の一・二九人から二三年の一・二〇人へと減少を続け、一人当たり名目GDP世界ランキングは〇四年の一四位から二四年の三四位へと大きく順位を下げた。良いこともあるし、悪いこともある。世界も日本社会も、これからずっと変化を続けていくことだろう。

だが変化していないこともある。この二〇年間に起きた世界各所での軍事侵攻や衝突、内戦、災害、感染症の流行、グローバルな格差拡大など。これらは二〇世紀と同じことの繰り返しのようにも見える。つまり、本書第1部第

3章で言及した「一九世紀社会思想の失効」、すなわち、人間理性への安易な信頼、軍事力と産業主義への楽観視がもたらす災厄という状況は、二一世紀もすでに四半世紀が過ぎようとしている現在においてもほとんど変わっていないようだ。そのような状況を踏まえ、社会が刻々と変化していることと、相変わらず過去の課題を引きずり続けていることの両面を、本書から読み取っていただけるなら幸甚の至りである。

最後に、本書の編集を担当してくださった武蔵野美術大学出版局の奥山直人さんと、作品を装丁に使用させていただくことを快くお認めくださった赤塚祐二先生に心からお礼を申し上げたい。また、旧著『社会学のまなざし』を監修していただいた故橋本梁司先生と、編集をしていただいた故安達史人先生のお二人にも、深い感謝の気持ちをお伝えできればと願う。あと、妻のみゆきにもささやかな「ありがとう」を言いたい。

小幡正敏

二〇二四年一一月

キーワード索引

A-Z

AI　200
anomie（→アノミー）　41
association（→アソシエーション）　267
Beruf（→ベルーフ）　47
Black Lives Matter 運動　244
Burg（ブルク）　162
close-up（クロースアップ）　195
coming out of the closet（→カミングアウト）　237
commons（→コモンズ）　267
community（→コミュニティ）　160
companionship（→友愛）　107
Die Grünen（→緑の党）　263
Double Think（→ダブル・シンク）　59
DSM–Ⅲ（「精神科診断統計マニュアル第三版」）　56, 62
ethnicity（→エスニシティ）　242
EU（欧州連合）　67, 132, 133
flexible（→フレキシブル）　151
force（強制力）　257
gender（→ジェンダー）　229
Gleichschaltung（強制的均質化）　126
globalization（→グローバリゼーション）　203
globe（グローブ）　203
historical capitalism（→史的システムとしての資本主義）　208
homme　230
homosexuality（→同性愛）　236
Human Ecology（→人間生態学）　168
human nature　167
IMF（国際通貨基金）　219
Intimacy（→親密性）　107
IT（情報通信技術）　134
LGBTQ　156-158, 239, 260, 261
logistics（→兵站）　207
man　230
Megamachine（→メガマシーン）　181
Me Too 運動　263
nation　164, 259
Nation-state（→国民国家）　164, 191
New Social Movement（→新しい社会運動）　262
NGO　218, 263
NOW（全米女性機構）　229
nuclear family（→核家族）　98
perversion（→変態）　235
privacy（→私秘姓）　107
PTSD（心的外傷後ストレス障害）　55, 56, 62
queer（→クィア）　239
questioning（→クィア）　239
security（セキュリティ）　117
sex（セックス）　229
SNS　263
social movements（→社会運動）　254
social security（→社会保障）　117
sociologie（→社会学）　13
sphere（圏）　245
state（国家）　164
T 型フォード　144, 147
total mobilization（→総動員）　64
total war（→総力戦）　64
trauma（→トラウマ）　55
underdevelopment（→低開発）　215

あ

い

う

え

お

か

き

く

け

こ

さ

し

す

せ

そ

た

ち

て

と

な

に

ね

は

ひ

ふ

へ

ほ

ま

み

め

も

ゆ

人名索引

あ

網野善彦（あみの・よしひこ）　160

い

市川房枝（いちかわ・ふさえ）　231

伊藤野枝（いとう・のえ）　231

今西錦司（いまにし・きんじ）　169

う

ヴィクトリア女王
Victoria　227

ヴィルヘルム二世
Wilhelm II　43

ウェーバー、マックス
Weber, Max　12, 14, 32, 42-50, 54, 161-163, 178, 207, 248

ウェッブ夫妻
Webb, Beatrice/Webb, Sidney　121

ウェルズ、オーソン
Welles, Orson　197

ウォーラーステイン、イマニュエル
Wallerstein, Immanuel　204, 208, 209

え

エイゼンシュテイン、セルゲイ
Eisenstein, Sergei　193

エスピン＝アンデルセン、イエスタ
Esping-Andersen, Gøsta　131, 132

エディソン、トマス
Edison, Thomas　144, 192, 197

エンゲルス、フリートリヒ
Engels, Friedrich　18, 20, 22, 24, 27

お

オーウェル、ジョージ
Orwell, George　59

大野耐一（おおの・たいいち）　151

岡本太郎（おかもと・たろう）　76

オバマ、バラク
Obama II, Barack Hussein　243

か

カーディナー、エイブラム
Kardiner, Abram　61

カポネ、アル
Capone, Al　166, 167

柄谷行人（からたに・こうじん）　30

カルヴァン、ジャン
Calvin, Jean　48, 49

き

ギデンズ、アンソニー
Giddens, Anthony　54, 68-70

キューブリック、スタンリー
Kubrick, Stanley　180

く

グーテンベルク、ヨハネス
Gutenberg, Johannes　190

クック、トマス
Cook, Thomas　187

クラーク博士
Clark, William Smith　244

クラウゼヴィッツ、カール・フォン
Clausewitz, Karl von　64

クラフト＝エビング、リヒャルト・フォン
Krafft-Ebing, Richard von　235, 236, 239

グリフィス、D・W
Griffith, D. W.　193

グロティウス、フーゴー
Grotius, Hugo 62, 64

グロピウス、ヴァルター
Gropius, Walter 254

け

ケインズ、ジョン・メイナード
Keynes, John M. 128, 129, 219

ゲーテ、ヨハン・ヴォルフガング・フォン
Goethe, Johann Wolfgang von 182, 183, 185

ケートベニー、カール＝マリア
Kertbeny, Karl-Maria 236

ケトレ、アドルフ
Quetelet, Adolphe 122

こ

孝明天皇（こうめいてんのう） 15

ゴダール、ジャン＝リュック
Godard, Jean-Luc 195

ゴビノー、アルテュール・ド
Gobineau, Althur de 216, 241, 242

コロンブス、クリストファー
Columbus, Christopher 22, 204, 205

コント、オーギュスト
Comte, Auguste 13, 53, 54

さ

斎藤幸平（さいとう・こうへい） 30

桜井英治（さくらい・えいじ） 75, 80

サッチャー、マーガレット
Thatcher, Margaret 129, 132

し

シヴェルブシュ、ヴォルフガング
Schivelbusch, Wolfgang 184, 185

シャルル八世
Charles VIII 205

昭和天皇（しょうわてんのう） 198

ジンメル、ゲオルク
Simmel, Georg 173-176, 207

す

スターリン、ヨシフ
Stalin, Joseph 255

スティーブンソン、ジョージ
Stephenson, George 184

砂川秀樹（すながわ・ひでき） 156, 157, 168

スペンサー、ハーバート
Spencer, Herbert 53, 54

スミス、アダム
Smith, Adam 24, 139

そ

ソレル、ジョルジュ
Sorel, Georges 257-259

た

ダーウィン、チャールズ
Darwin, Charles R. 53, 168, 170, 235

高群逸枝（たかむれ・いつえ） 231

ダゲール、ルイ・ジャック・マンデ
Daguerre, Louis Jacques Mandé 194

田中美津（たなか・みつ） 231

て

ディズニー兄弟
Disney, Roy Oliver / Disney, Walt 212

テイラー、フレデリック・W
Taylor, Frederick W. 65, 66, 141-146, 149

デュルケム、エミール
Durkheim, Émile 12, 14, 32-41, 43, 45, 50, 54, 76, 178, 207, 268, 269

寺山修司（てらやま・しゅうじ） 114

な

中曾根康弘（なかそね・やすひろ）　129

ナジタ、テツオ
Najita, Tetsuo　91, 92

夏目漱石（なつめ・そうせき）　185, 186, 199

ナポレオン
Napoléon Bonaparte　34, 35

は

バーガー、ピーター
Berger, Peter　108

パーク、ロバート
Park, Robert E.　167-170, 176

バージェス、アーネスト
Burgess, Ernest　106, 107, 168-170

ハーマン、ジュディス
Herman, Judith Lewis　58, 59

長谷川町子（はせがわ・まちこ）　109

バックス、アーネスト・ベルフォート
Bax, Ernest Belfort　249

ひ

ビスマルク、オットー
Bismarck, Otto Fürst von　42, 43, 122, 125, 132

平塚らいてう（ひらつか・らいちょう）　231, 232

ふ

フーコー、ミシェル
Foucault, Michel　134

ブース、チャールス
Booth, Charles　121

フォード、ヘンリー
Ford, Henry　65, 66, 144-147

フリーダン、ベティ
Friedan, Betty　229, 231, 261

フロイス、ルイス
Frois, Louis　225

フロイト、ジークムント
Freud, Sigmund　56-58, 60, 61, 67, 231

フローベール、ギュスターヴ
Flaubert, Gustave　191

ブロンテ姉妹
Brontë, Charlotte / Brontë, Emily Jane / Brontë, Anne　191

へ

ベヴァリッジ、ウィリアム
Beveridge, William　122, 123, 129, 132

ベック、ウルリッヒ
Beck, Ulrich　218

ヘッケル、エルンスト
Haeckel, Ernst　168

ペリー、マシュー
Perry, Matthew　15

ほ

ボアズ、フランツ
Boas, Franz　77, 78

ボーヴォワール、シモーヌ・ド
Beauvoir, Simone de　230

ボズウェル、ジョン
Boswell, John　234

ポランニー、カール
Polanyi, Karl　82-88

ま

マードック、G・P
Murdock, G. P.　98-100, 105, 107

マクスウェル、ジェームズ・クラーク
Maxwell, James Clerk　195, 196

マクドナルド兄弟
McDonald, Maurice James “Mac” / McDonald, Richard James “Dick”　212

マリノフスキー、ブロニスワフ
Malinowski, Bronislaw　77

マルクス、エリノア
Marx, Jenny Julia Eleanor 249, 251

マルクス、カール
Marx, Karl 12-14, 18-25, 27-30, 32-34, 49, 50, 54, 85, 138, 178, 249

マルコーニ、グリエルモ
Marconi, Guglielmo 196

マンフォード、ルイス
Mumford, Lewis 181, 182, 199, 200

み

ミッチェル、ジュリエット
Mitchell, Juliet 231

ミレット、ケイト
Millett, Kate 231

む

ムッソリーニ、ベニート
Mussolini, Benito 258

め

メリエス、ジョルジュ
Méliès, Georges 193

も

モース、マルセル
Mauss, Marcel 76-83, 88-93

モリス、ウィリアム
Morris, William 248-254, 264, 269

や

柳田國男（やなぎた・くにお） 74, 92, 93

ら

ラウントリー、シーボーム
Rowntree, Benjamin Seebohm 121

ラスレット、ピーター
Laslett, Peter 102

ラッド、ネッド
Ludd, Ned 140

り

リカード、デヴィッド
Ricardo, David 24

リッツァ、ジョージ
Ritzer, George 66

リュミエール兄弟
Lumière, Auguste / Lumière, Louis 192-194

る

ルイ＝ナポレオン
Louis-Napoléon Bonaparte, Charles 15, 35, 192

ルター、マルティン
Luther, Martin 47, 48, 190

れ

レヴィ＝ストロース、クロード
Lévi-Strauss, Claude 100-102, 104

レーガン、ロナルド
Reagan, Ronald 129, 132

レーニン、ウラジーミル
Lenin, Vladimir 28

ろ

ロベスピエール、マクシミリアン
Robespierre, Maximilien 255

著者紹介

小幡正敏（おばた・まさとし）

一九五八年、静岡県生まれ。早稲田大学大学院文学研究科博士後期課程単位取得退学。
武蔵野美術大学教授。専門は社会学。研究テーマは「現代社会における個人化と統治。
贈与の現代的可能性」。

著書：『社会学史の展開』（分担執筆、児玉幹夫編著、学文社、一九九三年）、『おもしろ社会学』（分担執筆、井上實／坂田正顕編、学文社、一九九三年）、『エイジングと公共性』（分担執筆、渋谷望／空閑厚樹編著、コロナ社、二〇〇二年）、『社会学のまなざし』（橋本梁司監修、武蔵野美術大学出版局、二〇〇四年）、『社会調査と権力』（分担執筆、田中耕一／荻野昌弘編、世界思想社、二〇〇六年）、『地域・家族・福祉の現在』（分担執筆、田中滋子編、まほろば書房、二〇〇八年）、『見知らぬ者への贈与——贈与とセキュリティの社会学』（武蔵野美術大学出版局、二〇一二年）など。

訳書：アンソニー・ギデンズ『近代とはいかなる時代か？——モダニティの帰結』（共訳、而立書房、一九九三年）、ウルリッヒ・ベック／アンソニー・ギデンズ／スコット・ラッシュ『再帰的近代化』（共訳、而立書房、一九九七年）、アンソニー・ギデンズ『国民国家と暴力』（共訳、而立書房、一九九九年）、アンソニー・ギデンズ『社会学（第5版）』（共訳、而立書房、二〇〇九年）など。

社会学の視角

二〇二五年四月一日　初版第一刷発行

著者　小幡正敏

発行者　長澤忠徳
発行所　武蔵野美術大学出版局
〒一八七-八五〇五
東京都小平市小川町一-七三六
電話　〇四二-三四二-五五一五（営業）
〇四二-三四二-五五一六（編集）

印刷　株式会社精興社
製本　誠製本株式会社

ISBN978-4-86463-169-3　C3036　Printed in Japan